"智慧职教"服务指南

"智慧职教"(www.icve.com.cn)是由高等教育出版社建设和运营的职业教育数字教学资源共建共享平台和在线课程教学服务平台,与教材配套课程相关的部分包括资源库平台、职教云平台和 App 等。用户通过平台注册,登录即可使用该平台。

● 资源库平台:为学习者提供本教材配套课程及资源的浏览服务。

登录"智慧职教"平台,在首页搜索框中搜索"金融学基础",找到对应作者主持的课程,加入课程参加学习,即可浏览课程资源。

● 职教云平台:帮助任课教师对本教材配套课程进行引用、修改,再发布为个性化课程(SPOC)。

1. 登录职教云平台,在首页单击"新增课程"按钮,根据提示设置要构建的个性化课程的基本信息。

2. 进入课程编辑页面后,在"教学任务"的"课程设计"中"导入"教材配套课程,可根据教学需要进行修改,再发布为个性化课程。

● App:帮助任课教师和学生基于新构建的个性化课程开展线上线下混合式、智能化教与学。

1. 在应用市场搜索"智慧职教 +" App,下载安装。

2. 登录 App,任课教师指导学生加入个性化课程,并利用 App 提供的各类功能,开展课前、课中、课后的教学互动,构建智慧课堂。

"智慧职教"使用帮助及常见问题解答请访问 help.icve.com.cn。

职业教育国家在线精品课程配套教材

高等职业教育财经类专业群 **智慧财经** 系列教材

高等职业教育新形态一体化教材

金融学基础

王心如　主　编
邹吉艳　副主编

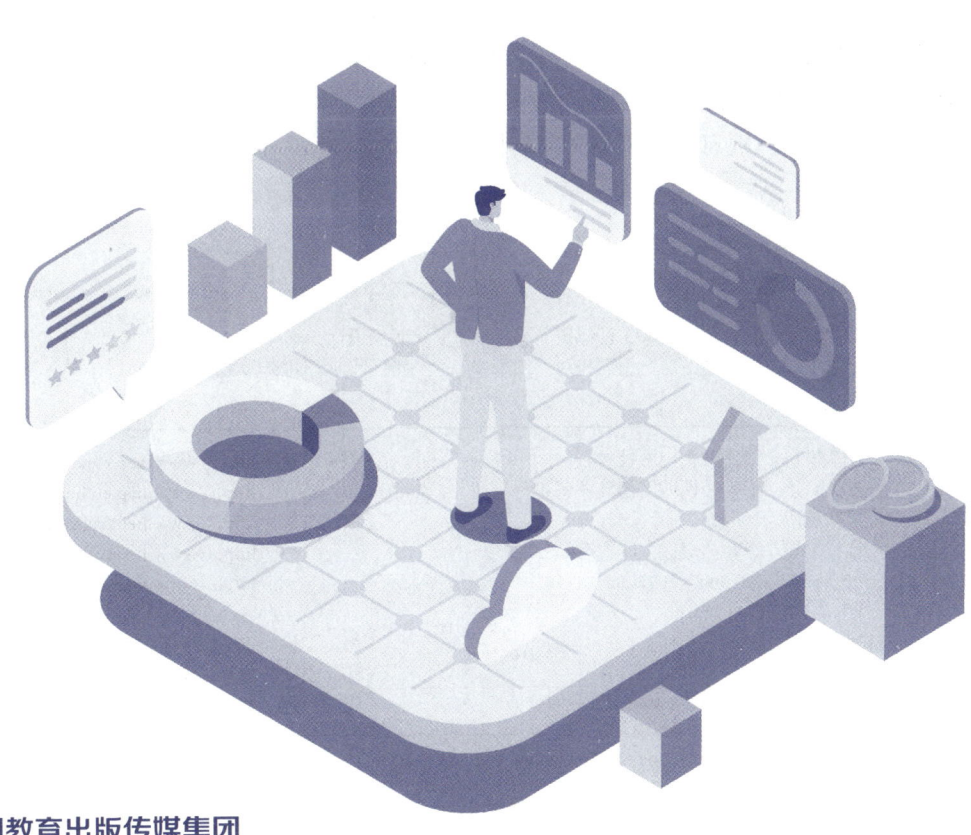

中国教育出版传媒集团
高等教育出版社·北京

内容提要

本书是高等职业教育财经类专业群智慧财经系列教材，是职业教育国家在线精品课程"金融学基础"的配套教材，也是高等职业教育新形态一体化教材。

本书围绕构建中国特色现代金融体系对人才培养的需求，以数字金融背景下产业转型和技术升级为引领，根据金融从业人员所需金融理论知识和专业技能的具体要求选取内容。本书遵循"搭建基本理论框架、落地微观金融机构和金融市场、解读宏观金融政策"的逻辑，从理论到实践，从微观到宏观，将整体内容划分为十二章，分别是：现代金融体系、货币与货币制度、利率与信用、金融市场、金融机构体系、商业银行、非银行金融机构、中央银行、货币供给与货币需求、通货膨胀与通货紧缩、货币政策、金融风险与金融监管。本书深入贯彻中央金融工作会议精神、党的二十大和二十届三中全会精神，将金融高质量发展支撑中国式现代化目标实现的理念融入教材内容，切实发挥金融服务实体经济的思维构建和思想启航的育人功能，并将大数据、区块链、人工智能、云计算等新技术应用、新趋势发展融入教材内容。

本书配有丰富的数字化教学资源，利用二维码关联相关微课、动画视频，学生可使用智能移动终端设备进行扫码学习；本书可与在智慧职教平台和中国大学 MOOC 平台同时开设的"金融学基础"课程配套使用，也可供学生自学和教师开设 SPOC 使用。教师如需获取本书教学课件、课程标准、授课计划、教案和习题参考答案，请登录"高等职业教育出版社产品信息检索系统"（xuanshu.hep.com.cn）免费下载。

本书可作为高等职业教育专科、本科院校及应用型本科院校财经商贸大类专业"金融学基础"相关课程的教学用书，也可作为金融领域相关从业人员及众多社会学习者为提升财经素养而进行培训或自学的参考用书。

图书在版编目（CIP）数据

金融学基础 / 王心如主编 . -- 北京：高等教育出版社，2025. 9. -- ISBN 978-7-04-065449-3

Ⅰ . F830

中国国家版本馆 CIP 数据核字第 2025LU3577 号

金融学基础
JINRONGXUEJICHU

| 策划编辑 | 马 一 | 责任编辑 | 马 一 | 封面设计 | 李树龙 | 版式设计 | 董思含 |
| 责任绘图 | 邓 超 | 责任校对 | 刘娟娟 | 责任印制 | 刘宏远 | | |

出版发行	高等教育出版社	网 址	http://www.hep.edu.cn
社 址	北京市西城区德外大街 4 号		http://www.hep.com.cn
邮政编码	100120	网上订购	http://www.hepmall.com.cn
印 刷	涿州汇美亿浓印刷有限公司		http://www.hepmall.com
开 本	787mm×1092mm 1/16		http://www.hepmall.cn
印 张	20		
字 数	370 千字	版 次	2025 年 9 月第 1 版
购书热线	010-58581118	印 次	2025 年 9 月第 1 次印刷
咨询电话	400-810-0598	定 价	49.80 元

本书如有缺页、倒页、脱页等质量问题，请到所购图书销售部门联系调换
版权所有　侵权必究
物　料　号　65449-00

前 言

金融是现代经济的核心,也是实体经济发展的血脉。通过发挥资源配置功能,金融助推生产力发展、经济腾飞、科技创新和产业升级,是国家重要的核心竞争力。金融的本质在于为社会经济发展服务,运行良好的金融机构和金融市场能够为企业提供融资源泉,为科技创新提供动力,为基础设施的兴建注入血液,为满足人民群众对美好生活的需要提供便利。金融活动几乎涉及社会经济生活的各个方面,从社会资源的配置、社会财富的分配,到货币发行、投资与就业,再到价格水平、个人收入等,无不通过金融活动来实现。因此,学好金融,对于每一个现代社会活动的参与者而言都至关重要。

面对数字金融背景下产业转型和技术升级趋势,教材开发团队深刻学习领会中央金融工作会议、党的二十大和二十届三中全会精神,深入调研中国特色现代金融体系对人才培养的需求变化,重新梳理金融专业职业教育的基础理论框架,编写了这本《金融学基础》,并在编写过程中形成了如下鲜明的特色:

1. 坚持马克思主义金融理论,科学设计重构内容体系

本书以马克思主义金融理论为基础,将习近平新时代中国特色社会主义思想的理论成果融入课程体系,构建具有鲜明中国特色的金融学理论和内涵。同时,本书以党的二十大和二十届三中全会精神为指引,以构建中国特色现代金融体系的人才需求为导向,以数字金融背景下产业转型和技术升级为引领,根据金融从业人员所需金融理论知识和专业能力的具体要求,遵循"搭建基本理论框架、立足微观金融机构和金融市场、解读宏观金融政策"的逻辑,科学设计并构建了课程思政融入、理论实践结合、技术应用引领、具有鲜明中国特色的科学性与创新性相结合的内容体系。

2. 深入挖掘课程思政元素,形成思政育人鲜明特色

本书坚持深入贯彻党的二十大精神中关于"落实立德树人根本任务"的指示,坚持价值塑造、知识传授、能力培养的有机统一,将思政育人目标与课程教学目标相融合,通过国家金融发展的实践案例,培养学生政治认同、家国情怀、

科学素养、法治意识和职业道德五大核心素养，力求将思政育人"润物细无声"地融入教材内容，积极实现对学生世界观、人生观、价值观潜移默化的作用。同时，教材每章设置"金融观察"栏目，更加凸显中国特色金融发展理念和道路，引导学生树立崇高的职业理想和金融强国的使命担当。

3. 紧密对接行业技术升级，突出数字金融应用

本书将大数据、区块链、人工智能、云计算等技术在金融行业的广泛应用全面引入教材内容，在货币与货币制度、利率与信用、商业银行、非银行金融机构、中央银行等内容中，均增加了数字技术在相应领域应用的专业知识；同时，通过"数字金融创新"栏目呈现现代金融体系中数字金融应用的典型案例，反映金融科技前沿创新成果如何改变金融市场和金融行业，如何更好地服务实体经济，从而展现出金融行业数字化变革、金融市场与机构数字化创新与转型的全新局面。

4. 全面建设优质教学资源，有力支撑泛在学习

本书作为职业教育国家在线精品课程"金融学基础"的配套教材，建有丰富、优质、开放的教学资源，包括教学课件、课程标准、授课计划、教案和习题参考答案等，同时在智慧职教、中国大学 MOOC 平台面向社会学习者开放，并通过智慧职教专业教学资源库为国内众多高职院校金融类专业教师开设 SPOC 提供一键调用的教学支持。同时，本书边白处二维码内嵌了微课视频、动画视频等重要学习资源，帮助学习者加深重点难点问题的理解，增强教材趣味性和实用性。

本书由广州职业技术大学王心如担任主编，邹吉艳担任副主编，天津商务职业学院赵红梅、惠州工程职业学院李利勤、四川财经职业学院李琳以及广州职业技术大学的高燕、陈虹、任新立、任碧峰等共同编写，具体分工如下：第一章由王心如、赵红梅编写；第二章由王心如、李利勤编写；第三章由高燕编写；第四章由邹吉艳编写；第五、七章由任新立编写；第六章由邹吉艳编写；第八、九章由陈虹编写；第十章由任碧峰、高燕编写；第十一、十二章由王心如、李琳编写。本书编写理念与内容设计得到了国家"万人计划"教学名师杨则文教授的倾心指点，整体统稿、定稿由王心如、邹吉艳完成。本书在编写过程中得到了广发证券刘晓盈博士及众多行业企业、研究机构、本科院校专家的指导与建议，以及高等教育出版社编辑们的大力支持，在此一并致以衷心的感谢。

金融行业发展日新月异，新技术应用层出不穷，教材编写难免有疏漏与不足的遗憾和不断与时俱进的压力，恳请各位专家、学者和广大读者不吝赐教，督促我们的教材编写工作更进一步。

编者
2025 年 7 月

目 录

第一章 现代金融体系 / 001
 第一节 金融与现代经济 / 004
 第二节 社会经济主体的金融活动 / 008
 第三节 现代金融体系的内涵与发展 / 011
 第四节 现代金融体系的构成 / 015

第二章 货币与货币制度 / 027
 第一节 货币的产生与形式发展 / 030
 第二节 货币的本质与职能 / 036
 第三节 货币的衡量 / 040
 第四节 货币制度 / 042

第三章 利率与信用 / 049
 第一节 利息与利率 / 052
 第二节 货币的时间价值 / 058
 第三节 收益率 / 064
 第四节 利率的决定理论及其影响因素 / 066
 第五节 利率的经济作用 / 070
 第六节 信用与信用体系 / 072

第四章 金融市场 / 081
 第一节 货币市场 / 085
 第二节 资本市场 / 092

第三节　金融衍生品市场　/ 103

第五章　金融机构体系　/ 115

第一节　金融机构体系的构成　/ 118

第二节　我国现行的金融机构体系　/ 121

第三节　国际金融机构体系　/ 129

第六章　商业银行　/ 135

第一节　商业银行与社会经济活动　/ 139

第二节　商业银行的组织与经营　/ 144

第三节　商业银行的业务　/ 149

第四节　金融科技在商业银行的应用　/ 157

第七章　非银行金融机构　/ 165

第一节　保险保障类金融机构　/ 168

第二节　证券投资类金融机构　/ 173

第三节　其他类型的金融机构　/ 180

第八章　中央银行　/ 185

第一节　中央银行制度　/ 188

第二节　中央银行的性质和职能　/ 196

第三节　中央银行的主要业务　/ 199

第九章　货币供给与货币需求　/ 207

第一节　货币流通规律　/ 210

第二节　货币需求　/ 211

第三节　货币供给　/ 215

第四节　货币均衡　/ 226

第十章　通货膨胀与通货紧缩　/ 233

第一节　通货膨胀与通货紧缩概述　/ 236

第二节　通货膨胀与通货紧缩的成因　/ 244

第三节　通货膨胀与通货紧缩的影响　/ 249

第四节　通货膨胀与通货紧缩的治理　/ 252

第十一章 货币政策 / 259
    第一节 货币政策概述 / 262
    第二节 货币政策目标与传导机制 / 265
    第三节 货币政策工具 / 272

第十二章 金融风险与金融监管 / 281
    第一节 金融风险概述 / 284
    第二节 金融风险管理 / 291
    第三节 金融监管 / 296
    第四节 金融监管体制 / 299

参考文献 / 305

Chapter 01

第一章
现代金融体系

- 金融与现代经济
- 社会经济主体的金融活动
- 现代金融体系的内涵与发展
- 现代金融体系的构成

学习目标

素养目标
- 通过学习金融在现代经济中的功能,培养职业素养。
- 通过学习金融的含义,树立正确的金融服务实体的经济观念。

知识目标
- 理解金融的含义。
- 掌握金融与现代经济的关系。
- 熟悉不同社会经济主体的金融活动。
- 理解现代金融体系的资金融通机制。
- 熟悉现代金融体系的类型。
- 掌握现代金融体系的构成。

能力目标
- 能够结合社会经济生活实际解释金融在现代经济中的功能。
- 能够利用官方数据平台收集整理不同经济主体的金融投资状况。

思维导图

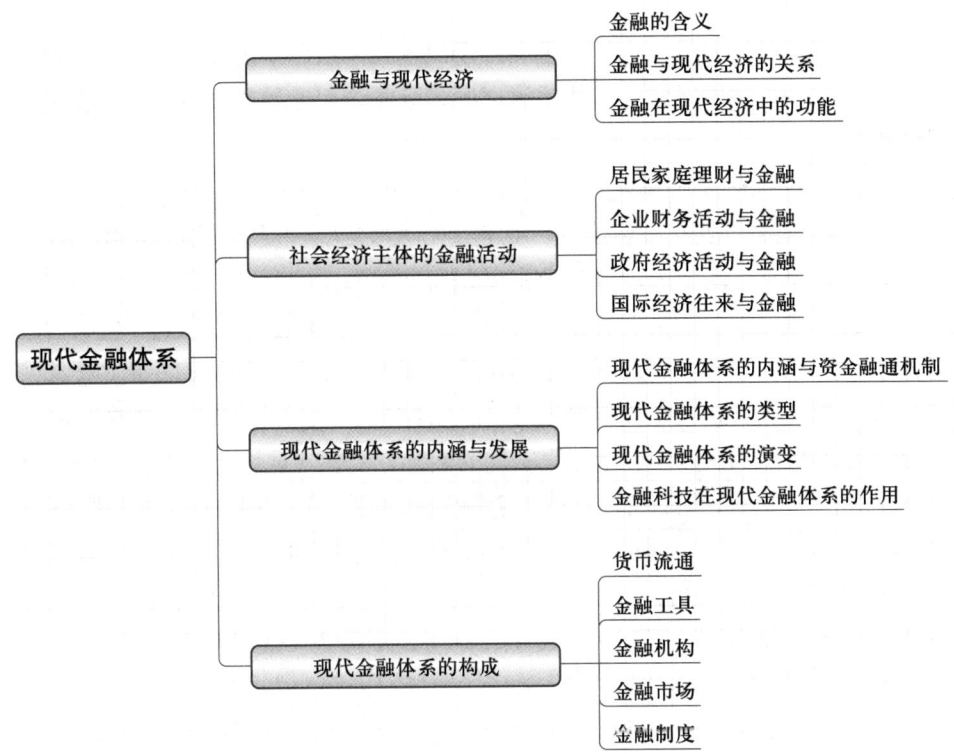

案例导入

构建中国特色现代金融体系，有力支撑中国式现代化

金融是现代经济的核心，中国特色现代金融体系是中国式现代化的重要组成部分。加快构建中国特色现代金融体系，既要体现金融本质特性，又要突出中国特色。

中国式现代化是强国建设、民族复兴的唯一正确道路。金融是"国之大者"，关系中国式现代化建设全局。党的二十大报告明确提出，没有坚实的物质技术基础，就不可能全面建成社会主义现代化强国。社会主义现代化强国建设离不开强大金融体系的关键支撑，无论是推动经济实现质的有效提升和量的合理增长，还是更好地满足人民日益增长的美好生活需要，金融高质量发展都是中国式现代化构筑坚实物质技术基础的必然要求。2023年10月，中央金融工作会议首次提出加快建设"金融强国"的目标，中国式现代化进程中的经济社会全面发展离不开金融的有力支持，金融强国建设服从、服务于中国式现代化。2024年7月，党的二十届三中全会审议通过了《中共中央关于进一步全面深化改革 推进中国式现代化的决定》，对进一步深化金融体制改革作出重大部署。金融行业要立足中国式现代化建设全局，坚定不移走中国特色金融发展之路，坚持党中央对金融工作的集中统一领导，坚持以人民为中心的价值取向，坚持把金融服务实体经济作为根本宗旨，坚持把防控风险作为金融工作的永恒主题，坚持在市场化法治化轨道上推进金融创新发展，坚持深化金融供给侧结构性改革，坚持统筹金融开放和安全，坚持稳中求进工作总基调。当前，我国已经迈上全面建设社会主义现代化国家新征程，迫切需要以金融强国建设为目标奋力开拓中国特色金融发展之路，为推动经济社会高质量发展注入金融新动能。

> **问题：**
> 怎样理解中国特色现代金融体系与中国式现代化的关系？

第一节 金融与现代经济

一、金融的含义

金融即货币资金的融通，是通过货币流通和各种信用渠道进行资金融通的

经济活动。社会经济活动中总会有一些货币资金闲置的个人或机构,也会有一些资金短缺的个人或机构,金融就是经济主体利用金融工具将货币资金从盈余方流向短缺方的经济活动。通常,金融的内容可以概括为货币的发行、流通和回笼,贷款的发放和收回,存款的存入和提取,金银、外汇的买卖,有价证券的发行与转让,国际货币汇兑结算等。

> **知识链接**
>
> **"金融"的由来**
>
> "金融"二字在汉语中的历史不长,在《辞源》里解释为"金钱之融通"。因此,"金融"可以从字面上理解为"和金钱流通有关的现象"。
>
> 英语中"finance"是如何而来的呢?从词源上考察,"finance"来自拉丁词根"fin-",原意为"终结、终点、结束",从中世纪开始有了"完成偿还任务"的意思,并在此基础上,逐渐衍生出"支付、缴纳"的含义。到18世纪,随着信贷业务迅速发展,"finance"开始特指专门从事资金借贷行业的商人,进而被赋予了"金钱管理"的含义,有着"主动管理金钱的行为"的意思。

狭义的金融一般专门指货币资金的融通,即通过银行体系所进行的货币借贷活动。银行通过吸收存款汇聚社会闲置资金,通过贷款解决企业等经济主体的资金短缺,形成最基本、最核心的金融形式。

扩大的金融则包括银行、证券公司、保险公司、信托租赁等与资金融通相关的各类金融中介提供的资金融通服务。

广义的金融泛指一切与钱有关的活动,不仅包括银行、证券公司、保险公司等金融机构的经济活动,也包括了更大范围市场主体的经济行为,如"政府财政""公司财务""家庭理财"等,都属于金融的范畴。

二、金融与现代经济的关系

金融是人类社会商品货币关系发展的必然产物,金融的发展对社会经济的发展起着重要的促进和推动作用。

(一)金融是现代经济的核心

现代经济是市场经济,它的运行表现为价值流引导实物流、货币资金运动引导物质资源运动。金融的本质就在于为社会经济发展服务,为企业提供融资源泉,为科技创新提供动力,为基础设施的兴建注入血液,为人民群众对美好生活的需求提供便利。金融是现代经济的核心,助推一国生产力发展、经济腾飞、科技创新和产业升级，是国家重要的核心竞争力。

（二）金融是现代经济中调控宏观经济的重要杠杆

现代经济是由市场机制对资源配置起基础性作用的经济，其显著特征之一是宏观调控的市场化而非行政化。金融在建立和完善国家宏观调控体系中具有十分重要的地位，金融运行得正常有效，则货币资金的筹集、融通和使用充分而有效，社会资源的配置也就合理，对国民经济走向良性循环所起的作用也就明显。

（三）金融是现代经济中连接经济活动的主要媒介

在现代经济中，金融的作用几乎影响到社会经济生活的各个方面。社会资源的配置、社会财富的分配、货币发行、投资就业、价格水平、个人收入等，无不通过金融活动来实现。从国内看，金融连接着各部门、各行业、各单位的生产经营，关系到千家万户，成为国家管理、监督和调控国民经济运行的重要杠杆和手段；从国际看，金融成为国际政治、经济、文化交往的桥梁，实现国际贸易、引进外资、加强国际经济技术合作的纽带。

三、金融在现代经济中的功能

（一）支付和清算功能

现代社会的商品、劳务和资产交易，需要安全便利的支付和清算手段，这是现代金融的基础功能。经济活动的参与者们为高效完成商品和劳务交易，完成债务和债权的清算，需要借助金融市场上各种货币、各种工具进行支付和清算。没有货币和金融工具的经济活动在现代经济社会中是难以为继的。比如，人们在农贸市场买菜时，一手交钱一手交货，通过现金结算完成交易；企业之间交易金额庞大，交易频繁，经常受到时间和空间的限制，因此企业间通过银行转账或票据结算的方式进行交易就更加方便和安全。安全、高效的交易和支付系统可以降低社会交易成本，促进社会向专业化、协同化的方向发展，也是社会化大生产的必要条件。

（二）融通资金和股权细化功能

通过提供各种交易场所、投融资工具，制定交易机制，金融体系将社会闲置和分散的资金聚集起来，发挥资源的规模效应；股权细化则将无法分割的大型投资项目分割为统一、等额的股份，便于中小微投资者匹配需要大资金、无法分割的投资项目，从而有效整合全社会金融投资和融资，满足社会生产的顺利进行。

（三）资源配置功能

在社会经济发展的一定阶段上，相对于社会总需求而言，资源总是表现出相对的稀缺性，从而要求人们对有限的、相对稀缺的资源进行合理配置，以便用最少的资源耗费,生产出最适用的商品和劳务,获取最佳的效益。金融促使经济资源跨时间、地域和产业转移,当金融资源集中流向某一领域时,其他各种社会资源便可以在金融的支持下更加快速地在这一领域进行配置。金融资源的配置效率越高,各种资源的利用效率也会随之提高。

（四）风险管理功能

社会经济面临着各种风险,金融体系中非常重要的一个功能就是对经济风险进行交易、分散和转移。个人和企业可以购买各种保险,例如财产保险、人寿保险和健康保险,以减轻意外事故、财产损失和疾病等风险所带来的经济压力；投资者可以通过购买不同企业的股票和债券来分散投资风险,而企业可以通过发行股票和债券来分散融资风险；银行通过吸收存款、提供贷款和资金融通等方式,将信用风险从存款人转移到借款人,实现了风险的转移和分担；期货合约和期权合约等衍生品可以用于对冲风险,帮助投资者在面对市场波动和不确定性时减少损失。

（五）信息提供功能

金融体系通过提供价格信息,消除投资者和融资者之间的信息不对称,帮助协调不同经济部门的决策。市场参与者通过金融体系获取并了解有关市场的各种信息,包括宏观经济数据、企业绩效等,从而判断市场走势、分析和评估风险,并做出相应的投资决策；通过金融体系的信息传递,市场上各方可以了解资产价值和潜在风险,进行有序的交易活动,提高市场流动性和公平性；信息传递也能够促进资源的有效配置,使得市场上的资源能够流向最有利于经济发展的领域；政府部门能够获取金融交易是否正常进行、各种规则是否得到遵守的信息,发现并防范市场风险,维护市场秩序,保护投资者权益。

动画：什么是信息不对称？

（六）激励约束功能

在经济运行中,经济主体并不能完全控制影响自身利益的所有因素。比如现代企业中,所有权和控制权的分离就会产生激励问题。金融体系通过股票或者股票期权提供解决激励问题的方法。通过让企业的管理者以及员工持有股票或者股票期权,企业的效益也会影响管理者和员工的利益,从而使管理者和员工尽力提高企业的绩效,他们的行为不再与所有者的利益相悖,这样就解决了激励问题。

> **知识链接**
>
> **金融体系的信息不对称**
>
> 金融体系的"信息不对称"是指市场中的一方拥有比另一方更多或更准确的信息。当信息不对称存在时,拥有更多信息的一方可能会利用这种优势来获

取不公平的益处,影响市场的效率和公平。通常,金融体系常见的信息不对称有以下两种情况:

(1) 逆向选择 (Adverse Selection)。逆向选择是信息劣质的一方在交易中无法区分对方的优劣,难以顺利地做出买卖决策,导致价格扭曲,市场失衡的现象。比如,银行在进行贷款业务的时候,往往倾向于把钱借给还款能力强、信誉好的借款人。但是由于信息不对称,劣质借款人的"求生欲"会更强,会尽力包装自己,并更容易接受较高的贷款利率,而优质借款人则会不强调自身的基本情况,所期望的贷款利率则较低。银行在优劣难辨的情况下,会调高贷款利率,容易把钱贷给劣质借款人,最后无法如期收回贷款。

(2) 道德风险 (Moral Hazard)。一方在交易后的行为上拥有信息优势,并可能采取对另一方不利的行动时,就会出现道德风险。比如在保险市场上,当某人购买了汽车保险后,他可能比没有保险的时候更倾向于采取高风险的驾驶行为,因为他知道任何损坏都会被保险公司赔付。保险公司难以监控每一个保户的驾驶行为,因此面临道德风险问题。

金融体系的信息不对称问题可能导致资本配置不当、市场效率降低以及信贷紧缩等问题。因此,许多金融机构和监管机构都在努力减少信息不对称,如通过信用评级、审计和信息披露规定等方式来减少信息不对称。

第二节 社会经济主体的金融活动

一、居民家庭理财与金融

为满足日常家庭生活开支,居民通过社会劳动获取货币收入,并以货币作为流通媒介换取生活所需的产品和服务,同时为应对未来生活不确定性,将余下的货币退出流通,形成价值贮藏。居民家庭需要通过银行进行工资结算、税费缴纳、购物付款及存款储蓄;需要通过银行获得住房、消费、教育贷款;需要通过外汇市场进行境外旅行、留学和贸易的货币兑换;需要通过证券市场、保险市场、贵金属市场等进行投资理财。

一方面,居民家庭是社会盈余资金的主要供给者,大量闲置资金以储蓄、投资等方式进入金融市场,为社会经济活动中的资金需求方提供支持;另一方面,居民家庭也是金融产品的主要需求者,他们根据自身的风险偏好,配置存款、股票、债券、保险等资产,形成个性化的投资组合。同时,居民家庭也会密切关注经济金融宏观政策、行业产业运行及市场价格的变化,这些因素与他们的存款安全、投资收益和贷款成本都密切相关。

二、企业财务活动与金融

金融在企业融资、投资和利润分配等财务活动中处于无可替代的重要地位。

（一）企业融资

企业在发展过程中需要不断地进行融资，以满足自身的资金需求。企业融资可以分为两种，一种是外部融资，即从外部获得资金，主要包括股权融资和债权融资；另一种是内部融资，即通过企业自身的利润和资产进行融资。作为社会经济中最大的资金短缺者之一，企业通过自我积累获得资金规模有限，难以满足企业扩张发展的需要，外部融资成为企业融资的主要渠道。2024年上半年，我国证券行业服务实体经济直接融资2.55万亿元，其中服务32家科技创新型企业在科创板、创业板、北交所首发上市，实现股权融资190.63亿元；上半年承销科技创新公司债券共计208只，融资规模达2 437.31亿元，较去年同期增长一倍，为新质生产力的形成提供有力支持，助力经济实现高质量发展。

（二）企业投资

企业利用闲置资金购买其他公司的股权，投资股票、债券、房地产、大额存单、外汇等，获取投资收益，实现资产增值，确保企业闲置资金得到合理利用，使企业现金流持续保持稳定状态。企业可以通过大额存单等存放暂时闲置的资金并获得相应的回报；可以通过股票、债券等金融工具获取高额投机回报或长期稳定的收益；可以通过与企业长期资金方案相配合，提高企业资产流动性，增强偿债能力；可以通过股权投资获得对被投资企业的控制权，实现企业扩张；可以利用期货、期权等金融衍生工具分散经营和投资风险。

（三）企业利润分配

在现代经济中，企业利润分配离不开金融市场。企业通过股票市场完成股利分配，即根据经营状况和盈利能力状况，将企业的一部分利润以现金或股票的形式返还给股东（通常在股东大会通过后进行定期或不定期分配）。企业还会采取股票回购、股票奖励计划、员工持股计划等利润分配方式，激励员工努力工作并提高员工对公司的忠诚度，从而增强企业的凝聚力并形成竞争优势。

三、政府经济活动与金融

政府的经济活动主要包括财政收支管理和宏观经济调控两大类。金融作为连接宏观和微观的桥梁，既为财政收支管理提供渠道和场所，也是宏观经济调控的重要手段。

政府的财政支出超出财政收入所造成的短期收支不平衡，往往需要发行政府债券筹集资金来弥补，金融市场为政府债券的发行和流通提供了必要的交易场所。政府制定并执行货币政策，通过金融市场上的债券交易、金融机构的政策传导进行宏观经济调控。政府通过中央银行和其他政府部门履行金融监管的职责。我国已建立了"一行一局一会"的金融监管体系；金融为政府推动对外开放提供了平台，我国积极支持和参与"一带一路"建设，与共建国家开展金融合作，带动双边和多边的投资。

四、国际经济往来与金融

一个国家或地区之间因经济、政治、文化等联系而产生的经济往来带动了货币资金的周转和运动，包括国际收支、国际汇兑、国际结算、国际信用、国际投资等。国际收支是指一个国家或地区与世界上其他国家或地区之间，由于贸易、非贸易和资本往来而引起国际资金流动，从而发生的一种国际资金收支行为。国际贸易活动带来国际支付行为，需要通过外汇市场进行货币兑换，或以金融机构为媒介进行货币收付调拨，完成国际结算。政府和企业为了满足资金需求可以借助国际证券市场发行和交易股票、债券，或通过国际金融机构获得贷款等信用支持；以获取更多利润为目的，投资者将资本从一国转移到另一国，进行对外投资。

"一带一路"十年金融合作的中国式理念

十多年来，层次清晰、初具规模的"一带一路"金融合作网络已形成。这个金融合作网络正在逐渐解决基建投资资金不足、金融市场不发达、金融开放度不高、融资方式单一、产融结合不充分等长期存在的难题，这一多元化投融资体系从一开始就充满着互利共赢的中国式理念。

（1）中国推动"一带一路"金融监管合作。"加强金融监管合作，推动签署双边监管合作谅解备忘录，逐步在区域内建立高效监管协调机制"，是第一份"一带一路"政府白皮书中的合作重点。

（2）中国领衔"一带一路"绿色金融合作。中国2018年领衔发起的《"一带一路"绿色投资原则》很快获得国际金融界的积极响应。

（3）中国优化"一带一路"投融资合作模式。中国在打造"一带一路"投融资模式时兼容了政府主导、市场主导以及创新式等三大类至少15种模式，保证了中国与"一带一路"共建国家项目合作总额呈现高增长的趋势。

（4）中国提升"一带一路"金融科技含量。中国利用世界领先的数字支付、大数据金融平台、信息金融门户等金融服务的迭代技术与市场规模优势，推动数字丝绸之路建设与普惠金融能力增长。

第三节　现代金融体系的内涵与发展

一、现代金融体系的内涵与资金融通机制

金融体系是一个经济体中有关资金流动、集中、分配的基本框架，是由连接资金盈余者和资金短缺者的一系列金融要素构成的有机体。金融体系主要包括资金流动的载体（金融工具）、市场参与者（金融机构）和交易方式（金融市场）等。由于金融活动具有很强的外部性，在一定程度上可以视为准公共产品，因此，政府的管制框架（金融制度）也是金融体系中一个密不可分的组成部分。

金融体系的资金融通机制主要包括两种，如图 1-1 所示。一是资金盈余部门的资金通过诸如银行等金融中介机构流向资金短缺部门，称为间接资金融通机制，简称为"间接金融"；二是资金盈余部门的资金通过直接金融市场流向资金短缺部门，称为直接资金融通机制，简称为"直接金融"。

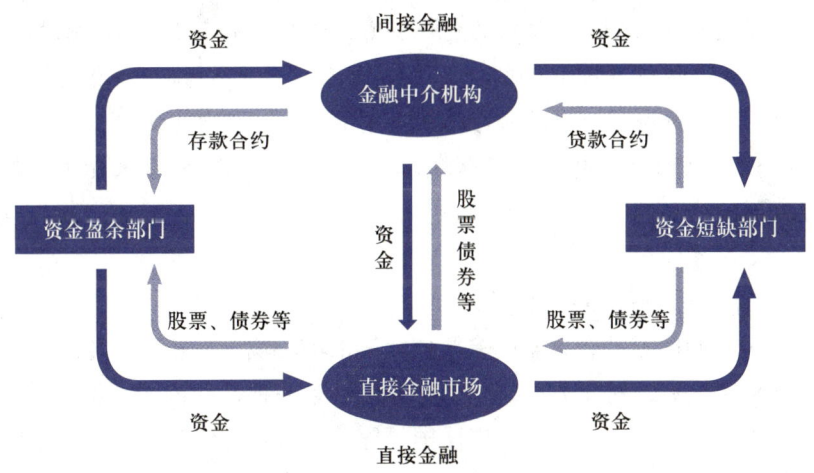

图 1-1　金融体系的资金融通机制

（一）间接金融

在间接金融中，金融中介机构（如银行等）处于中心地位。资金盈余部门首先通过银行存款的方式将资金存入金融中介机构，金融中介机构集中了分散的盈余资金后，再向资金短缺部门发放贷款。这样，金融中介机构就分别与存款人、贷款人签订了存款和贷款两份独立的合约。至于金融中介机构什么时候把集中的盈余资金贷出去、贷给谁、贷多少，存款人并不知晓，也不关心，只要金融中介机构能按期还本付息，存款人就不会遭受任何损失。而获得贷款的资金短缺部门也不知道所得到的资金究竟是属于哪个资金盈余部门，只要能按照贷款合约约定归还本息给金融中介机构即可。资金短缺部门经营不善，会给

金融中介机构带来不良资产，只要这种状况还未危及金融中介机构体系安全，资金盈余部门也不会面临风险。可见，在间接金融中，金融中介机构在资金盈余部门和资金短缺部门之间构筑了一道风险屏障。

（二）直接金融

在直接金融中，资金盈余部门的闲置资金是通过直接金融市场流向资金短缺部门的。直接金融市场只是扮演交易平台或通道的角色，并不参与资金供求。也就是说，在直接金融中，资金短缺部门通过直接金融市场发行股票和债券等金融工具筹集所需资金，资金盈余部门通过购买股票和债券将闲置资金提供给发行者使用。在这样的机制下，资金供求双方之间只有一份合约，资金盈余部门就要直接承担资金短缺部门经营上的各种风险。例如，某公司以10元的发行价发行新股，张三花了10 000元购买了1 000股，一年后该公司出现重大亏损，导致股票价格跌至8元，如果此时张三仍持有该股票，则他必须自己承担2 000元的损失。

> **思考与实践**
>
> 请判断下列金融体系中的资金融通属于直接融资还是间接融资？
> 1. 你在银行存入100 000元，甲从银行借了100 000元来购车。
> 2. 你通过证券公司的交易账户买入了A股票1 000股。
> 3. 你向保险公司支付了人寿保险的保费，保险公司投资了政府债券。

二、现代金融体系的类型

现实中不同国家的金融制度差异较大，市场环境不尽相同，各国存在着不同的金融体系。有三种主要的现代金融体系，第一种是以英国、美国为代表的市场主导型金融体系，第二种是以法国、德国、日本为代表的银行主导型金融体系。第三种是介于上述两种金融体系之间的混合型金融体系。

（一）市场主导型金融体系

市场主导型金融体系是指以金融市场（主要是资本市场等直接融资市场）为基础和核心构建的金融体系。在市场主导型金融体系中，资本市场比较发达，企业的长期融资以资本市场为主，通过发行股票、债券等证券筹集资金，而银行更专注于提供短期融资和结算服务。也就是说，在这一体系中，证券市场承担了相当一部分银行所承担的融资、企业治理、风险管理的作用，资金通过金融市场实现有效配置，使有限的资金投入到优秀的企业中去，金融市场能自发、高效地配置资源，从而促进经济发展。

（二）银行主导型金融体系

银行主导型金融体系是指以银行间接融资方式配置金融资源为基础的金融体系。在银行主导型金融体系中，银行体系发达，企业外部资金主要源于间接融资渠道，银行在吸收社会储蓄、配置资金、引导企业经营、提供风险管理工具等方面起着主导作用；银行运用自身在资金、人才、信息等方面的优势，全面而深入地参与经济生活，促进经济发展。我国目前的金融体系也属于此体系，以银行为中心的间接融资是我国主流的融资方式。

（三）混合型金融体系

混合型金融体系是指市场主导型金融体系和银行主导型金融体系的混合体。在这种体系下，金融市场和银行体系都是金融体系的重要基础和核心，金融机构和金融市场互相依存，相互支持。

三、现代金融体系的演变

金融是人类社会经济活动的重要组成部分，其发展历程见证了人类社会从原始社会到现代社会的巨大变革。在原始社会，人们以物物交换的方式进行贸易，随着社会分工与商品交换的发展，人们开始使用具有稀缺性和易携带性的物品作为交换媒介，如贝壳、兽皮等，这些物品逐渐演变成早期的货币形式。之后，货币形式发展为金属，如黄金、白银，在古代文明中成为广泛接受的货币形式，金属这一货币形式进一步促进了财富的积累和交易的扩大。到了中世纪，欧洲出现了早期的银行体系，银行家开始存放人们的金属货币并发放存款收据，这些收据后来演变成现代票据，成为金融交易的基础。金融市场逐步发展成熟起来，17世纪的荷兰出现了第一个股票市场，股票成为一种重要的投资工具；18世纪的英国建立了现代中央银行，为货币政策的制定和管理提供了框架。19世纪末，第二次工业革命带来了产业和技术的迅速发展，电话、电报的普及促进了信息传递，股票市场和商品市场的全球化愈发显著；投资银行、信用评级机构等金融机构相继涌现，推动了金融市场的进一步扩展。之后，现代金融体系得以初步建立，并经历了电子化、全球化、数字化的演变历程。

（一）金融电子化阶段

20世纪末，随着电子技术的发展及其在金融行业的广泛应用，金融电子化兴盛起来，它的出现极大地改变了金融行业的面貌，金融市场出现了电子交易、信用卡等金融创新，极大地提升了金融服务的效率和便利性，并且继续改变着人们的经济和社会生活方式。现今，一切社会组织及个人无论其自觉与否，无不直接或间接地感受到金融电子化的存在，无不享受其提供的便利服务。

（二）金融全球化阶段

20 世纪 70 年代起，各国的金融活动超越本国国界，开始进入金融全球化阶段。金融全球化是经济全球化的重要组成部分，主要表现为金融市场国际化、金融交易国际化、金融机构国际化和金融监管国际化。金融全球化推动了经济全球化的发展，如国际货币基金组织和世界银行的建立，加强了国际金融的合作。

（三）金融数字化阶段

进入 21 世纪，随着信息技术的蓬勃发展，金融行业迎来了数字金融和金融科技的时代。互联网、区块链、人工智能等技术的应用改变了金融服务的面貌，移动支付、量化投资、数字货币等创新模式迅速兴起，为个人和企业提供了更便捷的金融服务。

四、金融科技在现代金融体系的作用

伴随着互联网技术的普及和数字化时代的到来，金融科技的发展已成为全球经济金融系统的一大趋势。近年来，全球金融科技投资总额的年均水平超过 2 000 亿美元，金融科技行业保持高速增长，成为引领经济金融发展的重要动力。

（一）带动金融机构转型升级

金融科技带动金融机构转型升级，金融机构的业务范围和服务方式都得到了拓展和优化。在支付领域，传统银行业务已经基本完成了向移动支付、互联网支付等新型支付业务转型；在信贷领域，大数据技术的应用使得信贷评估和风控能力得到提高，并逐渐向智能化方向发展。一些新型金融机构在金融科技的强力支撑下快速崛起，成为新的金融服务提供者。

（二）提高金融服务效率

金融科技提高了金融服务效率。通过人工智能技术，金融机构能够将大量重复性工作自动化，提升业务处理效率。比如，在线银行业务可以使用户在手机端或电脑端进行开户、转账、贷款等各种业务操作。

（三）降低金融服务成本

金融科技有效降低了金融服务成本。金融机构可以利用机器学习技术评估信贷风险，减少人工介入，降低人工成本和差错率；在线支付领域，手续费也能够得到有效控制，从而降低用户使用成本，同时减少支付过程中的交易纠纷。

（四）拓展金融服务边界

金融科技应用拓宽了金融服务边界，金融服务不断向新领域和新市场拓展。例如，金融机构通过在线平台将线上实时支付与线下商家服务相结合，发展出"线上+线下"的新商业模式，金融与用户生活更加紧密地联系在一起。

第四节 现代金融体系的构成

一、货币流通

（一）货币流通的含义

货币流通是现代金融体系的基础条件，即在商品交换过程中，货币作为流通手段和支付手段所形成的连续不断地收支运动。马克思在《资本论》里描述："商品流通直接赋予货币的运动形式，就是货币不断地离开起点，就是货币从一个商品所有者手里转到另一个商品所有者手里，或者说，就是货币流通。"

货币流通是商品流通发展的产物。在货币出现之前，人们必须用自己生产的产品与他人交易，从而获得他人生产的产品，即"物物交换"。货币流通是为了克服物物交换过程中的局限性而产生的，可以克服交易双方在需求上、空间上、时间上不一致的矛盾，大大提高了商品交换的成功率。

（二）货币流通的主要渠道

通常，货币流通的主要渠道有两类：一类是现金的流通；另一类是通过各自银行转账来完成货币收付的非现金流通。例如，通过现金或银行存款进行商品购买、劳务费用支付、货币资金拨缴、信用资金发放与回收等，均涉及货币流通。此外，借贷、交纳赋税、租金和工资结算等过程，也会引起货币流通。

（三）货币流通体系的基本运行

中央银行、商业银行和社会公众三个主体互相作用，构成了现代货币流通体系。作为国家最高货币机构，中央银行负责发行货币、制定货币政策和维护货币价值的稳定，以实现国家的经济目标；商业银行通过向社会公众吸纳存款将经济系统中的货币集中起来，并根据经济社会需要向企业提供贷款，贷款的发放将货币再次引入经济系统中，从而形成金融体系中的货币流通；社会公众是货币流通的最终使用者，用货币进行日常交易、储蓄和投资活动。

随着金融科技应用创新和技术升级，货币流通的各个环节，包括支付、借贷、投资等发生巨大变化，越来越多的国家开始发行中央银行数字货币，区块链技术的应用带来更快捷安全的跨境支付，货币流通方式和支付体系安全性和效率得到显著提高。

二、金融工具

（一）金融工具的含义

金融工具是金融市场交易的对象，也称"信用工具"或"交易工具"。当资金短缺部门向资金盈余部门借入资金，或发行者向投资者筹措资金时，会以一定格式的书面文件，明确债务人的义务和债权人的权利，这一书面文件就是具有法律效力的契约。在现代金融体系中，各方不可能靠口头协议办事，容易发生争执，口头协议也无法在市场上转让、流通债权或所有权，商业票据、银行存款凭证、股票、债券等金融工具便产生了。

任何金融工具都具有双重性质：对工具的发行者（借款者）而言，它是一种义务（债务）；对投资者（贷款者）而言，它是一种权利（资产）。比如，银行存单这种金融工具，是发行人（银行）的义务，代表银行对存款人负有债务，要按照既定的利率和期限偿还本金和利息；同时，银行存单也是存款人的权利，代表存款人可以在特定时间取回相应本金和利息。

（二）金融工具的主要特征

1. 收益性

收益性是指金融工具能定期或不定期地为其持有人带来一定的收入。金融工具持有者的收益往往来自两部分，即利息收入和市场价格变动带来的价差收入。

2. 期限性

期限性是指金融工具按照其不同的期限要求偿还的性质。除股票和永久性债券只付息不还本外，其他大多数金融工具都既要求按期付息，也要求按期还本。

3. 流动性

流动性是指金融工具可以迅速变现而不致遭受损失的能力。在衡量金融工具的流动性时，我们不仅要看其变现是否便利，还要看变现时是否会带来资本损益。

4. 风险性

风险性是指利息收入和投入的本金遭到损失的可能性。金融工具的风险主要表现为违约风险、市场风险、流动性风险等。比如，债券发行公司不按合同履约而使债权人遭受本息损失，市场利率变动造成金融工具价格下跌，金融工具不能以接近市场价值的价格转让而造成其流动性下降等。

一般来说，收益性与偿还期成正比，期限越长，回报率越高；流动性与偿还期成反比，偿还期越长，流动性越弱；流动性与债务人的信用能力成正比，即债务人的资信等级越高，流动性就越强。风险性与偿还期成正比，偿还期越长，风险性越高；信用工具的风险与债务人的资信及经济实力成反比，与流动性呈反比，与收益率成正比。

（三）金融工具的种类

金融工具的种类繁多，应用广泛，如图1-2所示。金融工具可以按照不同的分类方法进行划分。

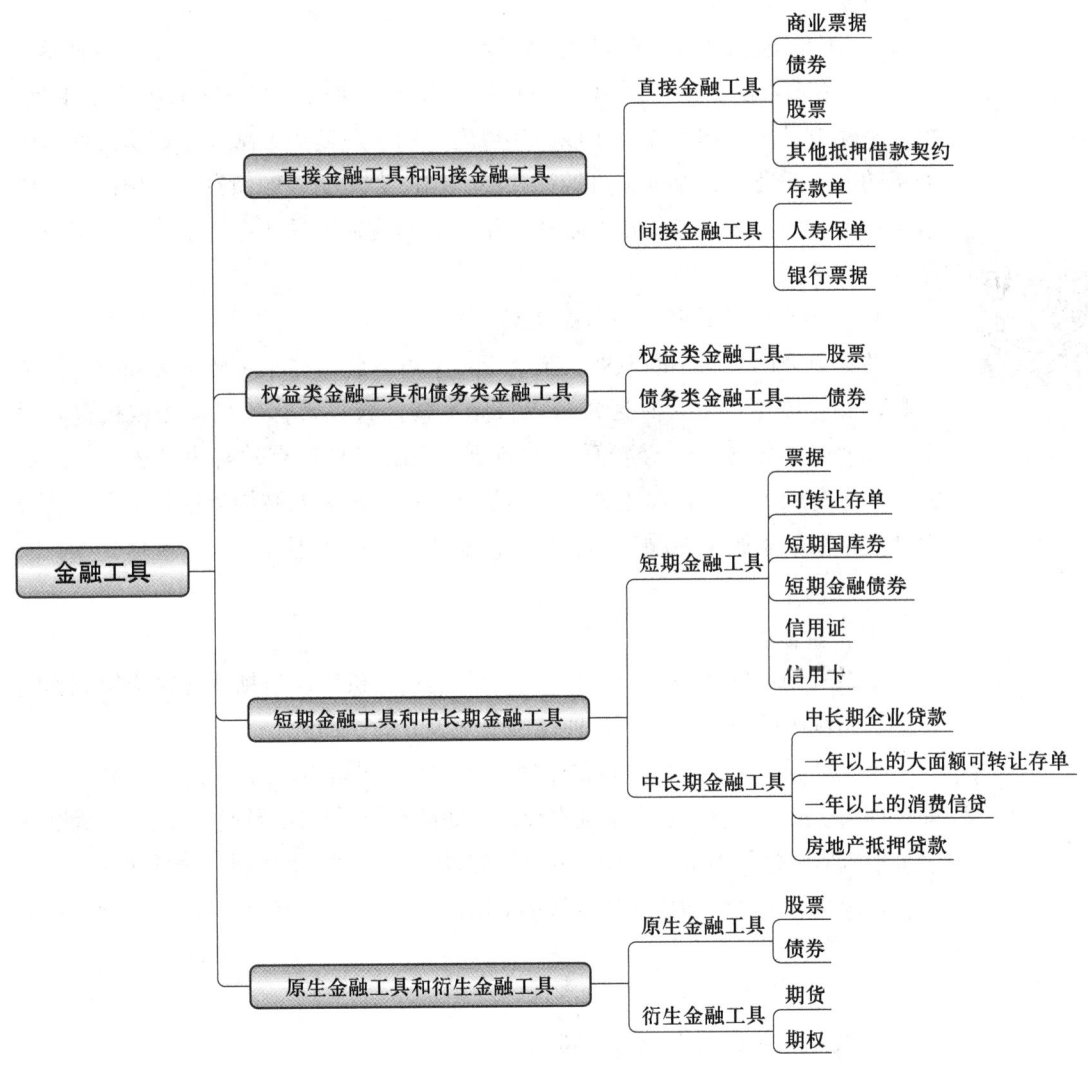

图1-2　金融工具的种类

1. 直接金融工具和间接金融工具

按照发行者性质不同，金融工具可分为直接金融工具和间接金融工具。直接金融工具是指企业、政府和个人发行或签署的商业票据、债券、股票及其他抵押借款契约等；间接金融工具是指银行及其他金融机构所发行的存款单、人寿保单及银行票据等。

2. 权益类金融工具和债务类金融工具

按照持有人权利不同,金融工具可以分为权益类金融工具和债务类金融工具。权益类金融工具是发行人按照比例向持有人分配利润的金融工具,典型的代表是股票;债务类金融工具是发行人向持有人支付固定数额利息的金融工具,典型代表是债券。

3. 短期金融工具和中长期金融工具

按照偿还期限不同,金融工具可以分为短期金融工具和中长期金融工具。短期金融工具是指期限在一年或一年以内,用于短期资金融通、证明短期信用关系的书面凭证,如票据、可转让存单、国库券短期金融债券、信用证、信用卡等;中长期金融工具是指期限在一年以上的金融工具,主要包括银行中长期信贷和有价证券。

4. 原生金融工具和衍生金融工具

动画:什么是金融衍生工具?

随着金融创新的不断发展,金融工具又可以分为原生金融工具和衍生金融工具两类。原生金融工具通常可以将储蓄资金直接转移到借款者或投资者手中,如股票、债券等,金融系统借助原生金融工具来有效解决供求、分配资源;衍生金融工具是在原生金融工具基础上派生出来的结构化创新工具,其价值和支付依赖于原生金融工具而存在,如期货、期权等。

三、金融机构

金融机构通常宽泛地指所有从事金融活动的机构,包括直接融资领域和间接融资领域中的金融机构和各种提供金融服务的机构。

直接融资领域中金融机构的主要任务是充当投资者和筹资者之间的经纪人,即代理买卖证券,有时也参加证券交易,如证券公司和投资银行。间接融资领域中金融机构则是作为资金余缺双方交易的媒介,专门从事货币、信贷活动。该类金融机构与货币发行和信用创造联系密切,主要包括中央银行和商业银行等金融机构。

(一)金融机构的分类

1. 按照从属银行系统的不同

按照从属银行系统的不同,分为银行金融机构和非银行金融机构。

(1)银行金融机构以接受存款、从事转账结算业务为基础,具有信用创造功能,其负债可以发挥交换中介和支付手段的职能作用,其资产业务主要包括承做短期贷放,所以银行金融机构采用以存款负债为前提的资产运作机制。银行金融机构又可进行多种分类:按照银行的地位和职能不同来划分,分为中央银行、商业银行、政策性银行和专业银行等;按照出资形式不同来划分,分为独资银行、合资银行、股份制银行和合作银行;按照资本所有权归属不同来划分，分为国有银行、私营银行和公私合营银行；按照业务范围的区域不同来划分，分为全国性银行、地方性银行和跨国银行。

（2）非银行金融机构的业务资金是通过发行股票和债券等渠道筹集起来的，其资产业务则以非贷款的某项金融业务为主。非银行金融机构主要包括保险公司、信托公司、证券公司、租赁公司、财务公司等。

2. 按照资金来源的不同

按照资金来源的不同，分为存款类金融机构与非存款类金融机构。

（1）存款类金融机构主要通过存款形式向公众举债从而获得其资金来源，如商业银行、储蓄贷款协会、合作储蓄银行和信用合作社等。

（2）非存款类金融机构则不吸收公众的储蓄存款。非存款类金融机构又可划分为契约型储蓄机构、投资性金融中介机构和服务类金融机构。① 契约型储蓄机构是依据契约定期取得资金（如保险费、养老保险费），并根据约定提供保险理赔或提供年金的金融机构，如人寿保险公司、财产保险公司、个人养老保险基金以及政府退休基金等；② 投资性金融中介机构通过发行基金股份、商业票据或从银行借款等途径获得资金，并投资于资本市场或货币市场的各种股票和债务工具，或发放小额贷款，如投资银行、投资基金、货币市场共同基金、风险投资公司等金融机构；③ 服务类金融机构提供金融资讯或金融咨询服务，部分公司专门从事金融信息服务，如专门从事证券评级的公司、提供财务数据的公司、提供共同基金业绩统计的公司等。

3. 按照从事金融活动的目的不同

按照从事金融活动的目的不同，分为金融管理机构和金融运行机构。

（1）金融管理机构是指承担金融宏观调控、金融监管的重任，不以营利为目的的金融机构，如中央银行、中国证券监督管理委员会等。

（2）金融运行机构是指以营利为目的，向社会公众提供多种金融产品和服务的金融机构，如商业银行、保险公司、证券公司、基金管理公司、期货公司等。

4. 按照金融机构业务性质的不同

按照金融机构业务性质的不同，分为商业性金融机构和政策性金融机构。

（1）商业性金融机构以追求利润最大化为经营目标，是自主经营、自负盈亏、自求平衡、自我发展的金融企业。

（2）政策性金融机构是一国政府为加强对经济的干预能力，保证国民经济持续、稳定、协调发展而设立的机构。这类机构大多由政府出资，以政府资本为主，不以营利为目的，所经营的业务与政府的产业政策密切配合。

除上所述，金融机构还有一些其他的分类依据，如按照资本规模大小和从业人员的多少可分为大、中、小型金融机构；按照活动领域的不同，分为区域性金融机构和全球性金融机构等。

（二）金融机构在金融体系中的功能

1. 提供支付结算服务

提供支付结算服务是金融机构适应经济发展需求最早产生的功能，最初提供的主要业务之一就是汇兑。到目前为止，商业银行仍是最基本和主要的提供支付结算服务的金融单位。只要有债权和债务关系存在，支付结算就有运行的基础。随着经济一体化发展和金融市场国际化发展，银行之间支付金额大幅增加，各经济活动参与者更加注重结算体系的效率性和安全性。

2. 促成资金融通

资金融通功能是所有金融机构共有的，不同金融机构因发行的融资工具不同而使融资方式有所不同。例如，商业银行、保险公司等金融中介机构，通过吸收存款、收纳保险费的方式集中社会闲置资金，再由金融中介机构以发放贷款和社会投资等方式转移到资金短缺部门；证券公司等金融机构为资金短缺部门提供交易机制和交易平台，帮助其在金融市场上发行股票、债券等金融工具来筹集资金，当资金盈余部门购买这些金融工具时，资金就实现了盈缺调剂。

3. 满足金融服务

金融机构分工各异，通过多种方式为公众、事业单位和企业提供多样化的服务，如帮助企业以各种方式融资、承销企业各种有价证券、为企业提供咨询和信托服务，为客户提供投资建议、保管金融资产、帮助客户创造金融资产、管理客户的投资组合等。这些金融服务满足了企业和个人的多样化、个性化的需要，为企业生产、个人生活等提供便利化、人性化的服务。

4. 减少信息不对称

金融中介机构利用自身的专业技能与信息优势，能够以较低的信息处理成本，及时收集、获取比较真实完整的信息，减少信息不对称，在一定程度上规避逆向选择与道德风险，合理配置资源。

四、金融市场

金融市场是指资金供求双方以金融资产为交易对象，通过买卖金融商品实现资金融通的场所和机制。

（一）金融市场的特点

金融市场与商品市场一样，都是以价格引导资源的流动和配置。但与商品市场相比，金融市场又有其自身的特点，金融市场的特点如下：

1. 交易对象是金融工具

金融市场上交易的是金融工具，主要包括银行可转让大额存单、商业票据、债券、股票及期权、期货、互换、掉期等金融衍生工具。

2. 交易表现为让渡或获得一定资金的使用权

商品市场的交易往往表现为商品或服务的使用权的让渡。金融市场的交易往往表现为资金使用权的转移，一方通过让渡资金的使用权，获取收益，另一方通过支付一定的资金获得资金的使用权，在这个过程中没有涉及商品的价值转移，只有资金的转移。

3. 定价机制具有特殊性

在金融市场上，金融资产的交易过程就是它的定价过程，其价格表现为不同期限资金借贷的合理收益率；金融市场内部同一金融工具的价格有趋同的趋势，如外汇汇率，在全球各个外汇市场上，某一种货币的汇率在各个市场都是趋同的，否则会出现套利活动，即低买高卖，这种活动一直会持续到各个市场汇率相同为止。

4. 交易双方地位具有灵活性

商品市场上交易双方的地位具有相对固定性，如产品的供给方是企业，产品需求方是家庭和个人，双方的地位不易发生变化。而在金融市场上，企业虽然是主要的资金需求方，但也是非常重要的资金供给方；个人和家庭通常主要是资金的供给方，同时也可能因为资金不足而成为资金的需求方，所以二者的地位没有固定的模式，在资金的供给方和需求方之间可以实现比较灵活的切换。

（二）金融市场的分类

金融市场按照不同的划分标准，可以划分为不同的市场类型。

1. 按照标的性质和期限分类

按照标的性质和期限分类，金融市场可以分为货币市场、资本市场、外汇市场和黄金市场等。

（1）货币市场又称短期金融市场，是指以期限在一年或一年以内的金融资产为交易标的的市场，具有流动性强（能随时变现）及风险低等特点，主要由同业拆借市场、票据市场、短期债券市场、可转让大额存单市场、回购协议市场等构成。

（2）资本市场又称长期金融市场，是指期限在一年以上的金融资产交易的市场，筹集的资金主要用于企业的创建和固定资产的购买、更新及改造等资本性支出，包括银行中长期信贷市场和有价证券市场。

（3）外汇市场是指外国货币、外国有价证券、外国支付凭证等作为交易对象的市场，是外汇买卖和经营活动的总和。

（4）黄金市场是以黄金为交易对象的市场。虽然黄金非货币化程度越来越深，但在国际结算中黄金仍占有重要地位，因此，黄金市场仍被看作是金融市场的组成部分。

2. 按照融资方式分类

按照融资方式分类，金融市场可以分为直接融资市场和间接融资市场。

（1）直接融资市场是指资金供求双方不需要借助金融中介机构而完成资金融通的市场，如股票融资和债券融资就属于典型的直接融资市场交易活动。

（2）间接融资市场是指资金供求双方需要借助金融中介机构来进行融资的市场，如银行借贷就属于典型的间接融资模式，资金供给方将钱存入银行，银行将存款以贷款的方式发放给资金需求方，资金从供给方流向需求方的过程中，通过银行这座桥梁来完成。

3. 按照证券交易层次分类

按照证券交易层次分类，金融市场可以分为一级市场和二级市场。

（1）一级市场又称初级市场、发行市场，是首次发行证券或出售某种金融资产的市场，其主要目的是发行方筹集资金。

（2）二级市场又称次级市场、流通市场，是已发行的金融工具流通转让的场所。二级市场主要为金融工具交易提供流动性，为资金需求者提供变现场所。一级市场与二级市场的交易形式如图1-3所示。

图1-3 一级市场与二级市场的交易形式

4. 按照交易方式分类

按照交易方式分类，金融市场可以分为现货市场和期货市场。

（1）现货市场是指成交后即刻进行交割的市场，这种交割在当天或者规定的结算期完成，其最大的特点是"一手交钱，一手交货"。

（2）期货市场是指买卖双方按达成的协议交易，并按约定日期进行交割的市场，其最大的特点是将协议签订与交割分离开来。如在期货合约交易中，买卖双方先通过签订期货合约，确定交易金融工具的价格、数量、交割方式与交割时间，待合约到期时，双方按照合约规定的方式进行交割。

5. 按照市场形态分类

按照市场形态分类，金融市场可以分为有形市场和无形市场。

（1）有形市场也被称为"场内市场"，是指有固定交易场所的市场，一般是指证券交易所等交易场所。

（2）无形市场也被称为"场外市场"，是指没有固定交易场所的市场，其交易通常是借助现代化的信息设备来完成的。金融市场的大量交易都是通过无形市场来完成的。外汇市场就属于典型的无形市场,大部分的外汇交易都是通过场外市场来完成的。

6. 按照区域范围分类

按照区域范围分类,金融市场可以分为国内金融市场和国际金融市场。

(1)国内金融市场是指金融工具交易发生在本国居民间、交易工具以本国货币标价、受本国法规管制的市场。

(2)国际金融市场是指金融工具交易发生在本国居民与非居民间,有广义和狭义之分。狭义的国际金融市场是指国际长短期资金借贷的场所;广义的国际金融市场则是指从事各种国际金融业务活动的场所。

五、金融制度

金融制度是一个国家以法律形式所确定的金融体系结构,以及组成该体系的各类金融机构的职责分工和相互关系的总和,通常表现为与金融相关的规则、惯例和组织安排。金融制度的构建和发展取决于不同国家、不同社会制度下的生产力水平及其发展状况。因此,金融制度处于动态演进变化的过程中。

金融制度一般包括货币制度、汇率制度、利率管理体制、信用制度、金融监管体制等。金融制度的建立和完善对于保障金融市场的稳定、促进金融行业的健康发展至关重要。

(一)货币制度

货币是金融交易的基本对象,因此货币制度是现代金融制度的基础制度,是指一个国家以法律形式规定的该国货币流通的结构、体系与组织形式。货币制度产生之前,货币的发行流通十分混乱,各种货币的适用地域狭小,货币的币材和种类繁杂,这种分散、混乱的货币体系,给商品流通和市场扩张造成了极大阻碍,也不利于稳定信用关系的建立。随着资本主义经济制度的产生,市场需要有统一、稳定、规范的货币流通制度,系统的货币制度逐渐形成。各国政府先后以法令或条例的形式对货币的发行流通做出规定,包括本位币金属、货币单位、货币铸造、发行和流通程序,以及发行准备等法令和条例集中制度化,最终促进了货币制度的形成。

(二)汇率制度

汇率制度又称汇率安排,是指各国或国际社会对于确定、维持、调整与管理汇率的原则、方法、方式和机构等所做出的系统规定。汇率是两国之间货币的比价关系,既可以由外汇市场供求关系决定,也可以由一国金融当局根据自身意图加以控制,或者将市场力量与行政干预结合起来影响汇率变动。汇率制度具体规定了本国货币与其他国家货币汇率如何确定、如何变动,对各国汇率的决定有重大影响。

（三）利率管理体制

利率管理体制是一个国家或地区金融管理当局调控和管理利率的一整套方式、方法、政策和制度，是一个国家或地区金融管理当局利率管理的权限、范围、程度、措施及利率传导机制的总称。利率管理体制是一个国家或地区经济管理体制的重要组成部分，会随着其经济体制和经济管理水平的发展而改变。

各国采取的利率管理体制大致可分为三类：国家集中管理体制、市场自由决定体制、国家管理与市场决定相结合体制。大多数国家或地区在相当长的时间内采取了最后一种做法，只是各国或地区管理的程度和方式各有不同。

（四）信用制度

信用制度是指关于信用及信用关系的制度安排，是对信用行为及关系的规范和保证，即约束人们信用活动和关系的行为规则。信用制度是现代社会的基本制度，现代社会是建立并运作在信用制度之上的。信用制度既包括正式的制度，又包括非正式的制度。前者包括有关信用的法律（如契约法）、信用管理制度等，后者包括信用观念、信用习惯等。

（五）金融监管体制

动画：金融监管体制的演变

金融监管体制是金融监管的职责划分和权力分配的方式和组织制度，是由一系列监管法律、法规和监管组织机构组成的体系。金融监管体制通常表现为金融监管的职责和权力在监管主体之间的分配制度，包括横向（金融各行业监管部门之间）和纵向（中央和地方之间）两个方面的分配。金融监管体制的确定既要提高监管的效率，避免过分的职责交叉和相互掣肘，又要注意权力的相互制约，避免权力过度集中。

复习思考题

一、单项选择题

1.（　　）又称短期金融市场，是指以期限在一年或一年以内的金融资产为交易标的市场，具有流动性强（能随时变现）及风险低等特点。

　　A.货币市场　　　B.资本市场　　C.存贷款市场　　D.股票市场

2.以银行间接融资方式配置金融资源为基础的金融体系是（　　）。

　　A.银行主导型金融体系　　　　　B.市场主导型金融体系

　　C.间接金融体系　　　　　　　　D.直接金融体系

3.资金盈余部门的资金通过直接金融市场流向资金短缺部门属于（　　）。

　　A.间接金融　　　B.直接金融　　C.资金融通　　D.资金配置

4.一级市场又称（　　），是首次发行证券或出售某种金融资产的市场，其主要目的是发行方筹集资金。

　　A.流通市场　　　B.交易市场　　C.次级市场　　D.发行市场

5.货币流通有两类渠道：（　　）和通过各自银行存款用转账来完成货币收付的非现金流通。

　　A.金融市场流通　B.证券流通　　C.现金流通　　D.转账流通

二、多项选择题

1.金融是通过（　　）和各种（　　）进行资金融通的经济活动。

　　A.货币流通　　　B.信用渠道　　C.商品流通　　D.实物流通

2.以下属于金融内容的有（　　）。

　　A.货币的发行、流通和回笼　　　B.贷款的发放和收回

　　C.存款的存入和提取　　　　　　D.金银、外汇的买卖

　　E.有价证券的发行与转让

3.金融在现代经济中的功能主要包括（　　）。

　　A.支付和清算功能　　　　　　　B.融通资金和股权细化功能

　　C.资源配置功能　　　　　　　　D.风险管理功能

　　E.信息提供功能　　　　　　　　F.激励约束功能

4.当信息不对称存在时，拥有更多信息的一方可能会利用这种优势来获取不公平的益处，影响市场的效率和公平。通常，常见的信息不对称有（　　）和（　　）两种情况。

　　A.信息偏差　　　B.信息误导　　C.道德风险　　D.逆向选择

5.各国采取的利率管理体制大致可分为（　　）三类。

　　A.国家集中管理　　　　　　　　B.市场自由决定

　　C.行业协会商定　　　　　　　　D.国家管理与市场相结合

三、判断题

1.银行通过吸收存款汇聚社会闲置资金，通过贷款解决企业等经济主体的资金短缺，形成最基本、最核心的金融形式。（　　）

2.金融监管体制的确定需要遵循基本原则，以提高监管效率为重，避免过度的职责交叉和相互掣肘。（　　）

3.任何金融工具都具有双重性质：对工具的发行者（借款者）而言，它是一种义务（债务）；对投资者（贷款者），它是一种权利（资产）。（　　）

4.非银行金融机构的业务资金是通过吸收存款、发行股票和债券等渠道筹集起来的。（　　）

四、简述题

1. 金融与现代经济的关系如何？
2. 现代金融体系的具体构成包括哪些方面？
3. 如何理解市场主导型金融体系与银行主导型金融体系之间的差异？

五、调研与实践

调研主题：我国近十年各部门净金融投资规模和金融交易资金运用情况。

调研目的：按照部门分类，了解我国净金融投资规模和金融交易资金的运用情况，提升金融数据的收集、处理和分析能力。

调研步骤：

（1）通过中国人民银行、国家统计局等网站查阅相关统计数据，收集整理近十年各部门净金融投资规模和金融交易资金运用的具体数据。

（2）利用Excel绘制各部门净金融投资规模的变动趋势线。

（3）分析各部门金融交易资金运用结构变化的原因。

调研成果：完成1 000字左右的《中国近十年各部门净金融投资规模和金融交易资金运用的情况报告》。

Chapter 02

第二章
货币与货币制度

- 货币的产生与形式发展
- 货币的本质与职能
- 货币的衡量
- 货币制度

学习目标

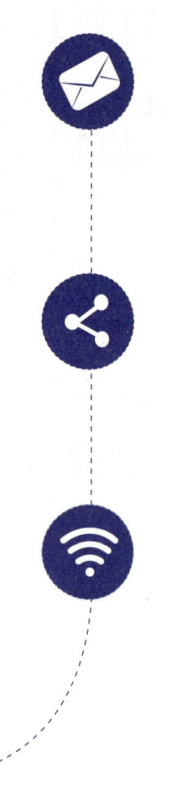

素养目标
- 通过学习货币的发展,弘扬中国货币文化,坚定文化自信。
- 通过学习货币的本质,坚持和发展马克思主义货币理论。
- 通过学习我国现行货币制度,增强制度自信,培育爱国情怀。

知识目标
- 了解货币的产生与形式发展。
- 掌握货币的形式及其演变过程,熟悉货币新形态。
- 理解货币的职能。
- 理解货币层次划分的依据和意义。
- 熟悉货币制度的形成和演进。
- 掌握货币制度的基本内容。

能力目标
- 能够运用货币的职能解释经济生活现象。
- 能够利用官方数据平台收集整理货币供给量数据并按货币层次加以解释。
- 能够区分传统货币与电子货币、数字货币等新形态货币。

思维导图

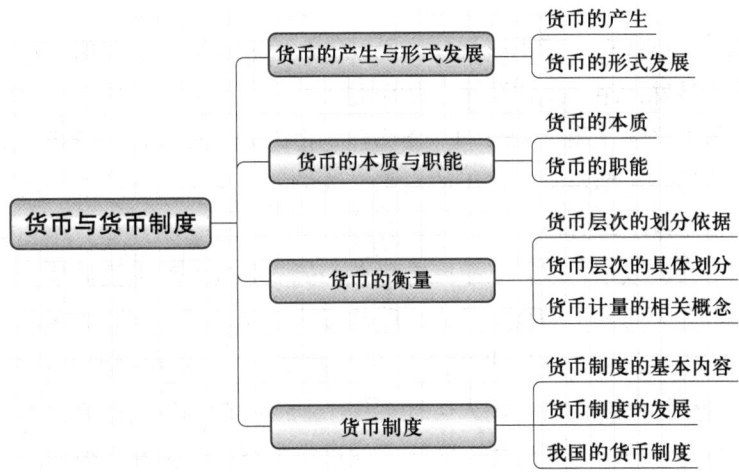

案例导入

货币制度演进的创新发展：数字人民币

无货币，不金融，货币既是金融活动的起点和基础，也是推动社会变迁和经济发展的特殊力量。从古至今，货币对人类的生存方式、生产方式乃至思想意识的发展都产生了重大的影响。货币自问世以来，已经有几千年的历史，今天世界上的每一个角落都有货币的身影，人们的生活、企业的生产及国家经济发展都与货币密不可分。

党的十八大以来，以习近平同志为核心的党中央高度重视数字化发展，作出了一系列重大部署，擘画了数字中国建设的宏伟蓝图，推动数字中国建设取得重要进展和显著成效。"十四五"规划纲要指出，稳妥推进数字货币研发。

数字货币的研发和推广是人类社会货币制度不断创新的结果，也是货币演化的未来方向。数字人民币是由中国人民银行发行，以国家信用为背书的数字形式法定货币，与实物人民币等价，具有无限法偿性。推行数字人民币是中国释放数字经济活力、引领数字经济高质量发展、加快建设数字中国的有力支撑，也是推动构建公平、公正、高效的国际货币体系的重要助力。截至 2024 年 6 月末，数字人民币累计交易金额已超过 7 万亿元，在公共服务、零售支付、交通出行、跨境试点等多个领域的应用不断深化，社会接受度和市场活跃度持续提升，数字人民币正加速从试点验证迈向广泛普及的关键阶段。

问题：
1. 你身边的货币形态发生了哪些变化？
2. 今天的数字货币与几千年前的货币有什么本质上的区别吗？

第一节 货币的产生与形式发展

一、货币的产生

货币是社会分工、商品生产和商品交换的产物，是商品交换发展的自然结果。从社会发展来看，在人类社会的初期，人们的劳动成果仅能维持自身的生存，这时是没有社会分工和商品交换的，当然也不存在货币。随着生产力的不断进步和社会分工的出现，人类生产效率得到提高，剩余产品开始出现，商品交换产生并逐渐普遍起来，货币也随之出现。也就是说，货币的出现缘起于社会分工所带来的商品交换。

> **知识链接**
>
> **司马迁的"货币源于交换"学说**
>
> 从古至今，众多思想家在自己的论著中阐述货币的起源和本质，众说纷纭，历史资料中记载了大量关于货币与交换关系的论述，古今中外许多研究货币起源问题的人们达成了一种共识：货币的起源与交换紧密相关。
>
> 作为中国古代的思想家和史学家，司马迁在《史记》中提到，"维币之行，以通农商""农工商交易之路通，而龟贝金钱刀布之币兴焉"，即货币是用来沟通产品交换的手段，农工商交易之路通畅，各种货币形态得以产生，并随之兴盛起来。可以说，司马迁不仅是史学家、思想家，还是经济学家，他如此超前的货币经济思想既是中国的，也是世界的。

马克思依据货币根源于商品的基本理论阐明了货币产生的过程。他指出，在商品交换中要遵循两个原则：一是用来交换的劳动产品具有不同的使用价值；二是相互交换的两种产品必须具有相等的价值，即生产这两种商品所耗费的人类劳动是相等的，应实行等价交换原则。用一种商品的价值来表示另一种商品的价值，以达到等价交换的目的，这就是价值的表现形式。货币就是价值表现形式演变的结果。一般来说，货币价值形式的演变经历了四个阶段，即简单的（或偶然的）价值形式、扩大的价值形式、一般价值形式和货币形式，这也是货币随着商品生产和交换的发展由萌芽到形成所经历的整个过程。

（一）简单的价值形式

简单的价值形式，也称为偶然的价值形式，是指在交换过程中，一种商品的价值简单、偶然地表现在另一种商品上的形式。原始社会后期，生产力得到一定发展，剩余产品开始出现，生产的物品除能满足自身需求外，部落还可以把多余的物品拿去进行交换，但鉴于当时的生产力水平和社会分工状况，剩余产品较少，商品交换只是个别的、偶然的行为，商品价值的表现形式也带有偶然性质，因此仅表现为简单的物物交换，形成了价值形式发展过程中的最初阶段——简单的（偶然的）价值形式。

（二）扩大的价值形式

原始社会末期的第一次社会大分工后，畜牧业从农业中分离出来，生产力进一步提高，剩余产品增多，原始公社之间及公社内部的产品交换逐渐经常化，商品交换种类增多、范围扩大，单一商品不再是偶然地与另一种商品发生交换关系，而是经常地与其他许多种商品发生交换关系。此时，处在相对价值形式上的商品把自己的价值表现在一系列其他商品上，许多商品都可以充当表现其他商品价值的等价物，商品价值的表现形式逐渐由简单的价值形式过渡到扩大的价值形式。

与简单的价值形式一样，扩大的价值形式也是物物直接交换，由于等价物变得多样化，作为相对价值形式的商品在一定程度上体现出无差别人类劳动的凝结，且各种商品交换的比例关系与其所包含的社会必要劳动时间的比例关系更加接近，商品价值的表现也比简单的价值形式更为完整、充分。但是，扩大的价值形式中商品价值并未形成统一、共同的表现，每一种商品的价值表现形式，都体现为其他各种商品所表现的无穷尽的系列，这个缺陷在交换过程中暴露无遗：交易双方必须达到在时间、空间和供求上的重合才能成交，一旦双方用于交换的商品在数量、质量、品种等方面需求不一致，交换就有了麻烦，或者要花费极大精力、经过若干次交换才能得到自己想要的商品，或者根本不能达成交易目的。

（三）一般价值形式

物物交换中的各种困难使得人们不得不去寻找更好的办法，他们发现，如果能够找到一种市场上最常见的、最容易接受的商品作为等价物，并将这种商品作为交换的媒介，其他所有商品的价值都以这种商品表现出来，那么物物交换的难题就能得以解决。一种特殊的商品逐渐从整个商品世界分离出来，成为表现其他商品价值的一般等价物，商品价值的表现形式也逐渐从扩大的价值形式过渡到了一般价值形式。

一般价值形式是以某种特殊商品为交换媒介的商品交换形式，一切商品的价值都共同表现在从商品世界中分离出来的、充当一般等价物的商品上。在不同历史时期的不同国家和地区，充当过一般等价物的商品五花八门，如欧洲最早的一般等价物是绵羊，中国最早的一般等价物则是贝壳，其他的一般等价物则还有布帛、牛、马、兽皮及盐等。

一般价值形式使一切商品价值都通过一种公认的等价物明确表现出来，处于等价形式上的特殊商品成为其他一切商品价值的一般等价物，从而使得商品交换方式从物物交换演变为以一般等价物为媒介的间接交换，从根本上克服了扩大的价值形式中商品交换的困难。作为一般等价物的商品已经不是普通的商品，而是发挥了货币作用的商品，即通常所说的实物货币，是货币的原始形态。

但是，这一阶段的一般等价物并非真正意义的货币，这是因为它没有完全固定在某一商品上，在不同时间和不同地区均存在不同的商品充当一般等价物的现象，这就阻碍了不同地区间商品交换的进行，在一定程度上制约了商品交换的发展。

（四）货币形式

随着商品交换范围的扩大，一般等价物的不固定、不统一给商品交换带来了新的困难，其不适用性显而易见，一种更适应商品交换发展需要的新价值形式——货币出现了。

货币是在商品生产和商品交换的发展过程中，从充当一般等价物的众多商品中逐渐分离出来的一种固定充当一般等价物的特殊商品。货币形式是价值形式发展的最后阶段，从一般价值形式过渡到货币形式，并没有本质上的变化，而只是固定地用黄金、白银等贵金属代替了商品来充当一般等价物。

二、货币形式的发展

几千年来，货币伴随着人类社会文明的发展经历了漫长的演进过程，货币形式不断从低级向高级发展。

（一）实物货币

动画：中国古代货币的五次重大演变

最初的货币形式，被固定在某些特定种类的商品上，就是之前所说的一般等价物。中国历史上充当过实物货币的一般等价物有很多种：龟壳、海贝、蚌珠、皮革、牲畜、农具、布帛及米粟等。其中时间最长、影响最大的是：贝币。从我国的文字中，我们可以看出贝作为货币长期存在的事实：很多与财富有联系的字，其偏旁都为"贝"，如货、财、贸、贷、贫等。实物货币虽然产生得早，但是其缺陷非常明显，或体积笨重，或标准不一，或不适合分割保存，或携带极不方便，且大多数实物货币的价值很不稳定，这些问题的存在使得实物货币难以很好地满足交换对货币的要求，不是理想的交易媒介。

> **知 识链接**
>
>
>
> 司马迁提出："农工商交易之路通，而龟贝金钱刀布之币兴焉。"这里的"贝"，就是人类社会最早作为一般等价物，充当交换媒介的货币，今天我们称为天然贝币，如图2-1所示。考古证实，不仅中国先民使用天然贝币，世界其他诸多地区先民也使用天然贝币。
>
> 图2-1 人类最早的一般等价物——天然贝币

(二)金属货币

金属货币是以金属如铜、银、金等作为货币材料,充当一般等价物的货币。相对于实物货币而言,金属货币具有价值稳定、易于分割、易于保存等优势,更适宜充当货币。

最初的金属货币是以金属条块的形式出现的,每笔交易都需要对金属条块进行称重、验成色,故也将最初的金属货币称为"称量货币",典型代表是中国历史上长期使用的白银。但是条块金属货币在流通中称重、验成色等方面的不便,且有时还要按照交易额的大小分割,这给商品交换的进一步发展造成了障碍,此时便逐渐出现了统一的铸币形态。

铸币是铸成一定形状并有国家印记证明其重量和成色的金属货币。铸币克服了称量货币使用时的种种不便,为商品交换创造了更便利的条件,成为近代货币制度的基础。铸币分为全值铸币和非全值铸币两类:全值铸币是指其内在价值如所含重量和金属成色等与其名义价值相符的货币,如金本位币和银本位币;非全值铸币是指其内在价值低于其名义价值的货币,如金属辅币。

(三)信用货币

信用货币是金属货币无法适应商品经济发展要求的产物,它本身的价值不仅低于其代表的价值,而且也不再代表任何贵金属。一般来说,如果货币作为商品自身的价值不能与它作为货币的价值完全相等,且不能用来兑现商品货币,那么这种货币就是信用货币,包括纸币、银行券、存款货币等。当今世界各国的货币基本上都是信用货币。

从本质上来说,信用货币只是一种符号或者标志,它本身并不需要价值,只要有背后的信用或国家强制力支撑,使广大民众在观念上普遍接受它就可以了。信用货币本身并不能直接带给人们任何效用,就像不能用钱来充饥或遮风挡雨一样。人们之所以愿意接受并持有它,完全是因为它可以作为全社会的交易媒介。

信用货币的出现免去了持有铸币的种种不便,摆脱了实物货币、金属货币所受到的自然资源的约束,满足了大规模商品交换的需要,极大促进了商品经济的进一步发展,因此逐渐取代金属货币广泛流通起来。但是,由于信用货币是不足值的,完全以发行人信用为支撑,当政府无节制地扩张货币以刺激经济增长时,便有发生严重通货膨胀或汇率大幅下跌的风险,导致近现代金融危机和货币危机频发,甚至引起政局动荡。

(四)创新型货币

随着科学技术不断发展,货币在传统形态的基础上发展出诸如电子货币、数字货币等创新型货币形态。

1. 电子货币

电子货币（Electronic Money），是指以电子形式存在并用于进行交易的货币形式。从严格意义上讲，电子货币是消费者通过电子货币的发行者所使用的网络银行服务进行储值和快捷支付，通过媒介（二维码或硬件设备）以电子形式进行交易的货币。具体来说，电子货币包括各种基于信息技术的卡（如多用途预付卡、智能卡、芯片卡、电子钱包等）和通过互联网进行支付的各种计算机网络。

电子货币给社会经济生活带来了不可忽视的影响：一是电子货币取代了支票和现金，改变了消费者与企业、企业与企业的交换方式；二是电子货币通过大量金融产品信息和网络投资渠道，改变了人们储蓄与投资的方式；三是电子货币的出现大大提高了创造和追逐财富的速度；四是电子货币节约了资金给付的时间，使人们能够从优选择资金成本和收益，能够即时选择最优的利率和汇率。

虽然电子货币本质上仍属于信用货币，但是电子货币仅取代了流通中有形的现金，并未取代银行存款这种信用货币，如在网络上或通过其他电子通信方式进行支付的手段，它没有物理形态，是持有者的金融信用。

> **思考与实践**
>
> 电子货币作为当今时代越来越主流的货币形态，能否完全取代实体货币呢？

2. 数字货币

数字货币（Digital Currency，DIGICCY）是电子货币形式的替代货币，可以定义为在网络世界可承载记账单位（或价值尺度）、支付手段和价值贮藏手段的数字。广义的数字货币形态具体来说有两大类：第一类是源于实体账户的数字，是由法定货币转化而来的数字，也就是一般意义上的电子货币；第二类是通过区块链技术创造出来的算法货币（或称之为加密数字货币），这一类型的数字货币又可以根据发行者的不同分为两种，一种是没有发行者而只是通过算法加密技术创造出来的货币，比如比特币；另一种是由国家中央银行发行的法定数字货币，即中央银行数字货币（Central Bank Digital Currency, CBDC），国际清算中心（Bank for International Settlements，BIS）下设的支付和市场基础设施委员会在 2018 年和 2019 年对全球 60 多家中央银行进行了两次问卷调查，调查内容包括各国中央银行在数字货币上的工作进展、研究数字货币的动机以及发行数字货币的可能性，受访对象中 70% 的中央银行都表示正在参与或将要参与数字货币的研究。

全球中央银行竞相推行数字货币，中国率先领跑

全球中央银行近年来大力研发数字货币，中国人民银行更是一马当先。建成一定规模的数字人民币研发试点，中国人民银行成为全球开展法定数字货币研究的先行者和中央银行数字货币的首发者。

自2014年以来，中国一直致力于数字人民币的研发和测试工作。由于我国移动支付经济体系较发达、数字基础设施建设较完善，数字人民币在技术研发、场景拓展等方面走在国际前列。截至2024年5月末，数字人民币试点范围已扩展至17个省（市）的26个试点地区，试点场景已近1 000万个，覆盖生活缴费、餐饮服务、交通出行、购物消费、政务服务等众多领域。按照《中国数字人民币的研发进展白皮书》计划，中国人民银行将"探索改善跨境支付方式"列为数字人民币的目标之一。随着跨境数字货币基础设施的不断完善，数字人民币有望成为中国不断增长的跨境贸易中更具吸引力的支付媒介。

第二节　货币的本质与职能

货币的产生与形式的发展告诉我们，货币是商品交换的产物，是价值形式长期演变的结果。那么货币究竟是什么？我们要从其本质和职能来理解这个问题。

一、货币的本质

马克思于19世纪40年代开始对货币理论进行系统研究，在《资本论》中明确提出了货币的概念：货币是固定地充当一般等价物的特殊商品。当我们再次给货币进行概念上界定时，结合流通中形态各异的货币形式，将货币分成狭义货币和广义货币两类。其中，那些流动性最强，主要职能是充当商品交换媒介的货币就是狭义货币，包括流通中的现金和活期存款两部分。除狭义货币以外，广义货币包括流动性稍弱的其他存款货币以及经过一定程序可以变现的非存款性金融资产。这些金融资产主要指人们接受程度较高的且可在一定程度上执行货币某些职能的信用工具，如大额可转让定期存单、国库券等。

货币的本质主要体现在以下三个层面：

（一）货币是商品

从货币的产生可以看出，货币最初的形态是普通的商品，具有一般商品的共同属性，即价值和使用价值。正因如此，货币才能与其他商品交换，并在交换的发展过程中从其他商品中分离出来成为货币。

（二）货币是从商品中分离出来、固定充当一般等价物的特殊商品

货币能够表现和衡量其他一切商品价值的大小，具有和其他一切商品相交换的能力。普通商品的使用价值体现为其自然属性，如食物可以用来充饥、汽车可以作为交通工具等。而货币的使用价值则双重反映为自然属性和社会属性，如作为商品的金银，其自然属性是工业产品或装饰品的原材料，社会属性则体现为其他商品价值的表现形式，是等价物。

（三）货币体现出一定的社会生产关系

作为一般等价物的货币，反映了商品生产者之间的交换关系，体现了产品归不同所有者生产、占有，并通过等价交换形式来实现人与人之间的社会联系。

知识链接

与"货币"有关的几个常见概念

货，财也；币，帛也。——《说文》

古代的"货"是指财物，"币"是指布帛（主要是送礼用的，比较贵重）。简而言之，古代的"货币"就是有价值的物品。

现代人眼中的货币，无非就是可以拿去购买自己所需物品的人民币、美元、英镑等。这里所说的"货币"，其实是指"钱"，即流通中的现金或通货。今天，并非只有现金才能够买到我们所需要的东西，支票、信用卡、银行卡等都可以作为我们购物时的支付工具。在现代经济生活中，无论是商品、劳务还是金融产品的交易，用现金来支付的只占极小的比重。

我们常听到对货币的另一种通俗说法：货币等同于收入。例如，"一年挣多少钱"，这里的"钱"就是指收入。事实上，货币是一个存量，即在某一个时点的确切数量，比如"我带了3 000元"，就是这一刻随身携带的钱的存量；而收入则是一个流量的概念，是一个时间段内的数量关系，比如"月薪3 000元"，就是一个月内的收入多少。从这个角度看，货币又不等同于收入。

很多人还将货币等同于财富。如果一个人很富有，我们会说"他很有钱"，这里的"钱"不同于现金和收入，是很宽泛的概念，包括了股票、债券、房产、车辆等各类资产，它们并不属于货币的范畴。

二、货币的职能

货币的职能是货币的本质在现实经济社会中的具体表现。一般认为，货币具有价值尺度、流通手段、贮藏手段、支付手段和世界货币五大职能。其中，价值尺度和流通手段是货币的基本职能，贮藏手段和支付手段是货币的派生职能，世界货币则是货币基本职能和派生职能在世界范围内发挥作用的职能。

（一）价值尺度职能

货币的价值尺度职能是指货币可以作为衡量或比较价值的工具，这是货币最重要、最基本的职能。我们用货币来比较不同商品或劳务的价值，就像用"斤"比较不同物品的重量，用"米"比较不同物品的长度一样。

货币之所以作为价值尺度，是因为货币本身就是商品，具有价值，正如尺子之所以能衡量布和绳子的长度，是因为尺子本身也具有长度。所以说，发挥价值尺度职能的货币一定是具有价值的商品。商品的价值用货币来表示，就是商品的价格。比如，一本书的价格是20元人民币，那么就是用20元人民币来表示这本书的价值。发挥价值尺度职能的货币可以只是观念上的货币，而不必是现实中的货币。比如一瓶水的价格是5元，商家不需要把5元的现实货币放在水瓶旁边来表示它的价值，只需标明价格，买家通过观念上的货币概念就能得出价值衡量的结论。

（二）流通手段职能

货币的流通手段职能是指货币在商品交换中充当交换媒介的职能，也称为交换媒介职能。随着社会分工的不断深化和交易地域范围的不断扩大，物物交换日益成为社会经济进步的"绊脚石"，直接的交易形式逐渐被借助中间媒介的间接交易所取代。人们开始用自己拥有的货物去交换别人普遍接受的物品，然后用这种物品再去交换到自己想要的货物，当人们普遍接受的物品慢慢固定下来，就有了货币。

与执行价值尺度职能的货币不同，这时的货币必然具有普遍接受性，一定是现实的货币而不能是观念上的货币；执行流通手段职能的货币并不需要足值，人们并不关心货币本身的价值大小，只关心货币所代表的价值大小，只要有货币的象征就足够了。也正因为如此，在货币发挥流通手段职能时，一些国家或地区有可能发生通货膨胀甚至货币危机。

（三）贮藏手段职能

货币的贮藏手段职能是指货币退出流通领域，被持有者当作独立的价值形态和社会财富保存起来的职能。贮藏手段职能是货币在执行价值尺度职能和流通手段职能的基础上产生的。人们将货币退出流通领域，目的是贮藏财富、实现保值。因此，发挥贮藏手段职能的货币一定是现实的、足值的货币，其本身一定要有价值。

不同货币形式的贮藏手段职能是有区别的。在金属货币流通的条件下，货币的贮藏手段职能具有"蓄水池"作用，能够自动调节货币流通量，当货币供过于求时，过多的货币就退出流通、转化为贮藏；当货币供不应求，贮藏中的货币就进入流通、补充不足，因此货币供求总是基本均衡的，一般不会发生通货膨胀。在信用货币流通的现今社会，货币贮藏手段不再具有"蓄水池"的作用，企业与个人储存纸币虽然同样是价值的积累，但这些货币没有任何实际价值，只是代表着持有者取得商品和劳务的权利。虽然这些货币表面上看被储存起来了，但实质上是通过信贷手段被再次投入到生产、投资、消费等环节。

（四）支付手段职能

货币的支付手段职能是指货币脱离了商品运动，作为价值的独立形态进行单方面转移的职能，如延期付款、清偿债务、缴纳税款、支付工资和租金等。货币的支付手段职能源于赊销赊购的商业信用，某些生产者会因为资金周转多余或不足，一改以往"一手交钱、一手交货"的交易方式，产生预付货款、赊销等信用形式，此时的货币便与商品交换相分离了。在偿还赊销款项时，货币已经不再充当商品流通过程的媒介，而是补足交换的一个独立的环节。

（五）世界货币职能

货币的世界货币职能是指货币在国际市场上发挥其基本职能和派生职能的作用，即越出国界的商品流通，要求货币职能发展到世界范围，作为流通手段用于买卖外国商品、作为支付手段平衡国际收支差额、作为贮藏手段进行财富转移和保值。发挥世界货币职能的货币，在金属货币流通时期是有价值的商品货币，如黄金、白银等；在信用货币流通时期，各国普遍接受的"硬通货"充当世界货币的角色，如美元、欧元及英镑等可自由兑换货币，其国际地位越高、币值越稳定且坚挺，更容易取得国际经济交往主体的信赖。中国的人民币还没有实现可自由兑换，还不是在国际上被普遍接受的世界货币。中国经济的持续发展和国际地位的不断提升将进一步加快人民币的可自由兑换进程。

> **思考与实践**
>
> 下列表述中分别反映了货币的什么职能？
>
> 1. 这个人很有钱。
> 2. 他一个月的工资有1万元。
> 3. 张三从银行贷款100万元购买房产。
> 4. 张三花了1万元购买了一部手提电脑。
> 5. 运动服在打折，一套只卖200元。

第三节　货币的衡量

一、货币层次的划分依据

中央银行在确定货币供给的统计口径时,以金融资产流动性的强弱为依据,并根据自身政策目的的特点和需要,划分货币供应量的不同层次。

金融资产的流动性是金融资产迅速转换成现金而对持有人不造成损失的能力,通常也称为变现能力。流动性强弱取决于变现速度和变现成本。流动性越强,金融资产转化为现金的时间越短,变现成本越低;流动性越弱,金融资产变现速度越慢,产生的成本更高。

例如,现金代表最为直接的购买力,能够随时支付流通,是流动性最强的货币;定期存款要转化为直接购买力则需要经过一定的过程,是流动性较弱的货币。流动性强弱不同的货币对市场总供求的影响不同,因此,科学掌握不同流动性货币的分布和变化规律能够为中央银行的金融调控提供参考依据。

二、货币层次的具体划分

世界各国经济与金融处于不同的发展水平,金融创新程度和金融工具类型差异显著,金融对经济发展的影响各不相同,中央银行金融调控内容和技术手段也不同。因此,各国对货币层次划分采取了不同的口径。

（一）国际货币基金组织的货币层次划分

按照国际货币基金组织的口径,货币供给量主要划分成以下三个层次：

（1）M_0（现钞）,即流通中的现金。

（2）M_1（狭义货币）,包括 M_0 和活期存款两个部分。这里的活期存款是指私人活期存款、划汇款项和企业活期存款。

（3）M_2（广义货币）,包括 M_1 和准货币。准货币具体涵盖了银行定期存款、储蓄存款以及政府债券等各种短期信用工具。

随着货币层次内容的逐级扩充,金融资产流动性在逐级下降。

（二）我国的货币层次划分

我国很早就进行了货币层次的划分,经过不同时期经济内涵的变化,货币层次划分模式也经过了多次调整。目前我国货币层次划分仍是以金融资产流动性作为依据的,基本上划分为以下 4 个层次：

（1）M_0 = 流通中的现金。

（2）M_1 = M_0 + 活期存款。

（3）M_2 = M_1 + 定期存款 + 储蓄存款 + 其他存款。

（4）M_3 = M_2 + 金融债券 + 商业票据 + 大额可转让定期存单。

上面提到的活期存款，是指单位活期存款，定期存款也是指单位定期存款。"单位"就是指企业、机关、部队和事业团体。2025年1月起，调整 M_1 统计口径，个人活期存款将纳入 M_1 中。其他存款是指证券公司的客户保证金、住房公积金中心的存款、非存款类金融机构在商业银行的存款。2013—2023年我国各层次货币供应量如表2-1所示。

表2-1　2013—2023年我国各层次货币供应量

单位：亿元人民币

年份	货币和准货币（M_2）	货币（M_1）	流通中现金（M_0）
2013	1 106 524.98	337 291.05	58 574.44
2014	1 228 374.81	348 056.41	60 259.53
2015	1 392 278.11	400 953.44	63 216.58
2016	1 550 066.67	486 557.24	68 303.87
2017	1 690 235.31	543 790.15	70 645.60
2018	1 826 744.20	551 685.90	73 208.40
2019	1 986 488.82	576 009.15	77 189.47
2020	2 186 795.89	625 580.99	84 314.53
2021	2 382 899.56	647 443.35	90 825.15
2022	2 664 320.84	671 674.76	104 706.03
2023	2 922 713.33	680 542.52	113 444.64

数据来源：国家统计局网站

三、货币计量的相关概念

在货币量的统计和分析过程中，我们常常会见到这样的几种表达：货币存量、货币流量、货币总量和货币增量等。

（一）货币存量

货币存量是指一国或地区在某一时间点上各经济主体所持有的现金、存款货币的总量，它强调时点的概念。货币统计中的 M_0、M_1、M_2 等都是货币存量。

（二）货币流量

货币流量是指一国或地区在某一时期内发生的货币支出或流动数量，是货币存量与单位货币参加交易次数（即货币流通速度）的乘积。它强调时间段的动态货币概念。比如，一个国家在一年内单位货币参加交易的平均次数为3，那么这一年该国的货币流量就是其货币存量的3倍，代表着这些存量货币在流通中共周转了3次。

(三)货币总量

货币总量是指货币数量的总额,既可以是存量,也可以是流量。

(四)货币增量

货币增量是指不同时间点上的货币存量的差额,通常是两个时间点上相比的货币存量的增加额。在我国,中国人民银行官方公布的货币量统计指标是货币总量指标。我们可以根据货币总量指标计算出货币增长率指标,用货币增长率来反映货币供应的增长状况,从而辅助分析货币增量和经济形势。

> **思考与实践**
> 请根据表2-1中的货币供应量变化的数据,计算2013—2023年我国的货币总量和货币增量。

第四节 货币制度

一、货币制度的基本内容

(一)货币材料

货币制度的基础是规定以何种材料铸造货币。不同货币金属构成不同的货币本位制度。如果用白银作为本位货币的材料,就形成了银本位制;如果是用黄金作为本位货币的材料,就形成了金本位制;如果用纸张制作本位货币,就形成了纸币流通制度。在商品经济初期,白银曾广泛地被用作货币金属,当黄金随经济发展大量进入流通后,大多数发达国家便只将黄金确定为币材,当前各国均实行信用货币,确定币材已经没有什么经济意义了。

(二)货币单位

货币单位是一国法定的货币计量单位,包含两层含义:一是规定货币单位名称,二是确定货币单位的价值。按照国际惯例,一个国家的货币单位名称往往是该国货币的名称。如果几个国家采用同一个货币单位名称,则在货币单位名称前加上国家名称,构成该国货币名称,如日元、美元、加拿大元等。

货币单位价值的确定取决于不同货币制度条件。在金属货币流通条件下,就是要确定单位货币的含金量,并规定货币单位及其等分,这样就有了统一的价格标准。如英国的货币单位命名为"英镑",1816年5月的《金本位制度法案》规定,1英镑含7.322 38克黄金;美国的货币单位命名为"美元",1934年1月的相关法令规定1美元含0.888 671克黄金。

(三)主币和辅币

一国流通的货币通常包括主币和辅币,它们有各自不同的铸造、发行和流通程序。

1. 主币

主币也就是本位币，是一国货币制度中的基本通货，是国家法定的计价、结算货币单位，其最小规格是一个货币单位。比如，我国的主币单位是"元"，1元、5元、10元、100元等都是主币。

在金属货币流通条件下，主币是用货币金属按照国家规定的货币单位铸造的铸币，可以自由铸造。人们可以把平时积攒下来的碎金或碎银送到铸币厂，铸造成金属货币使用，也可以送到冶炼厂，铸造成各种金属器具，如金碗、银器等。自由铸造使得当时铸币的名义价值与其实际价值保持一致。这是因为一方面，铸币的实际价值就是铸币本身的金属价值，人们可以随时把货币金属送到铸币厂，国家规定的名义价值保证了货币实际价值不能低于名义价值；而若实际价值高于名义价值，人们就会将铸币熔毁，退出流通。另一方面，本位币的自由铸造可以自发调节货币流通量，使流通中的货币量与货币需要量保持一致，物价保持平稳。如当流通中货币量不足时，物价下降，人们会把手中的金属铸成货币投入流通，流通中的货币增加，物价回升；当流通中货币量过多时，物价上涨，人们又会自发地将铸币熔化成金属块，退出流通，此时流通中的货币减少，物价回落。

主币具有无限法偿能力。当主币发挥作为流通手段职能和支付手段职能时，国家赋予其无限的偿付能力，无论每次支付的金额多大，债权人或收款人均不得拒绝接受，否则视为违法，故称为"无限法偿"。

2. 辅币

辅币是一个货币单位以下的小额通货，国家以法律形式确定其与主币的固定比例关系，用以进行小额支付。辅币的面额大多是主币的十分之一或百分之一。如人民币的货币单位"角"和"分"，都是辅币的单位，5角、1角、1分等都是辅币。辅币是不足值的货币，其实际价值小于名义价值，一般币材为贱金属，不可以自由铸造。各国法律都会规定辅币与主币的兑换比例，以保证辅币按名义价值流通。辅币不具有无限法偿能力，每次支付行为使用超出一定限额的辅币，收款方可以拒绝接受，但是一些国家规定，用辅币向国家纳税或兑换主币可以不受其数量限制。

当商品经济发展速度远远超过贵金属产量增速的情况下，金属铸币难以满足商品流通对货币流通的要求，就出现了银行券和纸币，发行和流通机制也都发生了本质变化。虽然纸币也有主币和辅币之分，但都是不足值货币，是在国家强制权力下流通的，区分无限法偿和有限法偿并无实际意义。

（四）准备金制度

准备金制度即黄金准备制度，是一国货币发行和币值稳定的物质基础。在金属本位制条件下，准备金制度旨在满足一国的黄金储备，即将黄金储备在中央银行或国库，以达到下列目的：

（1）作为国际支付的准备金；

（2）作为扩大或缩小国内金属货币流通的准备金；

（3）作为支付存款和兑换银行券的准备金。

在当前信用货币制度下，货币发行已经与黄金等贵金属脱钩，黄金作为货币材料已经退出历史舞台，只作为国际支付的准备金发挥作用。目前，各国中央银行持有的发行准备有黄金、国债和外汇等形式。

二、货币制度的发展

自货币制度产生以来，世界各国采用的货币制度主要包括金属货币制度和信用货币制度（纸币流通制度）两大类型。

（一）金属货币制度

金属货币制度是以贵金属作为本位币币材的一种货币制度，从最早的银本位制演变而来，是世界上目前为止存在时间最长的货币制度类型。

1. 银本位制

银本位制是指以白银作为货币材料金属，以银币为本位币的一种货币制度，它是历史上最早出现的，也是实施时间比较长的一种货币制度。15世纪末，哥伦布发现美洲新大陆之后，银矿资源被发现并大规模开采，世界白银产量迅速增加，银本位制开始在资本主义国家盛行起来。

银本位制的基本特征包括：本位货币为银块或银币，享有无限法偿能力；国家统一规定银币的重量、成色、形状和货币单位；银币可以自由铸造、自由熔化；银行券可以自由兑现为银币或等量白银；白银和银币可以自由输出、输入。

银本位制盛行于16世纪，随着资本主义商品经济的不断发展，商品生产规模和商品交易量不断扩大，银本位制的实行遇到难以克服的困难。首先，世界白银产量激增，供过于求导致白银价格大幅度下跌，从而造成货币价值贬损；其次，与黄金相比，白银体积大而价值小，无法作为支付手段满足大宗交易需要，给计量、结算和运输带来很多不便。到19世纪末期，银本位制被大多数国家放弃，货币制度逐渐向金银复本位制过渡。

2. 金银复本位制

金银复本位制是以黄金和白银两种贵金属共同作为货币材料，以金币和银币共同作为本位币的货币制度。两种本位币可以同时流通，金币主要用于大宗商品交易的支付，银币则主要用于小额支付。

金银复本位制的基本特征包括：金币和银币都可以自由铸造和熔化；金币

和银币都具有无限法偿能力；黄金和白银都可以自由输出、输入。

这种货币制度表面上看弥补了银本位制的缺陷，使本位币金属具有更充足的来源，使货币数量更好地满足商品经济发展需要，但实际上却是一种很不稳定的货币制度。例如，法国曾经规定了金币和银币的兑换比率为1金法郎=15.5银法郎，就是说无论市场上金银价格如何变化，金币和银币都按照这个比例进行兑换。当市场金银价格大幅波动时，国家规定的固定比价与市场比价相背离，产生"劣币驱逐良币"现象，货币的强烈"排他性"和"独占性"使得一个国家在同一时期内只能流通一种货币，很难有两种货币同时并行流通。

3. 金本位制

金本位制是以黄金为本位币的货币制度。18世纪末到19世纪初，资本主义国家先后将货币制度从金银复本位制过渡到金本位制。金本位制先后经历了三个阶段：金币本位制、金块本位制和金汇兑本位制。其中，金币本位制是最典型的金本位制。

（1）金币本位制，是以黄金铸币作为本位货币的一种金本位制度，其基本特征有：国家以法律规定货币含金量；金币可以自由铸造和熔化，其他铸币如银铸币、铜铸币等则限制铸造，保证了黄金在货币制度中的主导地位；银行券可以自由兑换金币或黄金，各种形式的货币能够代表一定数量的黄金进行流通，避免了通货膨胀；黄金可以在国际上自由输出输入，保证了国际市场的统一和外汇汇率的相对稳定。金币本位制是历史上最具稳定性的货币制度，货币的国内币值和外汇汇率都比较稳定，高效的货币自动调节机制对于各国商品经济的发展及国际市场的统一都起到重大推动作用。

英国在1816年率先实行金币本位制，此后，大部分资本主义国家相继采用金币本位制。第一次世界大战后，由于战争的影响以及资本主义矛盾的进一步尖锐化，少数国家集中了世界大多数黄金存量，各国竭力从市场上吸收黄金，阻止黄金外流，先后放弃了金币本位制。到20世纪30年代中期，金币本位制逐渐退出历史舞台，取而代之的是金块本位制和金汇兑本位制。

（2）金块本位制，是国家发行代表一定含金量的银行券进行流通的一种金本位制度。与金币本位制相比，金块本位制的基本特征有：不再铸造和流通金币，银行券和纸币作为流通的货币，仍采用金本位制，规定了单位货币的含金量。黄金由国家政府集中储存，辅币、纸币和银行券等不能自由兑换黄金，只有达到一定数量才能兑换成金块。例如，英国1925年规定了1 700英镑（合计400盎司黄金）以上才能兑换金块，高起兑点实质上排除了大多数人兑换黄金的可能性，限制了黄金的兑换数量。

金块本位制虽然没有金币流通，但在名义上仍然为金本位制，可以减少黄金的使用，在一定程度上缩减了黄金准备的需求量，但并未从根本上解决问题。维持金块本位制要以国际收支平衡和充足的黄金储备为基础,而战争后大多数国家黄金储备剧减,再加上黄金产量下降,许多国家再无力支撑金块本位制所需的足够黄金,开始转而实行金汇兑本位制。

(3)金汇兑本位制,是指一国只流通银行券,且银行券不能直接自由兑换黄金,要与外汇兑换后才能在外国兑换黄金的一种金本位制度。实行金汇兑本位制的国家实际是使本国货币依附在一些经济实力雄厚的外国货币上,处于附庸地位,其货币政策和经济发展都会受到这些实力强的国家影响。最著名的金汇兑本位制是第二次世界大战后建立的以黄金和美元为核心的布雷顿森林体系,即各国货币与美元挂钩,保持固定的比价关系,美元则与黄金挂钩,承诺美元可以兑换黄金。这种货币制度很难长期保持稳定,最终被信用货币制度所取代。

> **思考与实践**
> 为什么说金币本位制是历史上最为稳定的货币制度?

(二)信用货币制度

信用货币制度也称"不兑现的信用货币制度",是指一国中央银行发行的、以纸币或银行券作为本位货币且不能兑换成黄金等贵金属的货币制度。自20世纪30年代经济危机和货币危机爆发后,世界各国普遍实行信用货币制度,货币不与黄金挂钩,流通中的货币均为不兑现的纸币。纸币取代金属货币发挥作用,必须取得社会公众的认可,国家法律的强制约束是取得社会公众认可的最有力保证。

与金属货币制度相比,信用货币制度具有以下特征:币材脱离了贵金属的限制,更适应商品生产与交换的需要;纸币发行不受黄金准备的限制,国家授权中央银行发行纸币,强制流通,并赋予纸币无限法偿能力;纸币价值不由黄金价值决定,而由其实际购买力决定。

正是由于上述特点,信用货币制度下纸币发行缺乏贵金属保证,易出现超额发行,引发通货膨胀。因此,中央银行对货币的有效管理显得尤为重要,直接关系到一国的经济发展和金融稳定。

三、我国的货币制度

1948年12月1日,中国人民银行在石家庄正式成立,同时发行人民银行券,即人民币。此后,随着全国解放,中国人民银行迅速收兑了旧经济制度下的法币、金圆券和银圆券,同时逐步收兑原各解放区发行的各类货币,统一了货币。经过半个多世纪地不断完善,我国的货币制度已经形成了比较完善的现代信用货币制度。我国的货币制度的基本内容主要包括：

（1）人民币是我国的法定货币，人民币的货币单位为"元"，主币有100元、50元、20元、10元、5元、1元七种；辅币的名称为"角"和"分"，人民币以"￥"为符号。

（2）人民币采用不兑换银行券的形式，没有含金量的规定，也不与任何外币正式联系，是一种信用货币。

（3）人民币是我国唯一的合法通货，严格禁止外币在中国境内计价流通，严禁金银流通。

（4）人民币的发行高度集中统一，国家指定中国人民银行为唯一的货币发行机构。

（5）人民币不允许自由出入国境。（中国公民出入境、外国人入出境每人每次携带的人民币限额为2万元。）

（6）禁止仿造、变造人民币；禁止出售、购买仿造、变造的人民币；禁止运输、持有、使用伪造、变造的人民币；禁止故意毁损人民币；禁止在宣传品、出版物或者其他商品上非法使用人民币图样。

复习思考题

一、单项选择题

1. 价值形式发展的最后阶段是（　　）。
  A. 货币形式　　　　　　　　B. 纸币
  C. 扩大的价值形式　　　　　D. 一般价值形式

2. 与货币的出现紧密相关的是（　　）。
  A. 金银的稀缺性　　　　　　B. 交换的产生与发展
  C. 国家的强制力　　　　　　D. 先哲的智慧

3. 货币在（　　）时执行流通手段的职能。
  A. 商品买卖　　B. 缴纳税款　　C. 支付工资　　D. 表现商品价值

4. 某公司以延期付款方式销售给商场一批商品，则该商场到期偿还欠款时，货币执行（　　）职能。
  A. 支付手段　　B. 流通手段　　C. 购买手段　　D. 贮藏手段

5. 金融资产流动性越强，金融资产转化为现金的时间越短，变现成本（　　）。
  A. 越低　　　　B. 越高　　　　C. 不确定　　　D. 不变

6. 货币流通具有自动调节机制的货币制度是（　　）。
  A. 信用货币制度　B. 金币本位制　C. 金块本位制　D. 金汇兑本位制

7.劣币驱逐良币的现象出现在下列货币制度中的（　　）。
A.金银复本位制　　B.银本位制　　C.金本位制　　D.金汇兑本位制

二、多项选择题

1.货币的价值形式经历了（　　）四个阶段。
A.简单偶然的价值形式　　　　B.扩大的价值形式
C.一般等价物形式　　　　D.贵金属　　　　E.货币形式

2.根据我国货币层次的划分，M_1包括（　　）。
A.流通中的纸币　　　　B.流通中的辅币
C.活期存款　　　　D.定期存款

3.货币制度的内容包括（　　）。
A.货币金属　　　　B.货币单位
C.货币的铸造、发行和流通程序　　D.货币准备制度

4.货币具有的职能中，（　　）是最基本的职能，其他均是在此基础上产生的。
A.价值尺度　　B.流通手段　　C.支付手段　　D.贮藏手段
E.世界货币

三、判断题

1.电子货币本质上已经不属于信用货币。（　　）
2.通常的货币层次划分中，M_2是广义货币，包括M_1和准货币。（　　）
3.我国的货币发行量取决于中国人民银行拥有的黄金外汇储备。（　　）
4.金币本位制、金块本位制和金汇兑本位制下流通中的货币都是金铸币。（　　）

四、简述题

1.货币形式经历了哪些演变？
2.简述货币的职能。
3.如何理解金本位制的稳定性？
4.简述我国货币制度的内容。

五、调研与实践

调研主题：我国近二十年货币供应量及变动情况。

调研目的：按货币层次了解我国近二十年来的货币供给情况，提升金融数据的收集、处理和分析能力。

调研步骤：

（1）通过中国人民银行、国家统计局等网站查阅相关统计数据，收集并整理近20年我国各层次货币规模。

（2）利用Excel软件绘制M_0、M_1、M_2三个货币层次的变动趋势曲线。

（3）分析各层次货币的增长情况以及这期间现金比重变化的原因。

调研成果：完成1 000字左右的《中国近二十年货币供应量变动趋势报告》。

第三章
利率与信用

- ›) 利息与利率
- ›) 货币的时间价值
- ›) 收益率
- ›) 利率的决定理论及其影响因素
- ›) 利率的经济作用
- ›) 信用与信用体系

学习目标

素养目标
- 通过学习货币的时间价值,树立正确的货币价值观。
- 通过学习利率制度的变迁,坚定制度自信,培育爱国情怀。
- 通过学习数字经济时代的信用体系建设,拥有诚实守信的良好品质。

知识目标
- 掌握利息与利率的含义。
- 熟悉利率的种类和计算方法。
- 理解利率与收益率的关系。
- 理解利率的影响因素和利率的经济作用。
- 熟悉信用的特征和信用的类型。

能力目标
- 能够查找利率的数据并解释利率变动的原因。
- 能够分析利率升高或降低对经济产生的影响。
- 能够计算各种常见的金融工具收益率。
- 能够查找征信报告和大数据信用报告。

思维导图

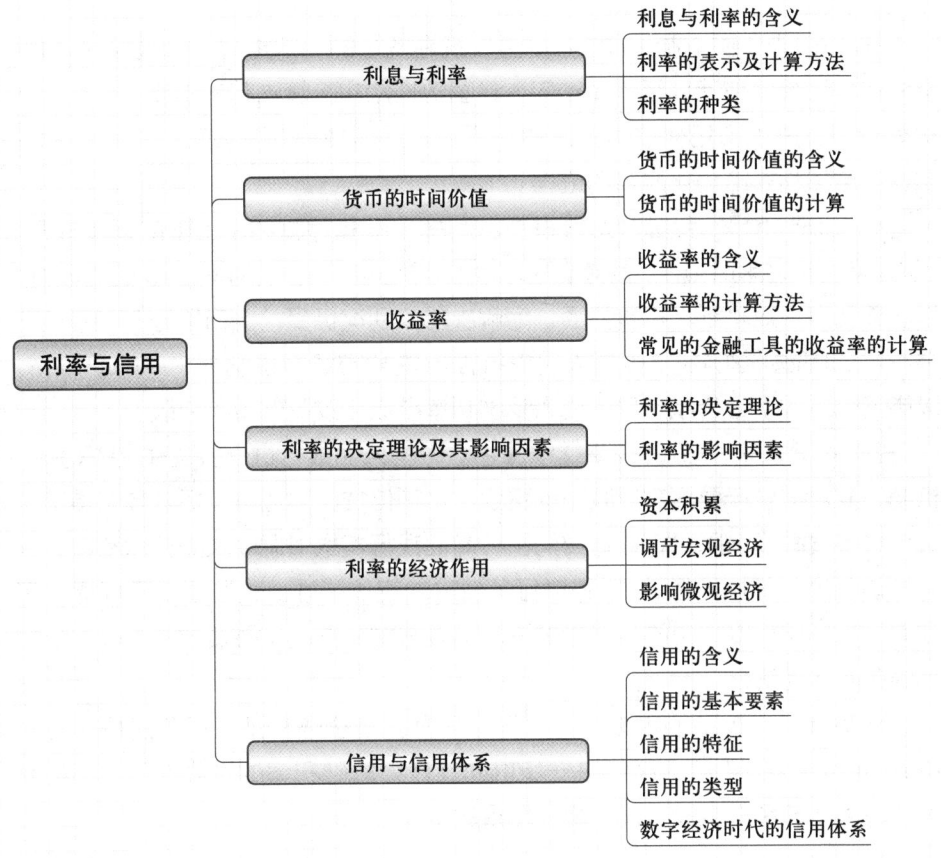

案例导入

我国利率市场化改革迈出新步伐

利率是现代金融体系的核心变量,既是资金的"价格",也是资源配置的重要信号工具。在计划经济体制下,我国曾长期实行管制利率制度,价格信号功能受碍。进入市场化改革新阶段后,我国逐步放开对贷款和存款利率的限制,开启了利率市场化改革的进程。

自 1996 年起,我国开始推进贷款利率下限和存款利率上限的逐步放开。2013 年,贷款利率下限管制全面取消;2015 年,存款利率上限正式放开,标志着利率"双轨制"初步打通。为解决贷款利率仍受"窗口指导"和隐性下限影响的问题,2019 年中国人民银行推出贷款市场报价利率(LPR)改革,以市场化方式引导贷款定价,成为我国利率市场化改革的重大突破。

2024 年以来,LPR 改革继续深化。中国人民银行进一步优化 LPR 报价机制,要求报价行更真实反映市场资金成本和信贷风险溢价,提升其对货币政策传导的灵敏度。同时,监管部门引导商业银行多次下调中长期存款利率,有效打破利率"隐性地板",增强银行负债端的定价弹性。这些改革不仅提升了利率的市场化程度,也改善了信贷资源配置方式,推动了融资成本下降,更好地服务实体经济。

利率市场化改革的不断推进,标志着我国金融体系从"行政定价"走向"市场定价"。未来,LPR 将进一步巩固其作为基础利率的引导作用,使利率真正成为调节金融供需、优化资源配置的重要杠杆。

> **问题:**
> 1. 为什么要推进利率市场化改革?LPR 改革对我国利率体系有何积极意义?
> 2. LPR 与改革前的基准贷款利率相比,有哪些主要区别?

第一节 利息与利率

利息是随货币信用而生的古老经济概念,源于原始社会并贯穿各社会形态。起初利息表现为实物补偿形式,后随商品交换发展转为货币计量。在现代市场经济中,利息源自产业资本增值过程,体现借贷资本的价值转移。

一、利息与利率的含义

（一）利息的含义

信用活动中，货币资金的所有者在不改变所有权的前提下，把他所持有的货币资金使用权在一定期限内让渡给需用货币的借款人，到期时，借款人不仅要偿还借入的货币资金，而且必须给货币资金的所有者一个增加额，这个增加额就是利息。

利息的存在，常常会使人们对货币资金产生一种神秘的感觉，似乎货币资金可以自行增值。在数量关系上，利息表现为超过本金的那部分金额。那么利息究竟是从何而来的呢？从本源上看，利息源于剩余价值的分配，是货币资金所有者因借出资本而从生产过程中获得的利润的一部分。从借贷角度看，利息表现为借入者使用货币资金创造收益后，将部分利润作为对借出者的回报，体现为一定时期内财富增值的分配形式。

（二）利率的含义

利率是利息率的简称，是利息与本金的比例，反映了资金借贷的难易程度和使用成本。例如，借 100 元一年需要付 10 元利息，则年利率为 10%（每单位货币的年成本 0.1 元）。高利率意味着借款难度大、成本高；低利率则意味借款相对容易且成本低。利率一般可以表示为：

$$利率 = \frac{利息额}{借贷本金} \times 100\%$$

二、利率的表示及计算方法

（一）利率的表示

利息和利率都与一定期限相关。利率通常分为年利率、月利率和日利率，按照惯例它们之间的换算公式为：

$$年利率 = 月利率 \times 12 = 日利率 \times 360$$

$$日利率 = \frac{月利率}{30} = \frac{年利率}{360}$$

（二）利率的计算方法

1. 单利法

单利法是指以借贷本金为计算利息依据的计息方法，其特点是对已经产生的利息不再计算利息，计算比较简便易行。其计算公式为：

期数为 n 的借贷利息：$I = P \times r \times n$

期数为 n 的借贷本利和：$S = P \times (1 + r \times n)$

其中，I 为利息，P 为本金，r 为每期利率，n 为计息期数，S 为本利和。

比如，一笔 3 年期的 10 000 元的定期存款，存款年利率为 5%，按单利法计算的话，三年利息总额为：$I = P \times r \times n$

$$= 10\,000 \times 5\% \times 3$$
$$= 1\,500（元）$$

三年的本利和为：$S = P \times (1 + r \times n)$

$$= 10\,000 \times (1 + 5\% \times 3)$$
$$= 11\,500（元）$$

> **思考与实践**
>
> 一笔 3 年期的 10 000 元的借款，约定按单利法计息，年利率为 5%。
>
> 方式一：到期一次还本付息。
>
> 方式二：每年年底付息一次，到期还本。
>
> 试着填写表 3-1，比较两种偿还方式还款明细的区别。
>
> 表 3-1　两种偿还方式的还款明细　　　　　　　　单位：元
>
> | 时间节点 | 方式一 | 方式二 |
> |---|---|---|
> | 第一年年末 | | |
> | 第二年年末 | | |
> | 第三年年末 | | |

2. 复利法

复利法是指按一定期限（如一年或一季）将当期所产生的利息加入本金后再计算下期利息，逐期滚算直至借贷期满的一种计息方法，人们俗称复利法为"利滚利""驴打滚"。其计算公式为：

期数为 n 的借贷本利和：$S = P \times (1 + r)^n$

期数为 n 的借贷利息：$I = S - P$

$$= P \times (1 + r)^n - P$$

其中，I 为利息，P 为本金，r 为利率，n 为计息期数，S 为本利和。

比如，存款账户上有 100 元，现在的年利率为 2.25%。如果按单利法计算，那么：

第一年年末账户上的钱：$S_1 = 100 \times (1 + 2.25\%) = 102.25$（元）

第二年年末账户上的钱：$S_2 = 100 \times (1 + 2.25\% \times 2) = 104.50$（元）

第三年年末账户上的钱：$S_3 = 100 \times (1 + 2.25\% \times 3) = 106.75$（元）

以此类推，第 n 年年末账户总额是：$S_n = 100 \times (1+2.25\% \times n)$

同样的本金和利息，如果按复利法计算，那么：

第一年年末账户上的钱：$S_1 = 100 \times (1+2.25\%) = 102.25$（元）

第二年年末账户上的钱：$S_2 = 100 \times (1+2.25\%)^2 = 104.55$（元）

第三年年末账户上的钱：$S_3 = 100 \times (1+2.25\%)^3 = 106.90$（元）

以此类推，第 n 年年末的存款账户总额是：$S_n = 100 \times (1+2.25\%)^n$

可以看到，按复利法计算的利息要高于单利法，而且期限越长，差异就越明显。比如，存款 1 万元，如果年利率是 10%，期限是 20 年；用单利法计算，20 年到期本利和是：$10\,000 + 10\,000 \times 10\% \times 20 = 30\,000$（元）；用复利法计算，20 年到期本利和是：$10\,000 \times (1+10\%)^{20} = 67\,275$（元）。

知识链接

"72 法则"与"滚雪球"理论

金融领域有个著名的"72 法则"：如果以 1% 的复利来计算利息，经过 72 年后，本金就会翻一番。如果投资的平均回报率是 10%，那么只要 7.2 年后，本金就可以翻一番。如果投资 10 万元，7.2 年后就变成 20 万元，14.4 年后变成 40 万元，21.6 年后变成 80 万元，28.8 年之后就可以达到 160 万元。每年 10% 的投资回报率并非难事，由此可以见复利法的魔力。

投资专家曾说过："人生就像滚雪球，重要的是发现很湿的雪和很长的坡。""滚雪球"比喻的是通过复利法的长期作用实现巨大财富的积累；"很湿的雪"比喻年收益率很高；"很长的坡"比喻复利增值持续的时间很长。

思考与实践

一笔一年期的 10 000 元的借款，约定按复利法计息，年利率为 5%。

方式一：按月计息，到期一次还本付息。

方式二：按季计息，到期一次还本付息。

试着比较两种偿还方式到期偿还本利和的差异。

需要注意的是，不论是单利法还是复利法计算利息，计息期数 n 与利率期限一定是相对应的。比如，利率是年利率，则计息期数一定是年数；计息期数是月数，则一定要用月利率来计息。

三、利率的种类

(一)官方利率与市场利率

按照利率决定方式的不同,利率可以分为官方利率和市场利率。

(1)官方利率,即法定利率,由中央银行或金融管理机构制定并强制执行,体现政府货币政策意图,对市场利率具有显著影响。比如,中央银行设定的再贴现率和再贷款利率均为官方利率。

(2)市场利率是由货币资金供求关系决定的利率,作为借贷资金价格,直接反映市场资金供求状况,并为国家制定法定利率提供参考。市场利率包括借贷双方协商确定的利率以及金融市场上各类有价证券买卖的利率。

(二)存款利率和贷款利率

按照金融机构业务的不同,利率可以分为存款利率和贷款利率。

(1)存款利率是指客户在银行或其他金融机构存款所得利息与存款额的比率。存款利率的高低决定存款人的收益和银行的融资成本,对银行集中社会资金的数量有重要影响。一般来说,存款利率越高,存款人的利息收入越多,金融机构的融资成本越高,金融机构所集中的社会资金也就越多。

(2)贷款利率是指银行和其他金融机构发放贷款所收取的利息与贷款本金的比率。贷款利率的高低决定剩余价值在企业和银行之间的分配比例,影响借贷双方的经济利益。

> **思考与实践**
>
> 请登录我国某一家商业银行的官方网站,了解其公布的存款利率表和贷款利率表,并观察一下,存款利率和贷款利率孰高孰低?你能试着解释原因吗?

(三)固定利率与浮动利率

按照借贷期限内利率是否变动,利率可以分为固定利率和浮动利率。

(1)固定利率是指借贷期间恒定不变的利率,其优点在于简便稳定,适用于短期贷款或预期市场利率稳定的情况。然而,对于长期贷款或市场利率波动大的情况,由于难以预判利率走势,借款人和贷款人可能面临风险,故在中长期贷款中,双方通常更倾向于选择浮动利率。

(2)浮动利率是指在借贷期间可随物价或市场利率调整的利率,常用于长期贷款和预期利率波动大的情况,住房按揭贷款、汽车消费贷款、基础设施贷款等利率一般采用浮动利率。浮动利率能规避固定利率风险,但计算复杂。在中国,许多房贷采用浮动利率机制,通常每年1月1日调整一次,并参考上年12月20日的LPR。

（四）基准利率和非基准利率

按照所处地位、作用的不同，利率可以分为基准利率和非基准利率。

（1）基准利率是金融市场中起决定性作用的利率参照，它决定了其他利率和金融资产价格。很多国家以同业拆借利率（如英国 Libor）或回购利率（如德国 7 天回购利率）作为基准利率。我国以中国人民银行设定的存贷款利率为基准利率，金融机构发放人民币贷款时以此为调整依据。

（2）基准利率以外的利率被称为非基准利率，在利率体系中均不处于关键地位，不起决定性作用。

（五）短期利率与中长期利率

按照融资期限的长短，利率可划分为短期利率与中长期利率。

短期利率是指融资期限少于一年的金融资产利率；中长期利率则是指融资期限超过一年的金融资产利率。通常，期限越长的借款由于不确定性和风险增大，利率越高；反之，期限短的借款则风险相对较小，利率较低。图 3-1 展示了 2024—2025 年我国 1 年期和 10 年期国债到期收益率随期限变化的利率波动情况。

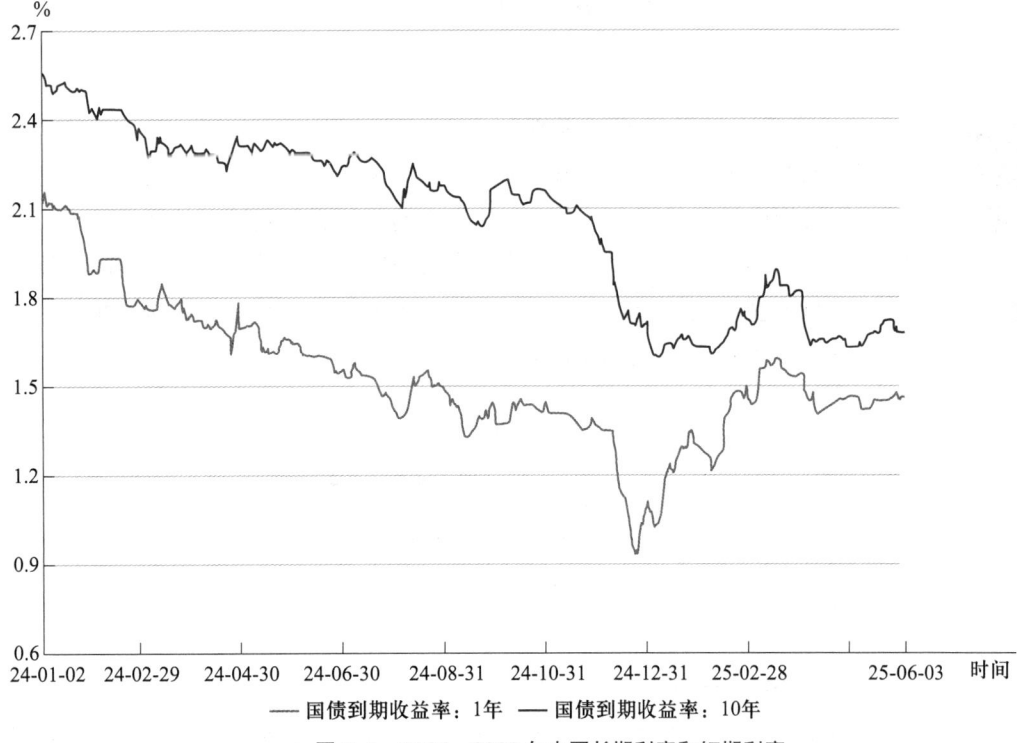

图 3-1　2024—2025 年中国长期利率和短期利率

但现实中也存在极少数的短期利率高过长期利率的现象。例如，金融危机爆发高潮期，因为短期内流动性差，市场上筹不到钱，在那一个短期内，市场对资金的风险溢价补偿特别高，短期利率就会超过中长期利率，这种现象也被称为"利率倒挂"。

（六）名义利率与实际利率

按照利率与价格总水平关系的不同，利率可以划分为名义利率与实际利率。

（1）名义利率是指借款合同上标明、未扣除通货膨胀等因素的利率，如张某存款100元，年利率5%，一年后获得5元利息。名义利率直观易懂，但不能反映货币的真实购买力收益。

（2）实际利率是扣除了通货膨胀影响后的利率，反映投资者的真实收益水平。例如，若名义年利率为5.5%，通胀率为4.5%，则实际利率为1%（5.5%-4.5%=1%）。评判利率高低时，应以实际利率为准，因为它才是决定资产增值与否的关键。另外，因通货膨胀率波动，实际利率可能为正或负，正利率意味着实际盈利，而负利率虽表面有收益，实则造成损失。

第二节 货币的时间价值

微课：货币的时间价值

一、货币的时间价值的含义

货币的时间价值，是指货币在不同时间点上的价值差异，源于货币参与社会再生产过程中的增值效应。在无风险和无通货膨胀的假设下，货币的时间价值体现为平均的社会利润率。根据货币具有时间价值的理论，可将货币在某一时间点的价值换算到其他时点上。如图3-2所示，年利率为3%的情况下，现在的100元钱相当于一年后的103元。

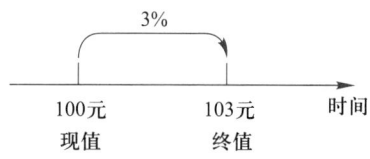

图3-2 货币价值在不同时间点的换算

二、货币的时间价值的计算

一般用"现值"和"终值"两个概念来表示货币在不同时点的价值，如图3-3所示。

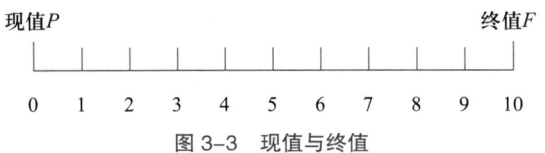

图 3-3 现值与终值

现值，是指未来某一时点上一定量的货币折算到现在所对应的金额，通常记作 P。终值又称将来值，是现在一定量的货币折算到未来某一时点所对应的金额，通常记作 F。

一般按照复利法计算货币的时间价值。假定有关字母符号代表的含义如表 3-2 所示。

表 3-2 有关字母符号代表的含义

字母	代表的含义
F	终值（本利和）
P	现值（本金）
I	利息
i	利率（折现率）
n	计算利息的期数
A	每期年金值

（一）复利终值和现值的计算

1. 复利终值的计算

复利终值是指一定数量的资金在若干期后以复利计算的未来价值，包括本金和利息，即本利和。其计算公式为：

$$F = P \cdot (1+i)^n$$

具体推导过程如图 3-4 所示。

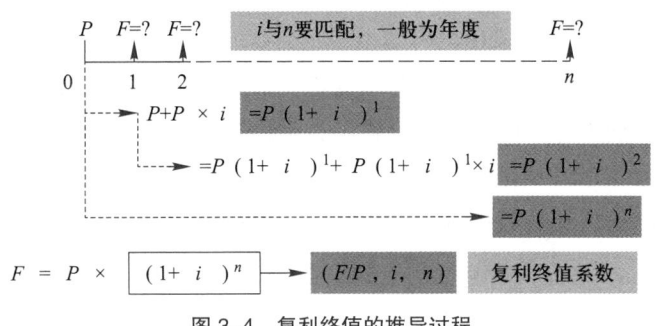

图 3-4 复利终值的推导过程

比如，某人将10 000元存入银行，年利率为2%，计算10年后的终值。已知（F/P，2%，10）= 1.219 0。则10年后的终值 F = 10 000 × 1.219 0 = 12 190（元）。

2. 复利现值的计算

复利现值是指未来一定时期的资金按复利计息方式折算到现在的价值，复利现值的计算是复利终值的逆运算，实际上是已知本利和求本金的过程。其计算公式为：

$$P = F/(1+i)^n$$

具体推导过程如图 3-5 所示。

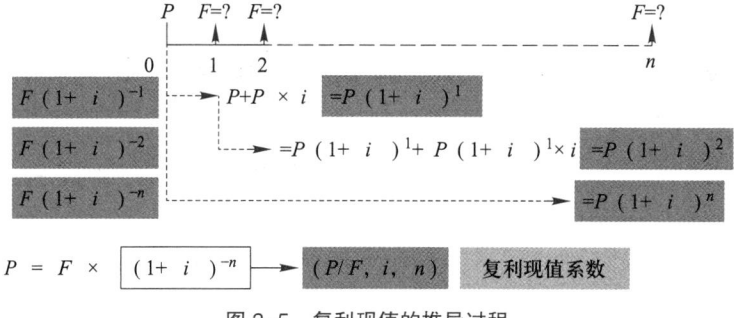

图 3-5　复利现值的推导过程

比如，某人为了10年后能从银行取出10 000元，在年利率2%的情况下，计算当前应存入多少钱？已知（P/F，2%，10）= 0.820 3。则 P=10 000 × 0.820 3 = 8 203（元）。

从上面的例子可以看到，复利终值和复利现值的计算互为逆运算；复利终值系数（F/P，i，n）与复利现值系数（P/F，i，n）互为倒数。

（二）年金终值和现值的计算

年金是指间隔期相等的系列等额收付款。年金包括普通年金（后付年金）、预付年金（先付年金）、永续年金、递延年金等形式。

1. 普通年金终值与现值的计算

普通年金是年金的最基本也是最为常见的形式，它是指从第一期起，在一定时期内每期期末等额收付的系列款项，又称为"后付年金"。

（1）普通年金终值是指普通年金最后一次收付时的本利和，它是每次收付款项的复利终值之和。具体推导过程如图 3-6 所示。

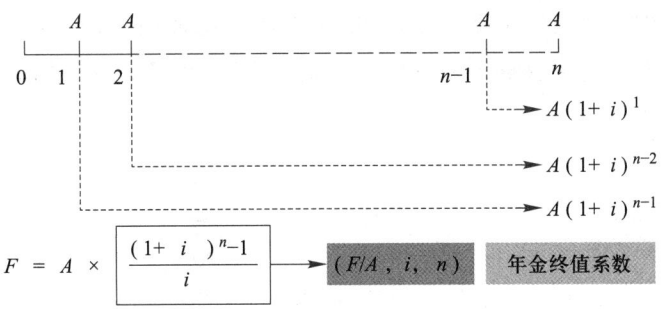

图 3-6 普通年金终值的推导过程

比如,杨先生是位热心于公益事业的人,自 2016 年年底开始,他每年都要向一位失学儿童捐款 1 000 元,帮助这位失学儿童完成九年义务教育。假设每年定期存款利率都是 2%,则杨先生 9 年的捐款在 2025 年年底相当于多少钱?已知 $(F/A,2\%,9)=9.7546$。则 $F=1\,000\times 9.7546=9\,754.6$(元)。

(2)普通年金现值是指将在一定时期内按相同时间间隔在每期期末收付的相等金额折算到第一期期初的现值之和。具体推导过程如图 3-7 所示。

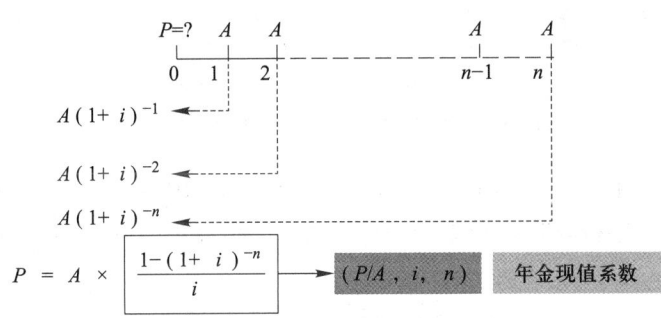

图 3-7 普通年金现值的推导过程

比如,某投资项目于 2025 年年初动工,假设当年投产,从投产之日起每年末可得收益 100 000 元。按年利率 5% 计算,求预期 5 年收益的现值。已知 $(P/A,5\%,5)=4.3295$。则 $P=100\,000\times 4.3295=432\,950$(元)。

2. 预付年金终值与现值的计算

预付年金是指从第一期起,在一定时期内每期期初等额收付的系列款项,又称为先付年金或即付年金。预付年金"有头无尾"的特点,如图 3-8 所示。

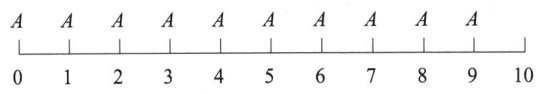

图 3-8 预付年金每期期初等额收付款项

（1）预付年金终值是指一定时期内每期期初等额系列收付款项的复利终值之和。其计算是想办法将其转化为"普通年金"，如图 3-9 所示的两种方法进行公式变形求得。

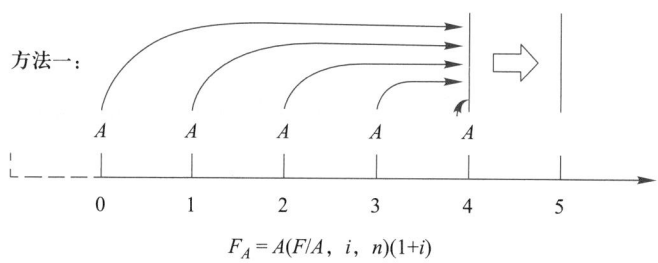

$F_A = A(F/A, i, n)(1+i)$

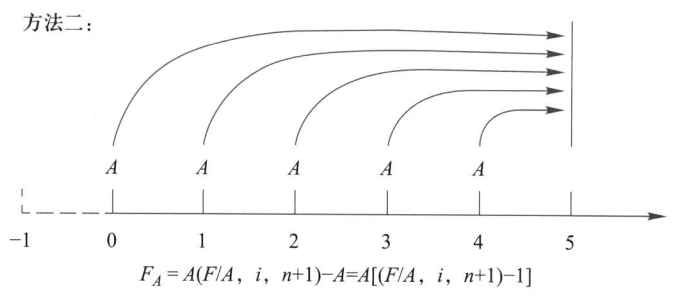

$F_A = A(F/A, i, n+1) - A = A[(F/A, i, n+1) - 1]$

图 3-9 预付年金终值计算的两种处理方法

比如，为给儿子准备教育资金，王先生连续 10 年于每年年初存入银行 10 000 元。若银行存款年利率为 2%，则王先生在第 10 年年末能一次取出多少钱？那么：

方法一：已知（F/A，2%，10）= 10.950。

预付年金终值 = $A \times (F/A, i, n) \times (1+i)$

　　　　　　= 10 000 ×（F/A，2%，10）×（1 + 2%）

　　　　　　= 10 000 × 10.950 ×（1 + 2%）

　　　　　　= 111 690（元）

方法二：已知（F/A，2%，11）= 12.169。

预付年金终值 = $A[(F/A, i, n+1) - 1]$

　　　　　　= 10 000 × [（F/A，2%，11）- 1]

　　　　　　= 10 000 ×（12.169 - 1）

　　　　　　= 111 690（元）

（2）预付年金现值是指将在一定时期内按相同时间间隔在每期期初收付的相等金额折算到第一期期初的现值之和。与预付年金终值的计算类似，其计算仍然是想办法将其转化为"普通年金"，通过图 3-10 列示的两种方法进行公式变形求得。

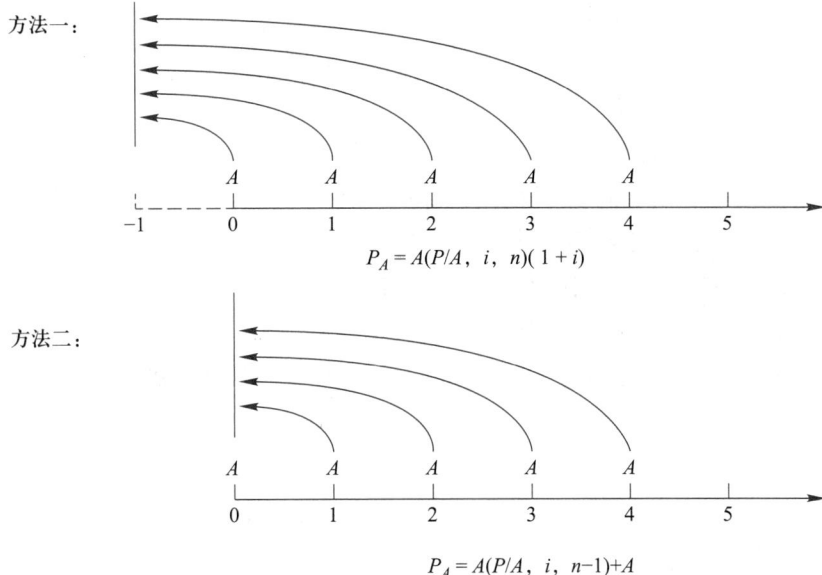

图 3-10 预付年金现值计算的两种处理方法

比如，某公司 2024 年年底租入一套办公用房，按照租赁合同须自 2025 年起每年年初支付租金 100 000 元。假设银行利率为 2%，计算预期 5 年租金的现值。那么：

方法一：已知（P/A，2%，5）= 4.713 5。

P=A（P/A，i，n）（1+i）

=100 000×（P/A，2%，5）×（1+2%）

=100 000×4.713 5×（1+2%）

=480 777（元）

方法二：已知（P/A，2%，4）= 3.807 7。

P=A（P/A，i，n-1）+A

=100 000×（P/A，2%，4）+100 000

=100 000×3.807 7+100 000

=480 770（元）

3. 永续年金现值的计算

永续年金是指无限期收付的年金，是一系列没有到期日的等额现金流。如图 3-11 所示，永续年金现值可以看成一个 n 无穷大时普通年金的现值。

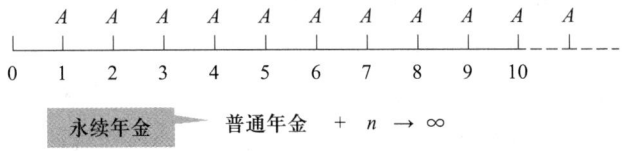

图 3-11 永续年金无限等额现金流

永续年金现值的计算公式如下：

$$P_A=A[1-(1+i)^{-n}]/i$$

当 $n\to\infty$ 时，$P_A=A/i$

比如，吴先生想支持家乡建设，在祖籍所在县设立奖学金。奖学金每年发放一次，奖励每年高考的文理科状元各 10 000 元。奖学金的基金保存在该县银行，银行一年的定期存款利率为 2%。则吴先生要投资多少作为奖励基金，才能保证这一奖学金的成功发放？由于每年都要拿出 20 000 元，因此奖学金的性质是一项永续年金，其现值应为 $P_A=A/i=20\,000\div 2\%=1\,000\,000$（元）。

即吴先生要存入 100 万元作为基金，才能保证奖学金的成功发放。

第三节 收益率

一、收益率的含义

收益率也称回报率，是投资总收益与初始投资的比例。在实际投资过程中，利率被定义为利息与本金的比率，而真正能够准确衡量一定时期内投资人获得收益多少的指标是收益率。收益率不仅会受到一定利率下的利息支付额和投资额的影响，还会受到计息期间、利息支付周期及投资标的市场价格变动等因素的影响，这也使得投资人的利率与收益率之间通常会存在差异。

利率与收益率有区别又有联系，部分资产的利率与收益率相等，如存款；一些资产的利率与收益率不等，如债券；收益率不仅受到利率的影响，还受到资产的市场价格波动的影响。

二、收益率的计算方法

对任何持有证券的投资者而言，其总收益率应包括两部分：一是利息收入与证券购买价格的比率，通常称其为当期收益率；二是证券价格变动所导致的收益或损失，我们称之为资本利得（损失）率。其计算公式为：

$$RET=\frac{C}{P_t}+\frac{P_{t+1}-P_t}{P_t}$$

其中，P 为金融工具在不同时期的价格，C 为每期支付的利息。

比如，某公司在期初以 96 元的市场价格购买了面值为 100 元、每年支付 8 元利息的公司债券，该公司在持有期内共得到了 8 元的利息支付，最后以 101 元的价格将该债券出售，计算债券的利率、该公司投资该债券的当期收益率、资本利得率和总收益率。那么：

该债券的利率为利息与面值之比，即为 8%。

当期收益率 $= \dfrac{C}{P_t} = \dfrac{8}{96} \times 100\% = 8.33\%$

资本利得率 $= \dfrac{P_{t+1}-P_t}{P_t} = \dfrac{101-96}{96} \times 100\% = 5.21\%$

总收益率 $= \dfrac{C}{P_t} + \dfrac{P_{t+1}-P_t}{P_t} = \left(\dfrac{8}{96} + \dfrac{101-96}{96}\right) \times 100\% = 13.54\%$

三、常见的金融工具的收益率的计算

（一）普通贷款

普通贷款是指在到期日一次性偿还本息的贷款，其到期收益率的计算过程为：

$$FV = PV(1+i)^n$$

$$i = \left(\dfrac{FV}{PV}\right)^{\frac{1}{n}} - 1$$

其中，FV 为终值，PV 为现值，i 为每期收益率，n 为期数。对于普通贷款而言，到期收益率等于贷款利率。

比如，对于 1 年期的普通贷款，其当前价值为 100 元，1 年后连本带息将收到 110 元，则其到期收益率是多少？

$$110 = 100(1+i)$$

$$i = \left(\dfrac{110}{100}\right) - 1 = 10\%$$

即到期收益率为 10%。

（二）年金

年金是在投资期内以相等时间间隔收入（或支付）固定金额的现金流。计算年金到期收益率时，需要让其现值与未来每笔现金流的现值相等，即：

$$PV = \dfrac{C}{1+i} + \dfrac{C}{(1+i)^2} + \dfrac{C}{(1+i)^3} + \cdots + \dfrac{C}{(1+i)^n}$$

其中，PV 为现值，C 为每期现金流，i 为每期收益率，n 为期数。

比如，某人向银行申请了一笔价值 20 万元的抵押贷款。银行要求他每年还款 30 000 元，还款期限为 10 年，则这笔贷款的到期收益率是多少？

$$PV = \dfrac{30\,000}{1+i} + \dfrac{30\,000}{(1+i)^2} + \dfrac{30\,000}{(1+i)^3} + \cdots + \dfrac{30\,000}{(1+i)^{10}} = 200\,000$$

利用计算机或金融计算器可得 $i = 8.14\%$，即这笔贷款的到期收益率为

8.14%。

(三)息票债券

息票债券定期向债券持有人支付利息,到期后再支付最后一期利息及本金。息票债券的计算公式为:

$$PV = \frac{C_1}{1+i} + \frac{C_2}{(1+i)^2} + \frac{C_3}{(1+i)^3} + \cdots + \frac{C_n}{(1+i)^n} + \frac{FV}{(1+i)^n}$$

其中,PV 为现值,C 为每期债券利息,i 为每期收益率,n 为期数,FV 为到期偿还本金。

比如,现有一张票面面额为 1 000 美元的息票债券,每年支付一次,10 年到期,票面利率为 10%(即每期的息票利息为 1 000×10%=100 美元)。假设当前此债券的市场价格为 900 美元,该债券的到期收益率是多少?

$$900 = \frac{100}{1+i} + \frac{100}{(1+i)^2} + \frac{100}{(1+i)^3} + \cdots + \frac{100}{(1+i)^{10}} + \frac{1\,000}{(1+i)^{10}}$$

可解得到期收益率 $i = 11.75\%$。

(四)零息债券

零息债券也称折扣债券,是名义上不支付利息、以低于票面面额的价格出售、到期按债券面值兑现的债券。零息债券的计算公式为:

$$PV = \frac{FV}{(1+i)^n}$$

其中,PV 为现值,i 为每期收益率,n 为期数,FV 为到期偿还本金。

比如,一张 10 年期的零息债券,票面面额为 1 000 美元,如果现在的购买价格为 900 美元,该债券的到期收益率是多少?

$$900 = \frac{1\,000}{(1+i)^{10}}$$

$$i = \left(\frac{FV}{PV}\right)^{\frac{1}{10}} - 1 = 1.06\%$$

即到期收益率为 1.06%。

第四节 利率的决定理论及其影响因素

一、利率的决定理论

(一)马克思利率决定理论

马克思利率决定理论是最早的利率决定理论。该理论认为,利息源自产业和商业资本家创造的剩余价值。货币资本家通过借贷获取的利息，实质上是这部分剩余价值的一部分，作为放弃直接使用产业资本而获得的补偿。马克思从产业资本运作角度研究利率问题，突破了重商主义和重农主义对资本认识的局限，对利率理论的发展具有深远意义。

（二）古典利率理论

古典利率理论认为，利率决定于储蓄与投资的均衡点。投资是利率的递减函数，即利率提高，投资额下降；利率降低，投资额上升。储蓄是利率的递增函数，即储蓄额与利率成正相关关系。古典利率理论可以用图3-12来表示。投资曲线I表明，投资与利率负相关，当投资边际收益上升时（从I移至I'），在相同利率下投资量会增加；相反，若边际收益下降，则投资减少以避免亏损。储蓄曲线S则表明，储蓄与利率正相关，当边际储蓄倾向提高时（如从S移至S'），在同样收入和利率条件下，储蓄总量增大；反之则减少。市场均衡利率由投资和储蓄曲线的交点决定，如图中的E点，此时储蓄$S=I$，决定了均衡利率r_0。

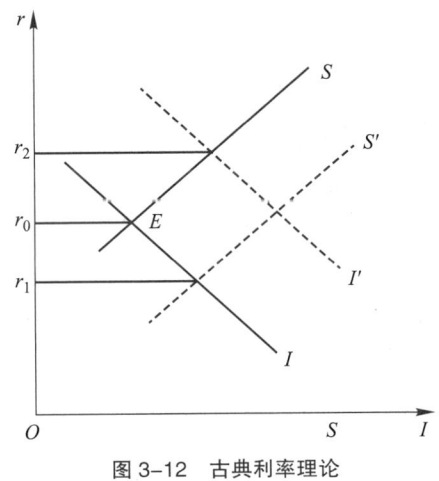

图3-12 古典利率理论

（三）凯恩斯流动偏好利率理论

凯恩斯主张利率由货币供给与基于流动性偏好的货币需求共同决定。人们在分配收入时需要在现期消费、未来消费及资产配置间权衡，资产选择主要在现金和债券之间。人们持有现金是为满足交易、预防和投机目的，其中，满足其交易和预防货币需求的量与利率无关，而与收入正相关；满足投机需求的量则与利率有关，因为购买债券能获取利息收益，出于对未来不确定性的担忧，人们可能更偏好持有高流动性的现金，即货币需求是利率的递减函数。

货币总需求的计算公式为：
$$L=L_1+L_2=L_1（Y）+L_2（r）$$

L 代表总需求，L_1 代表交易需求，L_2 代表投机性需求，Y 代表总收入，如图 3-13 所示，$L_1(Y)$ 为收入 Y 的递增函数，$L_2(r)$ 为利率的递减函数。

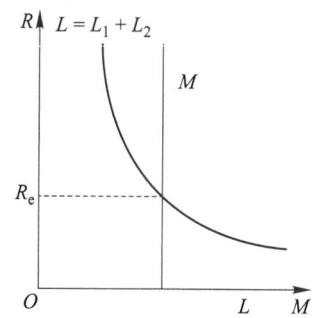

图 3-13　凯恩斯的流动偏好利率理论

货币供给量为 M，其中 M_1 满足 L_1，M_2 满足 L_2。利率决定于货币的供求关系，是人们保持货币的欲望与现有货币数量间的均衡价格。即 $M=M_1+M_2=L_1(Y)+L_2(r)$，这样，利率就由流动性偏好曲线与货币供给曲线共同决定。

（四）可贷资金利率理论

可贷资金利率理论，又称新古典利率理论，由剑桥学派代表罗伯逊于 1939 年提出。该理论认为，利率不是由储蓄与投资所决定的，而是由借贷资金的供给与需求的均衡点所决定的；利率是使用借贷资金的代价，影响借贷资金供求水平的因素就是影响利率变动的因素；借贷资金的供给与利率正相关，而借贷资金的需求则与利率负相关，两者的均衡决定利率水平。

二、利率的影响因素

（一）社会平均利润率

社会平均利润率是决定利率高低的最基本因素。马克思认为，利息是贷出资本家从借入资本家那里分得的剩余价值的一部分，本质上源于利润。因此，利息不会超过利润，利率受平均利润率制约。即有：0< 利率 < 社会平均利润率。

（二）借贷资金供求

市场利率水平由借贷资金市场的供求关系决定。在平均利润率不变时，利率高低反映金融市场上货币资金的供需状况：需求超过供给时，利率上升，可能超越平均利润率；供给大于需求时，则利率下降。

（三）通货膨胀率

信用货币流通条件下，特别是在纸币制度下，物价变动是一种经常的现象。通货膨胀使借贷资金本金贬值，会给借贷资金所有者带来损失。因此债权人往往会在一定的预期通货膨胀率基础上来确定利率，以避免损失。当预期通货膨胀率提高时，债权人会要求提高贷款利率；当预期通货膨胀率下降时，利率一般也会相应地下调。我国 1990—2022 年物价水平与利率水平间的变化关系如图 3-14 所示。

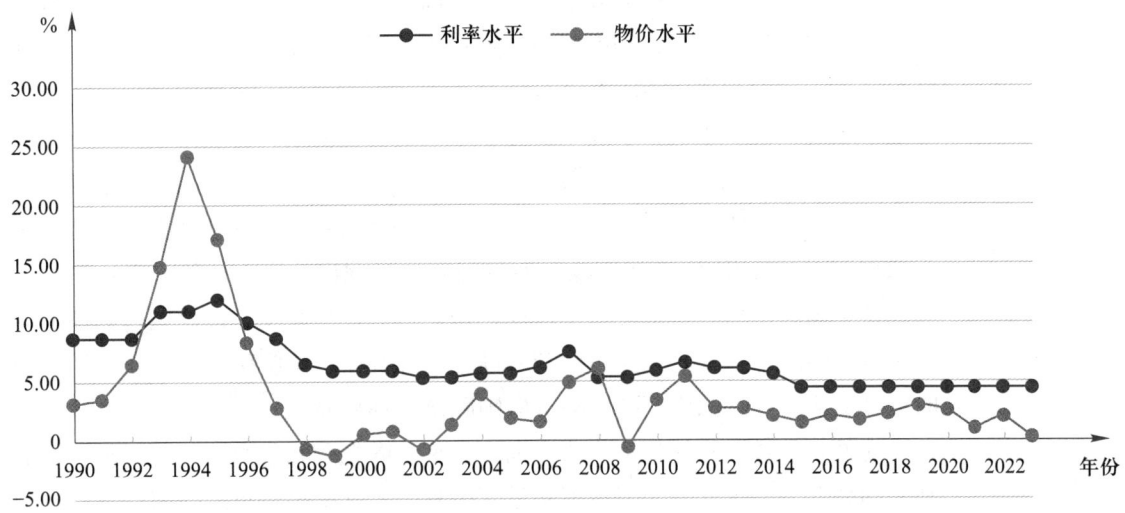

图 3-14　我国 1990—2022 年物价水平与利率水平间的变化关系

（四）利率管制

在一国经济的非常时期或在经济不发达的阶段，政府有关部门实行利率管制，直接制定利率或利率变动的界限。例如，美国 1933 年法案限制银行对存款的最高付息率。利率管制具有高度行政干预和法律约束的特点，排斥各类经济因素对利率的直接影响。

（五）中央银行的货币政策

利率是国家对经济活动进行宏观调节的重要工具，受到中央银行货币政策的影响。当国家采取刺激经济的货币政策时，可贷资金供给增加，利率就会下降，引起投资、消费增加，社会总需求增加，经济增长；当国家限制经济过度膨胀并采取紧缩货币政策时，可贷资金供给减少，利率上升，引起社会总需求减少，经济增速放缓。

（六）风险因素

一般情况下，风险和利率正相关，风险越大，借贷资金需要得到的补偿越多，利率就越高。借贷中涉及的风险主要包括：① 违约风险，是指借方不能按期还本付息的风险，违约风险越大，利率越高；② 流动性风险，流动性越强，变现能力越强，变现速度越快，风险越小，利率越低；③ 税收风险，是指各国政府采取不同税收政策、调整税率，给债权人造成税收风险，税负越重，税前利率越高；④ 通货膨胀风险，实际利率是名义利率剔除通货膨胀率后的水平，通货膨胀率上升，名义利率也会上升。

（七）宏观经济周期

经济的发展是具有周期性的，在不同的经济周期利率不同。危机时期，商品销售困难，库存增加，企业资金紧张，资金需求增加，借贷资金供不应求，利率上升；萧条时期，企业和居民对经济前景缺乏信心，需求减少，加上政府的扩张性财政货币政策，利率不断走低；复苏时期，企业和居民对经济前景的信心恢复，消费和投资需求都逐步回升，资金需求增加，利率逐渐提高；繁荣时期，生产规模扩张，新企业不断建立，借贷资金需求大，利率上升。

（八）国际利率水平

国际经济一体化背景下，国际利率及其变动会对各国利率产生显著的"示范效应"。开放的国际金融市场促使各国利率呈现出趋同。一般来讲，当国内利率低于国际市场时，资金流出增加，国内资金供应减少，促使国内利率上升以接近国际水平；反之，若国内利率高于国际利率，则吸引资金流入，增加国内资金供应，导致国内利率下降并向国际市场利率靠拢。

此外，借贷期限的长短、历史利率水平、同行业利率水平等因素都会影响利率的高低。影响利率的因素多元且交织复杂，其影响权重随一国经济、金融开放程度而变。

第五节 利率的经济作用

一、资本积累

"趋利避害"的自然规律在经济活动中体现得更为明显。利率使货币供给者让渡资金的收益增加，促使闲置资金所有者主动让渡资金使用权，社会借贷资本规模增加。利率越高，对货币供给者吸引力越大，有助于积聚更多资金，从而在不增加中央银行货币供给的情况下增强经济发展的推动力。

二、调节宏观经济

利率的变化会带来消费、储蓄、投资等重要经济活动的变化，在很大程度上影响经济发展走势，因此各国政府及金融管理当局常常利用利率手段来调节宏观经济，使利率成为国家宏观调控的重要经济杠杆。

（一）调节货币供求

当金融市场中流通的资金过多，超过了市场需求量，就会发生通货膨胀。此时，政府通过提高利率，可增加居民存款、减少企业贷款，实现资金回笼，促使市场中的货币量供求平衡，稳定物价，防止通货膨胀的发生。

当金融市场中流通的资金过少，远低于市场需求量，就会引发通货紧缩。此时，政府通过降低利率，可减少居民存款，增加企业贷款，实现资金投放，起到保证货币供求平衡、稳定物价的作用。

（二）优化资源配置

利率作为资金的价格，会引导资金流向利润率较高的部门，实现社会资源的优化配置。利率调高，一方面使社会闲置资金流入银行等金融机构，全社会资金来源增加；另一方面，借款人借款成本相应增加，造成那些经济效益较差、盈利能力较弱的借款人减少借款，引导资金流向效益高的行业、企业和产品，实现全社会生产要素的优化配置。

（三）完善国民经济结构

通过利率积聚资本的功能，政府使分散在社会各阶层的货币收入和再生产过程中暂时闲置的货币资金得以集中起来，转化为信贷资金，通过信贷资金的分配，满足生产发展的资金需求，促进经济快速发展。对亟须发展的重点产业和行业，政府通过适当降低利率，支持其发展所需资金；对需要限制的行业产业，则适当提高利率，从可得资金上限制其扩张，从而实现国民经济各部门的健康、协调发展。

（四）调节国际收支

对于经济开放的国家和地区而言，利率也可以作为调节国际收支失衡的有效工具。当国际收支逆差比较严重时（本国商品进口超过了出口，资本流出大于资本流入），可以适当调高本国利率，这样可以阻止本国资金外流，并吸引外资流入本国，缓解国际收支逆差。

金融观察

持续深化利率市场化改革，适时调整优化房贷利率政策

为贯彻中央金融工作会议精神，中国人民银行坚决落实促进金融与房地产良性循环要求，持续完善差别化住房信贷政策，发挥新发放首套房贷利率政策动态调整机制作用。2022年12月，中国人民银行、中国银行保险监督管理委员会（2023年3月后组建为国家金融监督管理总局）建立新发放首套房贷利率政策动态调整机制，在因城施策的原则下，有序实现房贷利率政策的双向动态调整。有效支持城市政府用足用好政策工具箱，既体现了房地产市场区域特征，也有利于稳定政策预期。2022年5月和2023年8月，分别下调首套和二套房贷利率政策下限0.2个和0.4个百分点，进一步拓宽房贷利率自主定价空间，引导降低新发放房贷利率，支持居民刚性和改善性住房需求。2023年9

> 月，新发放房贷加权平均利率为 4.02%，同比下降 0.32%。2023 年 8 月，中国人民银行、国家金融监督管理总局明确，符合条件的存量首套房贷借款人可与承贷金融机构协商降低利率。截至 2023 年 11 月超过 22 万亿元存量房贷利率下调，平均降幅 0.73%，惠及超 5 000 万户、1.5 亿人，每年减少借款人利息支出 1 600~1 700 亿元，户均每年减少 3 200 元。

三、影响微观经济

（一）提高资金使用效益

利率能够促进企业加强经济核算，提高经济效益。利息是企业利润的一部分，其变化会对企业净利润产生影响，对企业经营形成压力，促使企业提高资金使用效益。高的存款利率会刺激资金供给者提供更多社会资金，高的贷款利率促使企业尽可能加速资金周转，提高资金使用效益。

（二）约束借贷行为

对于企业而言，高贷款利率促使企业约束自己的借贷行为，缩小借贷规模，更谨慎地使用资金。比如在中国人民银行加息后，许多房地产企业将会减少借贷，更谨慎地使用借贷资金。对于个人而言，高利率在一定程度上可以约束自己的消费行为，减少消费，增加储蓄，在借贷上也会更加谨慎。

第六节　信用与信用体系

一、信用的含义

金融学中的信用就是以偿还和付息为基本特征的借贷行为。具体来讲，信用就是商品、劳务和货币所有者把商品、劳务和货币让渡给需要者，并约定一定时间还本并付息的行为。

二、信用的基本要素

（一）信用主体

信用主体是债权、债务双方。债权人将商品或货币借出，称为授信，这里的"授"是"授予"的"授"；债务人接受债权人的商品或货币，称为受信，这里的"受"是"接受"的"受"。

（二）信用客体

信用这种经济交易行为的交易对象就是信用客体，即授信方的资产。它可以是有形的（如以商品或货币形式存在），也可以是无形的（如以服务形式存在)。一般的信用客体是指货币或商品。

（三）信用条件

信用条件是指借贷主体间信用关系的具体内容，主要包括期限和利息。期限是信用关系从开始到终结的确定期限，也称为时间间隔；利息则是债权人在让渡实物和货币使用权时所得的报酬，也是债务人取得商品和货币使用权的成本。其他信用条件还包括：计息方式、本金偿还方式等。

（四）信用工具

信用工具是承载信用内容的合法凭证，如股票、债券等。早期信用多依赖口头约定，易生纠纷；账簿信用虽有所改进但仍存在记录错误和赖账风险。现代信用工具通过具有法律效力的书面文件确立关系，具备可流通性、低风险及适应性强的特点，是现代信用体系的核心要素。

三、信用的特征

（一）以相互信任为基础

信用以交易双方相互信任为条件。债权人把钱贷给债务人，是因为债权人相信债务人肯定会连本带息地如期归还。有句俗语说得好，"有借有还，再借不难"，这句俗语隐藏的意思是如果债权人对债务人丧失了信任，那么交易就不能进行。

（二）以偿还本金和支付利息为条件

信用关系一旦确立，债务人就要履行按期还本付息的义务，债权人就拥有按期收回本息的权利。

（三）使用权与所有权相分离

信用关系期间，授信者只暂时让渡商品或货币的使用权给受信者，仍掌握所有权。比如，储户把钱存到银行，银行可以使用这些存款进行贷款、投资等，并从中获取利润。当储户到银行取钱时，银行必须进行返还，而不能独吞或占为己有。银行对储户的存款享有使用权，但不拥有所有权。

（四）价值运动的特殊形式

信用是价值运动的特殊形式体现在信用关系产生了价值增值。在信用关系中，价值运动表现为借贷、偿还等一系列价值单方面转移，且偿还时是非等额回流，即超值归还。

四、信用的类型

一般情况下，按照参与信用的主体不同，信用主要分为商业信用、银行信用、国家信用、消费信用和国际信用等类型。

(一)商业信用

商业信用是指企业间在商品交易中因延期付款、分期支付或预付货款而产生的信用形式，是现代信用体系的基础。商业信用的具体表现为：企业间的赊销、分期付款、预付订金和委托销售等行为。商业信用服务于生产和流通，确保流程连续和商品流转加速，有力推动商品经济。商业信用能协调企业间经济联系，平衡产需，优化资金配置，节约交易成本，是简便的信用工具创造方式和解决企业资金短缺的首选信用方式。

在商业信用中，买卖行为与借贷行为交织，形成商品买卖关系和资金借贷关系。例如，甲企业赊销商品给乙企业时，甲既是商品卖方也是资金贷出者，乙则是商品买方和资金借入者，并承担偿还债务本金及利息的责任。交易完成后，双方债权债务关系固定，不受债权人或债务人经营状况的影响。

商业信用具备以下特点：① 商业信用的主体是企业。商业信用的借贷双方都是企业，它反映的是不同的商品生产企业或流通企业之间因商品买卖而引起的债权债务关系。② 商业信用主要是以商品形态提供的信用，其资金来源是企业生产资金循环过程中的商品资金，是企业生产经营资金的一部分，而不是从生产过程中游离出来的暂时闲置的货币资金。③ 商业信用是一种直接信用，是企业间商品交易时直接达成的延期付款或预付货款协议，买卖双方自行协商建立资金信用关系，无须通过中介机构。

商业信用的存在和发展有一定的局限性。首先，由于企业赊销商品只能是商品资金的一部分，商业信用的规模受到提供信用的企业所拥有的商品和资金数量的限制；其次，商业信用只能向需要该种商品的企业提供，受到商品流向的限制，只能由商品的卖方提供给买方；最后，商业信用是直接信用，为控制风险，借贷双方只有在相互了解信誉和偿还能力的基础上才能建立商业信用关系。

(二)银行信用

银行信用是由银行机构提供的以货币为载体的间接信用形式，其核心业务包括吸收存款聚集资金和发放贷款、投资运用资金。银行作为信用中介，在存款业务中对储户承担债务责任，在贷款业务中对借款人享有债权。现代市场经济中，银行信用成为国家调控宏观经济的重要工具，在全社会信用结构中占据主导地位，对经济社会运行发挥关键作用。

银行信用在商业信用基础上发展，有效克服了商业信用的部分局限性。其主要优势包括：① 作为金融中介机构，银行通过汇集社会闲置资金，并承担债务责任进行集中借贷，克服了商业信用受限于单个企业资本规模的问题；② 银行信用提供独立于产业资本循环之外的货币信贷，不受个别企业资金量限制，可将小额资金聚合成大额贷款，并能转换短期为长期资金需求，突破了商业信用在规模、期限和投向上的局限；③ 银行凭借规模化信息处理的优势，降低了信息成本和交易费用，减轻了信息不对称，减少了逆向选择和道德风险，增强了信用过程的稳定性和安全性。

> **思考与实践**
>
> 银行信用在一定程度上克服了商业信用的部分局限性，成为现代信用经济的核心，那么银行信用能取代商业信用吗？

（三）国家信用

国家信用是指国家作为债务人或债权人进行的借贷活动，包括国家向特定对象提供贷款、政府通过发行债券方式筹集资金等。国家信用主要表现为国家债务行为，尤其在财政赤字时，政府会面向银行、企业、个人及投资基金等市场参与者发行公债来筹措所需资金。

国家信用的主要形式包括：① 国库券，即由国家发行的一年期以内的短期政府债券，主要是为了解决财政年度内先支后收的矛盾；② 公债，即国家长期负债，期限通常超过 1 年，旨在弥补财政赤字、非生产性开支或资助大型国家建设项目。政府筹集社会资金补充预算的同时，向债券持有者支付本息，公债的偿还则主要依靠增税或新发债券等途径。

（四）消费信用

消费信用是指企业、银行和其他金融机构以商品、货币或劳务形式向消费者提供的直接用于生活消费的信用。消费信用的存在和发展有效扩大了消费品需求，加速了商品价值的实现，从而进一步扩大商品生产规模，刺激经济不断发展。同时，消费信用可以调节不同收入水平的居民在商品购买的时间和支付能力上的不一致，满足某些即期购买力不足的居民个人的消费需要。通过赊销、分期付款和消费贷款等形式，消费信用有力推动了新技术、新产品在市场上的应用与推广。但消费信用的使用要与市场供应相结合，与企业生产能力、资金供应状况相结合，与个人收入水平相结合，否则可能引发过度消费、生产过剩甚至经济危机。

消费信用的主要形式有以下三种：

（1）分期付款，即销售单位以赊销方式向消费者提供的一种信用形式，多用于购买汽车、电视、计算机、手机、相机等耐用消费品。消费者按规定比例支付部分货款，就取得了该商品的使用权，然后按合同分期支付其余货款和利息，付清后取得该商品的所有权。

（2）消费信贷，即银行和其他金融机构直接以货币形式向消费者提供的以消费为目的的贷款，主要包括抵押贷款、信用贷款。消费者只需提供消费金额的少部分，大部分消费金额通过银行贷款获得。住房抵押贷款、汽车贷款、助学贷款等属于消费信贷。

（3）信用卡，即由发卡机构、银行和零售商联合起来对消费者提供的一种延期付款的消费信用。信用卡提供的是短期信用，规定一定的使用限额和期限，有一定免息期，主要用于日常零星购买。

（五）国际信用

国际信用是指国与国之间的企业、经济组织、金融机构及国际经济组织相互提供的各种信用形式。与国内信用相比，国际信用在规模、风险和复杂性等方面特点显著。国际信用关系中的授信方通常是资金实力较为雄厚的国际金融机构、跨国银行、跨国公司或发达国家政府，有充裕的资金来源；而受信者往往大多数是发展中国家、新兴市场国家，存在大额的资金需求，仅靠其国内信用筹资难以满足。由于涉及跨国、跨地区交易，授信者难以准确评估外国政府和企业资信，因此承受更高的信用风险、国家风险和外汇风险。同时，国际信用的程序、形式、工具以及动机也更复杂，如跨国公司从事海外直接投资，除了追求更高投资收益的动机，还可能是为了分散投资风险、规避母国监管或寻求避税地等。

国际信用体现的是国与国之间的债权债务关系，直接表现为资本在国际流动。其主要作用是促进商品进出口贸易、加快国际资本流动和国际结算。主要的国际信用形式包括出口信贷、国际银行信贷、国际金融机构贷款、国际租赁、国际资本市场业务等。

五、数字经济时代的信用体系

信用大数据时代已全面开启，数字技术如大数据和人工智能实现了"一切数据皆信用"。信用大数据广泛服务于各领域市场主体，并成为社会信用体系的核心构成。

（一）数字信用的含义

数字信用是指利用数字技术，通过对个人、企业或其他经济实体的相关数据进行处理和分析，得出信用评分或信用报告的一种新型的信用评估方法。

传统信用信息收集方式受限于数据的真实性与全面性，在大数据时代下，网络带来的海量复杂数据使大数据信用能够更全面、准确地评价主体信用状况。如表3-3所示，数字信用与传统信用的运行机制有很大差别。

表 3-3 数字信用与传统信用的比较

维度	传统信用	数字信用	运行机制的变化
适用范围	金融行业为主	金融、商业、工业及公共服务	扩大信用数据范畴
信贷模式	用实物抵押	以数据为凭据	从"抵押品"转向"信任机制"
可信性	抵押物标准化、可信性强	数据内容虚化、易造假	利用数字技术提高数据可信性
组织结构	阶层化，规范、授权	平台化、敏捷、赋能	在征信机构之外，更好地发挥平台的自主作用
效率与风险	高成本、低效率、低风险	自动化、数据化、可视化	在效率基础上妥善控制风险

（二）数字经济时代社会信用体系的建设

信用体系是一种以信用制度为核心，规范和管理信用主体之间的信用行为和信用准则，维护市场经济秩序、促进经济稳定与和谐发展的监督管理机制，是各种信用行为和信用形态的总和。

在数字经济时代，社会信用体系的建设和管理变得更加高效、科学。首先，网络和移动设备的普及，让数据收集和管理变得更加方便，智能化设备的广泛应用，使更多的数据源可以被采集到；其次，人工智能技术通过算法、模型等技术手段，可以方便快捷分析和解释数据，让社会信用评估更加公正、科学；再次，区块链技术的使用，可以确保数据的安全性和一致性，进一步提高信用体系的透明度和可信度，建立更为可靠的信用数据记录和交易记录。最后，政府、企业和社会组织的积极参与和合作，进一步推动了社会信用体系建设的进程。

复习思考题

一、单项选择题

1. 信用的基本特征是（　　）。
   A. 平等的价值交换
   B. 无条件的价值单方面让渡
   C. 以偿还为条件的价值单方面转移
   D. 无偿的赠与或援助

2. 商业信用的特点是（　　）。
   A. 主要用于解决企业的大额融资需求
   B. 商业信用的融资期限一般较短

C.商业信用周期较长，在银行信用出现后，企业就较少使用这种融资方式
D.商业信用的融资规模无局限性

3.商业信用的债权债务人是（　　）。
A.企业经营者　　　　　　　　B.银行或其他金融机构
C.国家政府和企业　　　　　　D.银行和企业

4.市场利率是指借贷市场上由（　　）而形成的利息率。
A.借方竞争　　　　　　　　　B.贷方竞争
C.借贷双方竞争　　　　　　　D.借贷双方自行定价

5.以下说法错误的是（　　）。
A.利率是衡量利息高低的指标　　B.法定利率能体现国家的政策意图
C.人们往往更关心名义利率　　　D.基准利率是利率体系的关键利率

6.从整个社会考察，利息率的最高界限是（　　）。
A.通货膨胀率　B.市场利率　C.官定利率　D.平均利润率

7.计算利息额时，按一定期限将所生利息加入本金再计算利息的计息方法是（　　）。
A.单利计息　　B.复利计息　　C.存款计息　　D.贷款计息

8.流动性偏好利率理论是指（　　）。
A.古典利率理论　　　　　　　B.凯恩斯学派的利率理论
C.新古典的利率理论　　　　　D.可贷资金的利率理论

9.下列各项中，不是互为倒数关系的是（　　）。
A.复利现值系数和复利终值系数
B.普通年金现值系数和普通年金终值系数
C.普通年金现值系数和投资回收系数
D.普通年金终值系数和偿债基金系数

二、多项选择题

1.信用是一种借贷行为，是以（　　）为条件的价值单方面运动。
A.偿还　　　　B.交换　　　C.赢利　　　D.付息

2.商业信用与银行信用相比，局限性主要表现在（　　）。
A.信用中介是企业　　　　　　B.受期限的限制
C.信用规模受企业资本数量限制　D.供求有严格的方向性

3.在下面决定利息率变动的因素中，能引起利息率上升的因素有（　　）。
A.社会平均利润率提高　　　　B.借贷期限短
C.市场资金供不应求　　　　　D.借贷风险增大

4.下列关于利息和利率的说法中，正确的有（　　）。

A.利息是占用资金所付出的代价

B.利息能够促进企业加强经济核算

C.利率取决于平均投资利润率的高低

D.利息是衡量资金时间价值的绝对尺度

E.利息和利率是以信用方式动员和筹集资金的动力

5.下列各项中，既有现值又有终值的有（　　）。

A.复利　　　　　　　B.普通年金　　　　　　C.预付年金

D.永续年金　　　　　E.递延年金

三、判断题

1.浮动利率是指在借贷期内随市场利率的变化而自由变化的利率。（　　）

2.在经济周期的危机阶段，由于生产过剩，商品积压，利率也下降。（　　）

3.利率对投资有重要的影响，利率越低越能激发投资热情。（　　）

4.在现实生活中，经常会出现利率随时间的延长而下降的趋势。（　　）

5.当商品交换出现延期支付、货币执行价值尺度职能时，信用就产生了。（　　）

四、简述题

1.试比较商业信用与银行信用的优劣。

2.如何看待消费信用？

3.利率在现代经济生活中作用是什么？

4.简述名义利率和实际利率的关系。

5.决定和影响利率水平的因素有哪些？

五、计算

1.某工厂现存入银行一笔款项，计划从第6年年末起每年从银行提取现金30 000元，连续8年，银行存款年利率为10%。试计算该工厂现在应存入的款项是多少。

2.某人向银行申请了一笔价值300 000美元的抵押贷款。银行要求他每年还款20 000元，还款期限为20年，试计算这笔贷款的到期收益率是多少。

六、调研与实践

调研主题：我国最新的存贷款利率表和2017年以来我国利率的调整情况。

调研目的：了解我国存贷款利率的调整变动情况，提升金融数据的收集处理和分析能力。

调研步骤：

（1）通过中国人民银行、国家统计局等网站查阅我国最新的存贷款利率表。

（2）通过中国人民银行、国家统计局等网站查阅相关统计数据，收集整理2017年以来我国基础利率的数据。

（3）利用Excel软件绘制利率变动趋势曲线。

（4）分析2017年以来利率调整变化的原因。

调研成果：完成1 000字左右的《中国2017年以来利率调整变化分析报告》。

Chapter

04

第四章

金融市场

- 货币市场
- 资本市场
- 金融衍生品市场

学习目标

素养目标
- 通过学习证券交易程序,培养诚信交易、德法兼修的职业素养。
- 通过学习金融衍生品的作用,增强风险管理意识,树立金融安全观。

知识目标
- 掌握货币市场和资本市场的含义及主要业务。
- 掌握股票和债券的含义及区别。
- 掌握证券投资基金市场的含义及分类。
- 掌握金融衍生品市场的含义及分类。

能力目标
- 能够搜集国内外主要的金融市场发展情况。
- 能够收集整理反映货币市场、资本市场及金融衍生品市场现状的信息。
- 能够运用证券模拟交易软件进行股票、债券及证券投资基金买卖交易。
- 能够运用金融衍生品工具模拟进行金融资产风险管理及投资。

思维导图

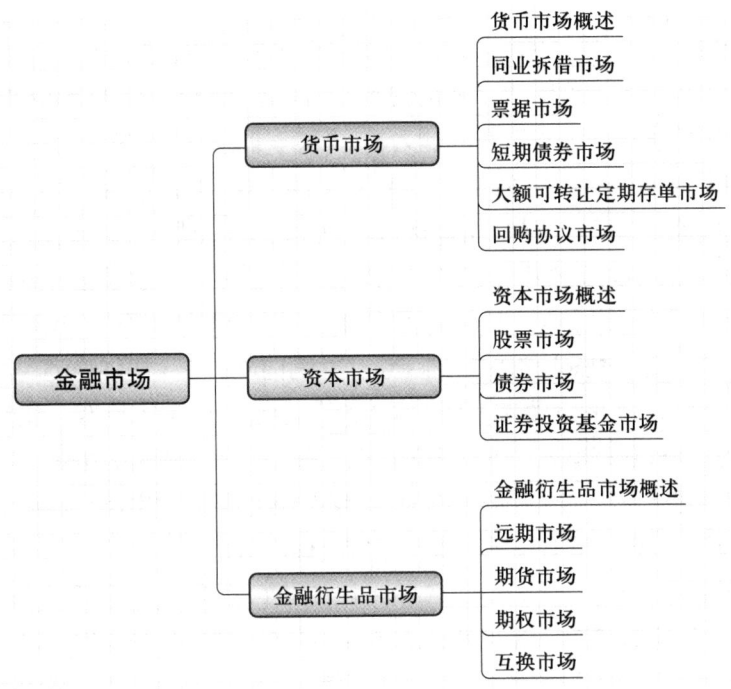

案例导入

新"国九条":引领中国资本市场高质量发展

在全球化背景下,资本市场作为国家经济发展的重要枢纽,承载着资源配置和风险管理的关键职能。中国资本市场凭借其庞大的规模和快速的发展,已成为全球经济舞台上不可忽视的力量。《关于加强监管防范风险推动资本市场高质量发展的若干意见》(以下简称新"国九条")颁布后,中国资本市场迈入了以规范、透明、开放、活力和韧性为核心的高质量发展新阶段。

2024年,中国资本市场在新"国九条"的引领下,展现出一系列积极变化。市场准入门槛的提高、交易监管的加强、退市制度的深化、投资者保护机制的完善,以及对国家战略服务的聚焦,共同构筑起一个更加稳健、高效的市场环境。特别是在IPO领域,新"国九条"通过提高上市标准、加强信息披露、优化交易机制等措施,确保了上市公司质量的整体提升,增强了市场的内在稳定性。同时,新"国九条"还强调资本市场的国际化发展,通过进一步开放市场、吸引外资,提升中国资本市场的全球竞争力。

受经济周期影响,2024年A股市场的IPO数量和融资额虽略有下降,但市场的整体质量和效率得到了显著提高。新股上市首日的平均涨幅、上市公司的行业分布,以及投资者的参与热情等信息,均反映出市场对新政策的积极响应和对未来发展的乐观预期。新"国九条"的实施,不仅为中国资本市场的参与者带来了新的机遇,也为全球资本市场的发展贡献了中国智慧和中国方案。随着新政策的深入实施,中国资本市场必将迎来更加繁荣和充满活力的未来,为促进国家经济的持续健康发展做出更大的贡献。

> 问题:
> 1. 资本市场是如何助力实体经济发展的?
> 2. 新"国九条"政策背景下,中国资本市场将如何走向高质量发展?

第一节 货币市场

一、货币市场概述

货币市场是以期限在一年及一年以内的金融资产为交易标的市场,主要包括同业拆借市场、票据市场、短期债券市场、大额可转让定期存单市场、回购协议市场。其主要具有以下三个特点:

(一)交易的金融工具流动性强、安全性高、收益率低

货币市场交易的金融工具期限在一年及一年以内。这些短期金融工具最短的交易期限只有半天,同时信用好,容易在市场上变现,因而流动性和安全性都较高,但相应的收益率较低。

(二)交易目的主要解决短期资金周转的需要

货币市场的活动主要是为了增强资金的流动性,以便随时可以获得现实的货币,因而货币市场的资金都是盈余方暂时的闲置资金,资金需求方在货币市场上筹集到的资金都是短期资金,用于短期资金的周转。

(三)交易者主要为机构投资者

货币市场的主要参与者是资信较高的机构投资者,主要包括商业银行、证券公司、基金管理公司等金融机构,其中又以商业银行为主。因而货币市场上交易的客户数量较少,单笔交易规模较大。

二、同业拆借市场

(一)同业拆借市场的含义

同业拆借市场,又称同业拆放市场,是指金融机构之间以货币借贷方式进行短期资金融通的市场。资金需求方向资金盈余方借入款项,称为资金拆入;资金盈余方向资金需求方借出款项,称为资金拆出。资金拆入大于资金拆出则为净拆入;反之则为净拆出。

目前,同业拆借市场所进行的短期资金融通不局限于弥补或调剂存款准备金头寸,已发展成为各金融机构弥补流动性不足和充分运用资金进行资产负债管理的重要市场。

(二)同业拆借市场的特点

1. 拆借主体的严格限制性

同业拆借市场的融资主体都是具有准入资格的金融机构(包括银行和其他批准的金融机构),而非金融机构(包括工商企业、政府部门和个人)和非指定的金融机构不能进入该市场。

2. 融资期限的短期性

同业拆借市场最初多为一日或几日的资金头寸临时调剂；目前同业拆借市场已成为各金融机构弥补短期资金不足的重要渠道，即短期融资市场。

3. 交易金额的大宗性和信用性

同业拆借市场上进行的资金融通没有交易额限制，通常为几百万元到几千万元不等。同时，交易双方一般也不需要担保、抵押或质押作为借贷条件，拆借的资金属于信用贷款，交易双方以自己的信用为担保，并严格遵守交易规则。

4. 交易方式的便捷性

同业拆借市场的交易者都在中央银行开立有存款账户，可以直接通过同业拆借系统报价下单，资金则通过各自在中央银行的存款账户自动划账清算；或者是借助资金交易中心撮合成交，并进行资金划账。不论采用哪种方式进行拆借，手续都比较简便，成交效率也很高。

5. 同业拆借利率的市场指导性

同业拆借的资金通常按日计息，利率可由交易双方协商，讨价还价，最后成交。由于拆借利率每日都不同，其变动可以很好地反映信贷市场上资金供求状况。同业拆借利率是一种市场利率，能对其他利率的形成指导并为货币政策的制定提供参考。

动画：什么是Shibor?

（三）同业拆借市场的主要类型

1. 按照同业拆借的资金用途划分

按照同业拆借的资金用途划分，可分为头寸拆借和同业拆借。

头寸拆借，是指金融同业间为了轧平头寸、补足准备金或减少超额准备金所进行的临时性资金融通活动；同业借贷则是在银行等金融机构出现临时性或季节性资金盈缺的情况下进行的资金融通，用于业务的经营，这种拆借的资金通常期限不固定，可随时拆出、随时偿还。

2. 按照同业拆借的期限划分

按照同业拆借的期限划分，可分为半日期拆借、隔夜拆借、指定日期拆借和无条件拆借。

半日期拆借是指必须在成交当天进行资金结算和偿还的拆借；隔夜拆借则是当天资金清算前拆入，次日资金清算前偿还，是同业拆借市场的主要业务形式；指定日期拆借是指明确规定日期进行清算的拆借，一般为 7 日以内的拆借，也有长至 30 天以内甚至 30 天以上的拆借，而且不得中途解约和后延；无条件拆借是期限较自由的拆借方式，一般当日借次日还，但如果拆借双方都不发出要求收回或返还的通知，交易就可自动延续，一直可顺延至第 7 天。顺延期间，如果借方或贷方要求返还或收回资金，要在当天向对方发出通知，次日进行清算。

三、票据市场

票据是在商品或资金流通过程中，反映债权债务关系的设立、转让和清偿的一种信用工具，进行票据交易的市场就是票据市场。票据市场是以各种票据作为交易媒介进行资金融通的市场，主要包括票据承兑和票据贴现两大市场。

（一）票据的含义与分类

票据是由出票人签发、约定自己或委托他人于票据到期日向收款人支付票据金额的有价证券，包括汇票、本票和支票三种。

1. 汇票

汇票是由出票人签发的，委托付款人在见票时或者在指定日期无条件支付一定金额给收款人或持票人的一种票据。

按照出票人的不同，汇票分为银行汇票和商业汇票。银行汇票是一家银行向另一家银行签发的无条件支付命令，出票人和付款人都是银行；商业汇票则是由企业或其他经济组织签发的汇票。

2. 本票

本票是由出票人签发的承诺自己在见票时无条件支付确定金额给收款人或持票人的票据。本票的出票人就是付款人，所以本票不需要承兑。

本票按照出票主体的不同，分为银行本票和商业本票。银行本票的出票人是银行，商业本票的出票人为工商企业。商业本票的风险较高，我国禁止工商企业开立本票。通常所说的本票是指银行本票。

3. 支票

支票是出票人签发的委托办理支票存款业务的银行或其他金融机构在见票时无条件支付确定金额给收款人或持票人的票据。

（二）票据承兑市场

承兑，即承诺兑现，指汇票付款人在汇票到期前，按照票据载明事项，在票面上做出承诺付款并签章的行为。支票和本票不需要承兑。汇票的出票人不是付款人，所以汇票需要付款人承兑。在未征得付款人同意之前，票据的债权债务关系尚未建立，只有经过承兑后的汇票才是市场上合法的金融票据。

不论是商业汇票还是银行汇票，都需要付款人进行承兑。相对而言，银行汇票由于付款和承兑主体是银行，风险相较于商业汇票更低。商业汇票根据承兑人不同又可以分为银行承兑汇票和商业承兑汇票。银行承兑汇票是由工商企业签发的，且承兑人是银行的商业汇票；而商业承兑汇票则是由工商企业签发的，承兑人也是工商企业的商业汇票。由于银行信用整体会比工商企业信用优质，因而商业汇票中，银行承兑汇票的风险相对较低，使用也更广泛。

汇票承兑在我国主要在商业银行办理，但在国外，除商业银行可以办理该业务外，还有专门办理承兑业务的金融机构，如英国的票据承兑所。

（三）票据贴现市场

1. 票据贴现行为

票据贴现行为包括贴现、转贴现和再贴现三种，如图4-1所示。

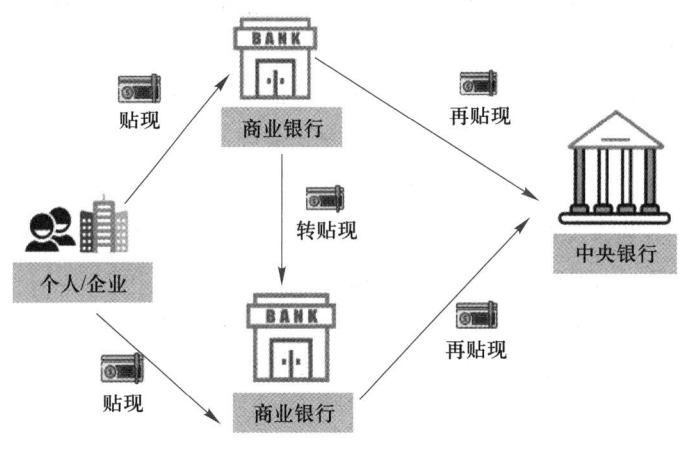

图4-1 票据贴现行为

（1）贴现是指票据持有人将未到期的票据转让给银行，银行扣除贴现利息后，将余款付给持票人的行为。

（2）转贴现是指商业银行将已贴现但未到期的票据，再向其他银行办理贴现的票据转让行为，是银行之间的短期资金融通。

（3）再贴现是指商业银行将已贴现但未到期的票据再转让给中央银行的票据转让行为。再贴现也是商业银行融通短期资金的一种方式，但与转贴现相比，再贴现除了具备短期资金融通功能，还具有政策调控的功能。

2. 贴现金额的计算

贴现、转贴现和再贴现虽为三种不同的贴现行为，但其本质是一致的，都是贴现未到期的票据，在扣除利息后提前取得一定的票据金额。因而，三种贴现金额的计算规则和公式都是一致的。

贴现利息 = 贴现额 × 贴现期 ×（年贴现率/360）

实付贴现金额 = 贴现额 − 贴现利息

其中，贴现额是用以计算实付贴现金额的基数，一般按票据的票面金额核定；贴现期（未到期天数）是从发放贴现票款之日起至该贴现票据到期日为止的期限；贴现率是指贴息（票据贴现时扣除的自贴息日起至票据到期日止的利息，是贴现提前取得票据资金的成本）与票面金额的比率。

需要注意的是，计算贴现天数时，起始日与到期日这两日只计算一日，如票据期限是6月1日到12月31日，申请贴现日为11月10日，则贴现期为

51天。

例如，某企业欲将3月1日签发的、到期日5月31日、面额为100 000元的银行承兑汇票于4月16日去银行进行贴现，银行按照8%的年贴现率贴现，请问贴现利息和实付贴现金额为多少？

根据题目信息，贴现期为45天，则有：

贴现利息 =100 000×45×（8%/360）=1 000（元）；

实付贴现金额 =100 000–1 000=99 000（元）。

思考与实践

某企业欲将4月15日签发的、到期日8月15日的、面额为200 000元的银行承兑汇票于7月8日去银行进行贴现，银行按照7%的年贴现率贴现，请问贴现利息和实付贴现金额为多少？

金融观察

我国票据市场发展稳中有增，支持实体经济持续发力

2024年，面对内外部环境复杂多变的挑战，我国票据市场充分发挥了服务实体经济的融资功能，特别是在解决中小微企业融资难题、降低企业融资成本方面成效显著，展现了中国特色现代金融体系服务国家发展大局和人民根本利益的制度优势。

一方面，票据市场运行稳健，助力融资降本提效。2024年，票据市场持续适应《商业汇票承兑、贴现与再贴现管理办法》所确立的规范要求，业务规模稳步扩大。全年企业累计签发商业汇票38.3万亿元，同比增长22.2%；票据承兑余额较上年末增加1.5万亿元，整体反映出票据在支持短期流动性融资方面的作用。利率方面，票据融资加权平均利率持续下行，2024年12月降至1.02%，同比下降0.45%，显著低于企业贷款加权平均利率（3.34%）和一般贷款加权平均利率（3.82%），充分体现出票据在降低融资成本、提高资金使用效率方面的优势。

另一方面，票据市场结构优化，增强服务中小微企业韧性。2024年由中小微企业签发的银行承兑汇票占比达到74.6%，较上年提升5%，金融资源进一步向民营经济和中小微企业倾斜。随着融资利率下行和业务便捷性的提升，票据融资日益成为中小微企业补充流动资金、稳定经营发展的重要手段。

在稳增长、扩内需、促就业的目标引导下，票据的广覆盖、低成本和高效率，切实增强了金融对经济发展内生动力的支持能力，彰显了金融体系"服务实体、服务民生"的根本宗旨。

四、短期债券市场

短期债券市场的交易对象主要包括国库券和短期企业债券,这两种债券都具有较强的安全性和流动性,收益率也较稳定。

(一)国库券市场

国库券是政府为满足短期融资需要而发行的可流通短期债券凭证,期限一般在1年以内,品种一般可分为3个月、6个月、9个月及1年期四种,各国的面额起点不一。国库券市场的活动包括国库券的发行与流通。

1. 国库券的发行

国库券一般采用贴现发行,发行价格低于国库券面值,二者的差价即为投资者的利息收益。国库券的发行方式通常包括承购包销和公开招标两种。

(1)承购包销是指发行国库券时,先由承销团认购国库券,再由他们将国库券出售给投资者。这种发行方式效率高,但由于发行人需要向承销机构支付一定的承销费和手续费,发行成本较高,故而当前采用不多。

(2)公开招标是指政府向公众公布计划发行国库券的期限、数额等信息,邀请有资格参加投标的机构前来投标,分为竞争性投标和非竞争性投标两种。竞争性投标是投标者在标书中列明购买的价格和数量,若出价太低则丧失购买机会,若出价太高则购买成本增加,因而风险较高;非竞争性投标则是投标者在投标书中表明参加非竞争性投标,不需要报出投标价格,而以竞争性投标者的平均价格作为买入价格,风险相对较低,但对购买数量有一定的限制。

2. 国库券的流通

在国库券的流通市场上,参与者有商业银行、证券交易商、企业和个人投资者,流通方式有到期前贴现转让、二级市场转售及到期兑现三种。此外,中央银行也会在国库券流通市场上进行公开市场操作,通过买卖国库券实现政策调控的目的。

(二)短期企业债券市场

短期企业债券是指工商企业为了筹集临时性周转资金,在银行间债券市场发行的偿还期限在1年以内的债务融资工具。与国库券相比,短期企业债券的风险相对高一些,因而短期企业债券的发行者资质规定严格,须经金融当局审批。短期企业债券的期限相对也较短,一般是4至6个月,最长不超过1年。短期企业债券在发行和交易方面与国库券相似,通常也是贴现发行和交易,但其收益率相对高一些。

五、大额可转让定期存单市场

大额可转让定期存单(Negotiable Certificate of Deposit,CDs)是银行发行的一种定期存款凭证,凭证上印有一定的票面金额、存入日期、到期日和利率，到期时可按票面金额和规定利率提取全部本利；到期前可在二级市场流通转让。

（一）CDs 与普通定期存单的对比

CDs 与普通定期存单主要存在以下方面的区别，如表 4-1 所示。

表 4-1　CDs 与普通定期存单的区别

CDs	普通定期存单
不记名，不挂失	记名，可挂失
金额固定，按标准单位发行；面额较大，有最低限制	金额不固定，大小不等，可以有零数
允许流通转让，但不能提前支取	不可流通转让，提前支取会损失利息
固定利率和浮动利率两种计息方式	只有固定利率一种计息方式
期限较短，一般为 3 个月、6 个月、9 个月和 1 年	期限一般为 1 年以上

（二）CDs 的发行与流通

1. CDs 的发行

CDs 一般采用直接发行的方式，由发行银行直接将存单出售给投资者，而无须借助于交易商。其发行人主要是大银行，发行价格一般与面额相等，即按面额平价发行，票面利率高低取决于发行银行的信用级别、存单期限和面额、货币市场其他工具利率情况、监管当局利率政策限制等因素。

2. CDs 的流通

在 CDs 二级市场上，投资者根据其投资需要，随时可以买进存单，进行投资。需要用款时，投资者也可以随时在市场上卖出，取得现金，对投资者闲置资金的利用和资金的周转都比较方便。CDs 在二级市场上流通时，一般需要交易商作为中介。

动画：我国大额可转让定期存单的发展历程

> **思考与实践**
>
> 如何理解大额可转让定期存单是一种银行定期存款与短期债券相结合的产物？

六、回购协议市场

（一）回购协议概述

回购协议是在出售证券的同时与证券购买者签订的承诺在指定日期按约定价格购回所卖证券的协议。一般来说，回购协议交易的对象主要是可转让大额

动画：轻松了解回购协议

存单、商业票据、国库券、政府中长期债券和其他担保债券等，约定购回的期限在1年以内。签署回购协议是一种买卖行为，但实际上是以证券为抵押的借款，是买方向卖方提供短期融资的一种方式。

(二) 回购协议市场的特点

回购协议市场是指通过回购协议进行短期资金融通的市场，具有以下特点：

1. 流动性强

回购协议多以短期为主，如上海证券交易所公布的债券回购交易品种主要有1天、2天、3天、4天、7天、14天、28天、91天和182天9个品种；全国银行同业拆借中心公布的回购品种中，质押式回购协议的最长期限为9个月，买断式回购协议的最长期限为4个月。

2. 安全性高

回购协议交易期限短，能较快收回资金，加上有等值的证券作为抵押或质押，即使对方违约，投资方也能通过变现证券收回资金。

3. 融资成本低

回购协议有优质证券作为担保，其利息一般低于同业拆借利率，而且对银行而言，通过回购协议融通的资金，不需要缴纳存款准备金和存款保险费，是一种低成本的融资方式。

(三) 回购协议市场的参与者

回购协议市场的参与者包括银行、证券公司等非银行金融中介、企业和中央银行。银行和金融中介是主要的回购协议出售方，目的是获得短期资金融通；回购协议购买方主要是企业，目的是有效利用闲置资金获取收益；中央银行参与回购协议交易的目的则主要是进行宏观调控。

第二节　资本市场

一、资本市场概述

资本市场是指期限在1年以上的金融资产交易的市场，是股票、债券、证券投资基金等有价证券的发行和交易的场所。资本市场有广义和狭义之分，广义的资本市场包括证券市场和银行中长期信贷市场；狭义的资本市场仅指证券市场。随着金融市场的不断完善，证券市场在金融市场中的地位越来越重要，因此，本节所介绍的资本市场主要是指狭义的资本市场，包括股票市场、债券市场和证券投资基金市场。

二、股票市场

（一）股票概述

1. 股票的含义

股票是股份公司为筹集资金，按照法定程序发行给股东作为持股凭证并借以获得相应的权利和承担相关义务的凭证。股份公司的资本划分为若干等额的股份，股票是股份的基本表现形式，每股股票都代表股东对企业拥有一个单位的所有权，同种类的每一股份拥有同等权利和义务。从本质上来看，股票是一种所有权凭证，代表股东对股份公司的所有权。

2. 股票的分类

（1）按照股东享有权利的不同，分为普通股和优先股。

① 普通股是指在公司的经营管理和财产、盈余的分配上享有权利的股票，是各种股票类型中最基本、最重要也是发行量最大的一种股票。普通股股东获得的股利不是事先约定的，而是根据公司的运营情况和股利分配政策来确定的；在公司破产清算时，公司资产在偿还完工资、税款、债务和优先股股利后还有剩余资产时，普通股股东对该剩余资产具有清偿权。

② 优先股是相对普通股而言的，优先股股东的"优先权"表现在红利的分配和剩余财产追偿权两方面。在公司进行利润分配时，优先股股东先于普通股股东领取股息，且股息一般是购买时就规定好的。在公司破产清算时，优先股股东的剩余财产追偿权在债权人之后、普通股东之前。优先股收益相对比较固定，风险相对也比较低。但优先股股东没有参与公司经营的权利，这也是和普通股股东较大的一个区别。

（2）按照股票有无票面金额，分为面额股票和无面额股票。

① 面额股票是指在股票票面或在招股书中载明每股股票所代表金额的股票。对同一家公司而言，每一股股票的票面金额必须相等。我国大部分股票的票面金额均为1元，个别公司股票面额金额有例外。

② 无面额股票也被称为"比例股票"或"份额股票"，是指在股票票面上或在招股书中不记载股票面额，只注明它在公司总股本中所占比例的股票。无面额股票的价值随股份公司净资产和预期未来收益的增减而相应增减。当前大部分国家都不允许发行这种股票。

（3）按照股票是否记名，分为记名股票和不记名股票。

① 记名股票是指在股票票面上和股东名册上要注明股东姓名的股票。这类股票安全性高，可以挂失，但转让手续繁琐，在转让买卖时需要办理过户手续。

② 不记名股票是指在股票票面上和股东名册上均不记载股东姓名的股票，也称无记名股票，其优点是转让方便，不需要办理过户手续，但股票一旦遗失

或被盗，无法挂失。

（4）按照投资主体性质的不同，分为国家股、法人股和社会公众股。

① 国家股是指有权代表国家投资的部门或机构以国有资产向公司投资形成的股份，包括以公司现有国有资产折算成的股份。

② 法人股是指企业法人或具有法人资格的事业单位和社会团体以其依法可支配的资产投入公司形成的非上市流通的股份。

③ 社会公众股是指股份公司采用募集方式设立时向社会公众（非公司内部职工）募集的股份，也是指社会公众依法以其拥有的财产投入公司时形成的可上市流通的股份。

（5）按照股票发行地及交易币种的不同，分为 A 股、B 股、H 股等。

① A 股是用人民币标明面值，由我国境内公司发行，在境内发行上市，供境内机构、组织和个人（不含港澳台投资者）用人民币认购和交易的普通股股票。

② B 股是用人民币标明面值，由境内公司在境内发行，在境内的证券交易所上市，以外币认购和买卖的股票。它的投资人包括外国的自然人、法人和其他组织，港澳台的自然人、法人和其他组织，定居在国外的中国居民，境内个人投资者和中国证券监督管理委员会规定的其他投资人。

③ H 股是由境内公司发行，在香港上市交易，用港元标价及交易的股票。

（二）股票的发行市场

股票的发行市场又称一级市场或初级市场，是通过发行股票筹集资金的市场。股份公司通过发行市场采用直接或通过中介机构的方式向投资者出售新发行的股票，从而将社会上分散的资金转化为公司股本。

1. 股票的发行制度

股票发行的制度主要有两种，分别是注册制和核准制。

（1）注册制是指企业进行股票发行时，将各种资料完全、准确地向证券主管机关呈报并申请注册。证券监管机构的职责是对申报文件的全面性、准确性、真实性和及时性做形式审查，不对发行人的资质进行实质性审核和价值判断。因此证券监管机构并不禁止质量差、风险高的股票上市，股票的价值交由市场来决定，这有助于培养投资者的风险意识，提高整个市场的运作效率。在欧美等许多市场，注册制已成为证券发行制度的法定选择。我国几大股票板块中，创业板和科创板开始实行注册制，其他板块也在向注册制方向改革推进。

（2）核准制是指股票发行人在申请发行股票时，不仅要履行信息披露义务，还必须符合法律规定股票发行的条件并接受政府证券监管机构的监管，证券监管机构有权对股票发行人资格及其所发行的股票做出审查决定的制度。核准制遵循的是强制性信息公开披露和合规性管理相结合的原则。实行核准制的国家主要是发展中国家。我国除了科创板和创业板，其他板块的股票发行还是采用核准制。

2. 股票的发行方式分类

（1）按照发行对象的不同，分为公募发行和私募发行。

① 公募发行是发行人向不特定社会公众广泛地发售股票的方式。其特点是以众多投资者为发行对象，筹资潜力大；持券范围较分散，可以避免股票被少数人操纵；可以上市流通，具有较高的流动性；需要办理注册审批手续；大多数是委托发行，发行费用较高。公募发行具有筹资时间短、风险小、有利于股权分散的优点，但手续复杂，发行费用较高，程序复杂，登记核准时间较长。

② 私募发行是面向少数特定投资人发行证券的行为，又称不公开发行或内部发行。私募发行的对象明确，一类是个人投资者，如公司股东或公司内部员工等；另一类是机构投资者，如大的金融机构或与发行人有密切往来关系的企业等。私募发行具有手续简便、发行费用较低等优点。但私募发行的投资主体比较集中，加上私募发行的股票一般不允许上市流通，这使得私募发行具有筹资时间长、股权集中、流通性较差等缺点。

（2）按照发行目的的不同，分为筹资发行和增资发行。

① 筹资发行是指为新设立的公司发行股票筹集资金。筹资发行是新设立公司首次发行股票的行为，发起人需要拟定公司章程，经律师、会计师审查，并对外公布，同时报经主管机关审查合格准予注册登记，在法律上取得独立的法人资格后，方可向社会发行股票。

② 增资发行则是已成立的股份公司为增资扩股而发行股票，是公司为达到增加资金的目的而发行股票的行为。

（3）按照发行者销售股票方式的不同，分为直接发行和间接发行。

① 直接发行是由发行者直接向投资者发行和销售股票的行为。直接发行的优点在于不需要聘请中介机构，不需要支付承销费用，环节少、手续简便、发行费用低，但往往发行者经验不足，会导致发行时间较长、发行难度大、成功率较低。

② 间接发行是发行公司委托承销机构发行和出售股票的行为。承销机构一般通过代销、助销和包销三种方式发行股票。其中，代销是承销机构按照双方签订的协议代为发售股票，若在规定的期限内，承销机构没有将全部新股发售出去，则剩余部分退还给公司；助销也称余额包销，是承销机构与股票发行人签订承销合同，保证当股票不能全部承销出去时，对于未出售的部分，将由承销商全部买下；包销是承销机构把待发行的股票全部买下，然后再向社会公众出售。

(4)按照股票发行价格的不同,分为平价发行、溢价发行和折价发行。

平价发行是股票的发行价格与票面价格相同的行为;溢价发行是股票的发行价格高于票面价格的行为;折价发行是股票的发行价格低于票面价格的行为。我国法律规定股票发行价格可以按票面价格,也可以超过票面价格,但不得低于票面价格。

知识链接

股票不同价格的含义

有关股票的价格有多种提法,它们在不同场合有不同含义,具体包括以下六种:

票面价格,又称股票票面价值,是股份公司在所发行的股票票面上标明的票面金额,它以"元/股"为单位,其作用是表明每一张股票所包含的资本数额。

发行价格,是指股份公司发行股票时所确定的股票发售价格。此价格多由承销银团和发行人根据市场情况协商确定。

账面价格,又被称股票净值或每股净资产,在没有优先股的条件下,每股账面价格等于公司净资产除以发行在外的普通股票的股数。

内在价格即理论价格,是在某一时刻股票的真正价值,也是股票的投资价值。计算股票的内在价格需用折现法,较难计算,在实际应用中,一般都是取预测值。

市场价格,又称股票的市值,指股票在交易过程中交易双方达成的成交价。

清算价格,是公司清算时每一股份所代表的实际价值。

3. 股票发行市场的参与者

股票发行市场的参与者主要有三类:股票发行公司、股票承销商和股票认购者。股票发行公司是指通过发行股票筹集资金的股份公司。股票承销商是指为股票的发行、交易提供服务的机构,在我国此类机构是证券公司。股票认购者即新股的购买者,包括个人投资者和机构投资者。目前,国内市场的机构投资者主要包括证券公司、保险公司、证券投资基金、财务公司、信托公司、合格境外机构投资者。

(三)股票流通市场

股票流通市场又称二级市场或次级市场,是投资者对已经发行的股票进行买卖的场所。

1. 股票流通市场的构成

（1）场内市场是指专门的、有组织的、有固定地点的股票集中交易场所，即证券交易所。大部分国家的股票都在证券交易所内进行交易。证券交易所的交易均实行代理制，即普通投资者和没有席位的证券商都不能在交易所内进行直接交易，而必须委托取得会员资格的经纪人代其在交易所内买卖证券。

我国内地有三家证券交易所，分别是上海证券交易所（1990年11月26日成立）、深圳证券交易所（1990年12月1日成立）和北京证券交易所（2021年9月3日成立），其中，上海证券交易所和深圳证券交易所历经30余年的发展，其市值在全球证券交易所中排前十位。

数字金融创新

程序化交易推动证券交易模式变革

程序化交易是根据预先设定的交易模型和规则买卖信号，当信号条件被触发时，由计算机瞬间自动执行买卖指令，实现自动下单的一种新兴交易方式。程序化交易与大数据、互联网和人工智能相结合，有利于从海量金融数据中发掘投资机会，总结交易规律，制定最优交易决策并快速执行，从而实现系统化、智能化的金融交易和资产管理。程序化交易策略流程如图4-2所示，其优势是根据规则自动交易，有利于克服人性的弱点；采用机械化的交易，可以突破人的生理极限，大幅度提高投资效率；运用系统性的交易、资金管理和仓位管理，有利于投资的组合优化管理和风险控制。

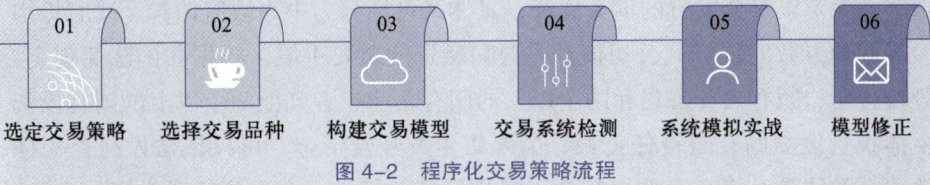

图4-2 程序化交易策略流程

但程序化交易是根据历史经验开发出来的，经济形势和金融市场瞬息万变，市场也不会简单重复，程序化交易也不可避免地存在预期偏差的风险。同时，程序化交易采用批量化交易，可能会导致市场波动引发羊群效应，从而导致系统性崩溃。因此，程序化交易策略在投入使用后，需要专人密切跟踪运行情况，及时优化调整，以达到最佳投资效果。可以预见的是，随着大数据技术的不断发展，程序化交易的市场应用也将不断开拓。

（2）场外市场是相对场内市场而言的，凡是在股票交易所以外进行的各种股票交易活动都可称为场外交易。场外交易市场没有集中的交易场所，交易通过通信网络进行。交易对象既包括已经上市的股票，也有未上市的股票，其中以未上市股票为主。股票的交易可以通过经纪人或交易商完成，也可以由投资者直接进行，交易价格由双方协商而定，因而交易费用相对场内交易要低一些，很多大宗股票交易会选择在场外市场进行。场外市场具体划分为柜台市场、第三市场和第四市场，柜台市场是场外市场的主要形式。随着计算机和网络技术的发展，柜台交易也在不断地改进，其效率已和场内交易不相上下。

2. 股票场内交易程序

投资者买卖股票不能在场内市场直接进行，只能通过证券公司进行，通常包括开立股票账户、委托买卖股票和交割成交股票三大程序，具体有开立账户、实施委托、竞价成交、清算、交割与过户等环节。

三、债券市场

（一）债券的含义

债券是发行人按照法定程序发行，并约定在一定期限内还本付息的债务凭证，上面载明债券发行机构的名称、面额、期限和利率等事项。债券是一种债权债务凭证，持有债券方是公司的债权人，但不是所有者，这一点与股票具有本质上的区别。债权人享有获得利息和到期收回本金的权利，但没有参与公司经营的权利。

（二）债券的分类

1. 按照发行主体的不同划分

按照发行主体的不同，分为政府债券、公司债券和金融债券。政府债券是指政府为筹集资金发行的债务凭证，具体又可细分为中央政府债券、政府机构债券和地方政府债券；公司债券是公司融资的重要手段，根据我国法律规定，股份公司、国有独资公司和两个以上的国有企业或者其他两个以上的国有投资主体投资设立的有限责任公司，为筹集生产经营资金，可以依法发行公司债券；金融债券是银行及非银行金融机构发行的债券，金融机构通常资信良好，其发行的债券安全性和流动性也会更高一些，深得投资者的青睐。

2. 按照付息方式的不同划分

按照付息方式的不同，分为零息债券、附息债券和息票累积债券。零息债券是指在债券存续期间内不支付利息，投资者以低于面值的价格购买，到期时按面值偿还，投资者的收益是债券面值与购买价格的差额；附息债券是平价发行的、分期计息的债券，债券上附有息票，标明利息额、支付利息的期限等内容；息票累积债券也称为一次性还本付息债券，与附息债券相似，这类债券也规定了票面利率，但是债券持有人必须在债券到期时一次性获得本息，存续期间没有利息支付。

3. 按照计息方式的不同划分

按照计息方式的不同，分为固定利率债券和浮动利率债券。固定利率债券是指债券利率在债券存续期内固定不变的债券；浮动利率债券是指票面利率是随市场利率或通货膨胀率的变动而相应调整的债券。浮动利率债券的利率通常根据市场基准利率加上一定的利差来确定。

4. 按照偿还期限的不同划分

按照偿还期限的不同，分为短期债券、中期债券和长期债券。短期债券通常是指期限在 1 年以内的债券；中期债券是指期限在 1 年到 10 年内的债券；长期债券则是期限在 10 年以上的债券。

5. 按照形态的不同划分

按照形态的不同，分为实物债券、凭证式债券和记账式债券。实物债券又称无记名债券，是一种具有标准格式实物券体的债券，在票面上通常标明债券面额、发行人名称、债券期限、债券利率和还本付息等信息，由于发行成本比较高，目前较少见；凭证式债券是债权人认购债券的一种收款凭证；记账式债券是无实物形态的债券，只在计算机账户中做记录，可以上市流通，安全性高。

（三）债券的发行市场

债券的发行市场是债券发行单位为了筹集资金初次向社会出售新债券的市场，参与主体包括发行者、投资者、中介机构和管理者等。

1. 债券发行条件

债券发行条件是指债券发行人在以债券形式筹集资金时所涉及的各项条款和规定，包括发行金额、期限、偿还方式、票面利率、付息方式、发行价格、收益率、税收效应、发行费用及有无担保等。

2. 债券发行的信用评级

债券信用评级是指专门从事信用评级的机构通过一定的程序，根据科学的指标体系，对拟发行债券的偿还能力、风险程度及资信情况进行客观公正的评级。

当前国际上公认的信用评级结果主要由标准普尔公司和穆迪投资者服务公司提供。标准普尔公司的信用等级有：AAA、AA、A、BBB、BB、B、CCC、CC、C、D 共十个等级。信用级别由高到低，其中 AAA 信用级别最高。AAA、AA、A、BBB 属于投资级，没有信用风险或风险较小，其他等级属于投机级。穆迪投资者服务公司的信用等级有 Aaa、Aa、A、Baa、Ba、B、Caa、Ca、C 共九个等级，Aaa、Aa、A、Baa 为投资级，风险较低，其他等级属于投机级。

> **知识链接**
>
> **全球最具权威性的信用评级机构**
>
> 全球知名的信用评级机构主要有以下三家:
>
> 标准普尔公司(Standard & Poor's, S&P):是全球权威金融分析机构之一,总部位于美国纽约。标准普尔公司提供多元化金融服务,包括著名的标准普尔500指数。
>
> 穆迪投资者服务公司(Moody's Investors Service):最初对铁路债券进行信用评级,后来扩展到其他类型的债券。穆迪投资者服务公司总部设在美国纽约,其股票在纽约证券交易所上市。
>
> 惠誉国际(Fitch Ratings):是全球三大国际评级机构之一,是唯一的欧资国际评级机构,总部设在纽约和伦敦。
>
> 这三家机构被广泛认为是全球最具权威性的信用评级机构,它们提供的评级结果对全球金融市场有着深远的影响。

（四）债券的流通市场

债券的流通市场是指已发行的债券在到期前进行转让、买卖的市场。与股票流通市场相似,债券的流通市场也分为场内市场和场外市场。

（1）场内市场即证券交易所,取得上市资格的公司债券和上市国债可以在证券交易所交易。参与债券场内交易的主体包括证券公司、保险公司、基金管理公司、财务公司等金融机构以及企业和个人。债券的流通市场的交易机制与股票交易机制相似,采用公开竞价方式进行。

（2）上市债券比非上市债券少很多,所以大量的债券是在交易所以外的场所进行交易的,也就是场外市场。相比较于股票市场,债券的场外市场更加重要,很多不满足上市条件的债券都在场外市场进行交易。在我国,债券交易的场外市场主要指银行间债券市场。

四、证券投资基金市场

（一）证券投资基金的含义与特征

1. 证券投资基金的含义

证券投资基金是投资基金的一种类型,是指通过发售基金份额,将投资者分散的资金集中起来,由基金托管人控制和保管,由基金管理人提供资金运作方案,分散投资于股票、债券和其他金融资产,并将投资收益分配给基金持有人的集合投资方式。

2. 证券投资基金的特征

（1）集合投资，专业管理。证券投资基金是一种集合投资方式，通过向投资人发行基金份额，将众多投资者的资金集中起来，委托基金管理人进行管理和运作，既可以发挥资金集中的优势，降低投资成本，又可以通过基金管理人专业化的管理服务，获得更高的收益。

（2）组合投资，分散风险。证券投资基金在投资过程中通过构建科学的投资组合，实行分散化投资，有利于降低投资风险。

（3）利益共享、风险共担。证券投资基金持有人根据其持有基金单位或份额的多少，分配基金投资的收益或承担基金投资的风险。

（4）制衡机制，规范运作。证券投资基金在运作时形成了投资人、管理人和托管人三方制衡的运行机制，即投资人拥有所有权，管理人管理和运作基金，托管人保管基金资产，三方当事人相互监督、相互制衡，有利于规范基金的运作，保护投资者的权益。

（5）严格监管，信息透明。基金监管机构对证券投资基金实行严格监管，强制基金进行及时、准确、充分的信息披露，严厉打击有损于投资者利益的行为。

（二）证券投资基金的分类

证券投资基金依据不同的划分标准，可以有以下分类，如表4-2所示。

表4-2 证券投资基金的类型

分类标准	类型	含义
组织形式	公司型基金	具有共同投资目标的投资者依据公司法成立的以营利为目的股份制投资公司将公司资产用于投资有价证券的证券投资基金
	契约型基金	依据一定的信托关系而成立的基金类型，一般由基金管理公司、基金托管机构和投资者三方通过投资契约建立
运作方式	封闭式基金	基金在事先确定发行总额和存续期限，在存续期内基金规模不变，且在规定的存续期内投资者不能向基金管理公司提出赎回，但基金可以在依法设立的证券交易所交易的一种基金类型
	开放式基金	基金发行总额不固定，可以无限地向投资者追加发行份额，而且基金没有固定的存续期，投资者可以根据需要随时申购和赎回基金份额的一种基金类型
基金投资对象	股票基金	以上市股票为投资对象的证券投资基金
	债券基金	以各种国债、金融债及企业债为投资对象的证券投资基金

续表

分类标准	类型	含义
基金投资对象	货币市场基金	以大额可转让定期存单、商业票据等货币市场工具为投资对象的证券投资基金
	混合基金	以股票和债券等作为投资对象的证券投资基金
风险与收益	成长型基金	以资本的长期增值和盈利为投资目标，以具备良好增长潜力的小公司股票和一些新兴行业的股票为投资对象的证券投资基金。适合高风险偏好投资者
	收入型基金	以追求当前高收入为基本目标，以能带来稳定收入的证券为投资对象的证券投资基金。适合低风险偏好投资者
	平衡型基金	兼顾当期收入和收益长期增长为目标，以债券、优先股和部分普通股为投资对象的证券投资基金。适合中性风险偏好投资者

（三）证券投资基金市场的参与者

1. 基金投资者

基金投资者是证券投资基金的实际持有人。投资者通过投入资金购买基金份额，对基金资产享有资产所有权、收益分配权和剩余资产分配权，并承担相应的投资风险。

2. 基金发起人

基金发起人是指设立和拟设立基金，负责基金筹建工作，并在基金筹建中享受权利和承担义务的机构。我国的基金发起人主要包括证券公司、信托投资公司、基金管理公司。基金发起人按照法律程序设立和发行基金，募集资金，选聘基金管理人和基金托管人。

3. 基金管理人

基金管理人是指负责基金的具体投资操作和日常管理的基金管理机构，在我国主要由基金管理公司担任。基金管理人凭借专业知识，运用基金资产进行各种投资活动，为投资者赚取投资收益。

4. 基金托管人

基金托管人，又称证券投资基金保管人，是证券投资基金的名义持有人与保管人，是负责对证券投资基金资金进行保管的机构，一般是商业银行。为避免基金管理人挪用投资者的资金，《中华人民共和国证券投资基金法》规定，基金托管人与基金管理人不得为同一机构，不得相互出资或者持有股份。基金管理人与基金托管人通过签订基金托管协议，在托管协议内履行自己的职责并收取相应报酬。

5. 基金服务机构

证券投资基金的服务机构主要有基金承销公司、代办注册登记业务机构及其他服务机构，如基金投资咨询公司、会计师事务所、法律事务所及审计事务所等。

> **思考与实践**
>
> 证券投资基金、股票、债券三种投资工具有什么异同？

第三节　金融衍生品市场

一、金融衍生品市场概述

(一) 金融衍生品市场的类型

金融衍生品是指基于基础金融工具衍生出的金融合约，其价值取决于一种或多种基础资产或指数，包括远期合约、期货、期权和掉期（互换）。金融衍生品市场是交易衍生品合约的市场，主要包括远期市场、期货市场、期权市场和互换市场等，也分为场内市场和场外市场。其中，场内市场的交易对象是标准化的衍生品合约，交易规则、标的资产、合约规模、交割方式等都由交易所事先规定，投资者选择在该交易所交易就必须接受标准化条约规定；场外市场的交易对象是非标准化合约，交易双方自行协商合约条款，可以使合约内容更符合双方的需要，交易更为灵活。但是场外交易市场没有保证金制度，违约风险相对更高。

(二) 金融衍生品市场的参与者

按照交易目的的不同，金融衍生品市场的交易者可以分为三类：套期保值者、投机者和套利者。

套期保值者参与交易的目的是利用现货市场、期货市场上价格变动趋势进行反向操作，从而转移现货市场价格风险；投机者参与市场交易的目的不是规避风险，而是想要通过承担风险、赚取衍生品价格波动带来的价差来换取高收益的可能性；套利者利用不同市场、不同交易所、不同期限、不同形式的金融资产之间的价格差异，同时买入和卖出，获取无风险收益。

二、远期市场

远期市场是指交易远期合约的市场，远期合约交易是通过场外交易市场进行的。

(一)远期合约的含义

远期合约是交易双方达成的在未来某个时间,按确定价格买卖一定数量的某种资产的合约。远期合约是一种非标准化合约。

(二)远期合约的分类

远期合约按照标的资产不同可以分为商品远期合约和金融远期合约。商品远期合约的标的资产为原油、贵金属、农产品等商品;金融远期合约主要包括远期利率合约、远期外汇合约及远期股票合约。

(1)远期利率合约是指交易双方约定在未来某一时间开始,在某一特定时期内按协议利率借贷一笔数额固定、以具体货币表示的名义本金的协议。这里的名义本金意味着借贷双方不必交换本金,只在结算日按协议利率和参考利率之差乘以名义本金计算利息差额,由交易一方付给另一方资金。如果合约约定的利率高于参考利率,则买方需要向卖方支付利息差额;反之,如果合约约定的利率低于参考利率,则卖方需要向买方支付利息差额。

(2)远期外汇合约是指双方在将来某一时间按约定的汇率买卖一定金额的某种外汇的合约。交易双方在签订合约的时候,就确定好将来进行交割时的远期汇率,到期无论汇率如何变化,都按此汇率交割。

(3)远期股票合约是指在将来某一特定日期按特定价格交付一定数量单只股票或一揽子股票的协议。

(三)远期合约的应用

交易双方如果需要在未来既定时间进行交易,则都需要承担价格变动的风险。而远期合约的出现可以提前锁定交易价格,避免价格不利变动对其带来的影响。

远期合约交易的原理较为简单,参与远期交易的双方通常都是为了锁定未来成交价格。远期合约的买方通过远期交易避免价格上升带来的风险,而远期合约的卖方则希望通过远期交易避免价格下跌带来的风险。下面以原油远期合约案例来分析如何运用远期合约进行风险管理。

若某企业需要在3个月后从国外进口原油,企业预计原油价格有上涨的趋势,则可以通过买入远期合约来规避这一风险。假设原油现货价格为每桶70美元,企业买入一份3个月期原油远期合约,合约规定在3个月后以每桶72美元交割1 000桶原油。如果3个月后原油现货价格为每桶75美元,那么该企业执行远期合约比现货价格每桶低3元,比按现货价格购买少支付3 000美元(1 000桶 × 3美元/桶),成功规避了价格上涨的风险。但是,如果3个月后原油现货价格为每桶68美元,企业仍需按合约价格72美元买入1 000桶原油,比按现货价格购买多支付4 000美元(1 000桶 × 4美元/桶)。

可见,远期市场可以通过提前锁定成交价格规避现货市场价格变动带来的风险，但这一行为能否减少损失取决于对市场价格变动趋势的判断。同时，远期合约是非标准化的，只能进行场外交易，搜寻匹配的交易对手、协商交易价格以及风险控制都会增加成本，给交易带来麻烦。

三、期货市场

期货市场可以在一定程度上解决远期交易非标准化的问题。期货市场是交易期货合约的市场。

（一）期货合约的含义

期货合约是一种由期货交易所制定的标准化合约，是买卖双方分别向对方承诺在合约规定的未来某时间按约定价格买进或卖出一定数量某种资产的书面协议。期货合约本质上与远期合约类似，都是双方确定在未来的某个时间，按照事先约定的价格买卖某种资产，但期货合约的标准化使得它可以在交易所内进行交易，大大节省了搜寻交易对手和风险管控的成本。同时，远期合约一般都需要到期"钱货两清"，而绝大多数期货合约在到期前都会通过一个反向交易进行对冲了结，到期进行实际交割的期货合约极少。

（二）期货合约的分类

按照标的资产种类的不同，期货合约可分为商品期货和金融期货。

1. 商品期货

商品期货是以实物商品为标的，买卖双方在未来某个时间按约定的价格买卖某一数量的实物商品的标准化合约。商品期货是最早发展起来的期货品种，历史悠久，种类繁多，可以根据商品种类的不同细分为农副产品期货（如玉米、小麦、大豆等）、金属期货（如铜、铝、黄金、白银等）、能源化工期货（如原油、天然气、沥青等）和林业期货（如木材、夹板等）。

2. 金融期货

金融期货是以金融工具为标的物的期货合约，还可细分为股指期货、外汇期货和利率期货等。

（1）股指期货是以股票市场的股票价格指数为买卖对象的期货合约。股指期货的标的资产是股票价格指数，是一个相对指标，投资对象没有对应的实物，因此，在到期交割时，只能采用现金交割或反向平仓。当前，股指期货是所有期货交易量最大的品种。

（2）外汇期货是指在未来的某个时间按双方约定的汇率以一定数量的某种货币换取另一种货币的合约。外汇期货合约是标准化的远期外汇合约，交易币种、交易单位、交割时间和地点都是统一规定的，只有价格是变动的。外汇期货的交易方主要是拥有外汇债权（资产）、债务的进出口商、跨国公司、银行，交易的主要目的是通过外汇期货套期保值交易来规避外汇汇率波动所带来的风险。

（3）利率期货是指标的资产价格取决于利率水平的期货合约。交易双方通过该合约，在期货交易所按照事先约定的价格买进或卖出特定有息资产，并于未来特定时间进行交割。进行利率期货交易是为了固定资金的价格，得到预先确定的利率或收益。利率期货合约的基础资产可以是国库券、中长期国债、商业票据、定期存单等。

（三）期货合约的应用

通常，参与期货交易的目的主要有两种：套期保值和投机。我们以套期保值为例来了解期货合约的应用。套期保值指的是利用现货市场与期货市场价格变动方向一致的特点，交易者在进行实际货物买进或者卖出的同时，在期货交易市场中反向操作，卖出或买进同等数量的货物，从而降低现货市场价格波动可能造成的风险。

假定现在是3月份，某农场主6月份有30 000千克谷物收获并要出售，已知谷物现价为0.550元/千克，他很担心6月份现货价格下跌会造成损失，希望通过套期保值来规避现货市场价格变动的风险。如果期货市场上的谷物期货合约每份标准数量为5 000千克，6月份到期的合约品种价格为0.640元/千克。农场主先出售6月份到期的期货合约，到期前反向操作平仓了结。假设6月份现货市场的价格为0.400元/千克，6月份到期的期货合约的价格为0.490元/千克。假设保证金为10%，农场主在成交日需要缴纳1 920元，此后还需根据期货合约价格保持10%的保证金比率。交易情况如表4-3所示。

表4-3　商品期货套期保值交易情况

日期	现货市场	期货市场
3月份	0.550元/千克	卖出6份6月份到期期货合约（0.640元/千克）
6月份	0.400元/千克，卖出30 000千克	买入6份6月份到期期货合约平仓（0.490元/千克）
损益	损失：30 000×(0.550-0.400)=4 500元	获利：6×5 000×(0.640-0.490)=4 500元
结果	期货市场恰好弥补了现货市场损失，通过套期保值，农场主成功地规避了现货市场价格波动的风险	

从交易情况可见，期货合约与远期合约的区别：

（1）期货合约流动性更强。相比较于远期合约，期货合约属于标准化合约，成交数量、价格、时间等都由交易所制定，交易者可以根据需求购买。期货合约是场内交易，拥有大量的交易者，流动性较远期合约更强。

（2）期货合约的交割方式更灵活。远期合约到期后必须进行交割，但是期货合约可以通过反向平仓了结交易，无须实际交割。

（3）期货合约风险更低。期货合约采用保证金交易，可以降低交易双方违约的风险，远期合约是交易双方私下签订协议，无须缴纳保证金，违约风险会更高。

（4）风险管理原理不同。远期合约的交易双方在当期确定好未来交易价格，不论未来价格如何变动，双方都按约定价格成交，因此可以规避价格不利变动对其带来的损失，但也损失了价格有利变动所能带来的收益。交易者可以利用期货合约在现货市场与期货市场上同时做相反交易，利用两个市场价格同向变动的原理，在两个市场一买一卖。因而无论价格变动是否有利，交易者都可以用一个市场的获利来弥补另一个市场的损失，从而较好地管理价格变动的风险。

> **思考与实践**
>
> 上例中，如果3个月后，现货市场价格上涨为0.70元/千克，6月份到期期货合约价格上升为0.78元/千克，农场主的套期保值结果如何？

四、期权市场

期权市场是交易期权合约的市场，是投资者管理远期风险的重要市场。

（一）期权的含义

期权是一份合约，它赋予其购买者在规定期限内按双方约定的价格购买或出售一定数量某种资产的权利。双方约定的交易价格就是执行价格或敲定价格，购买或出售的资产就是标的资产。期权标的资产涵盖了股票指数、债券、货币、期货合约等金融产品，以及小麦、大豆、金属等实物商品。期权赋予合约买方权利且合约买方不用履行义务，合约卖方则无任何权利且要履行义务。

（二）期权的类型

1. 按照期权合约买方的权利划分

按照期权合约买方的权利不同，期权可分为看涨期权与看跌期权。看涨期权又称买入期权，是指在某一确定时间以某一确定价格购买标的资产的权利，这是因为期权买方预期未来标的资产价格会上涨，从而提前确定买入价格以规避损失；看跌期权又称卖出期权，是指在某一确定时间以某一确定价格出售标的资产的权利，这是因为期权买方预期未来标的资产价格会下跌，从而提前确定卖出价格以规避损失。

2. 按照期权合约的执行时间划分

按照期权合约的执行时间不同,期权可分为欧式期权、美式期权和百慕大期权。欧式期权是只有在到期日当天才可以执行的期权;美式期权是有效期内任一交易日都可以执行的期权;百慕大期权是一种可以在到期日前所规定的一系列时间行权的期权。

3. 按照期权合约的标的资产划分

按照期权合约的标的资产不同,期权可分为现货期权与期货期权。现货期权是以现货资产为标的进行交易的期权,主要有商品期权、利率期权、货币期权或称外汇期权、股价指数期权、股票期权等;期货期权是以期货合约为标的,期权合约买方获得在到期日或之前,以合约规定的执行价格购买或卖出一定数量的特定资产的期货合约的权利。因此,期货期权交易的不是期货合约所代表的资产,而是期货合约本身。

4. 按照期权交易市场划分

按照期权交易市场的不同,期权可分为场内期权与场外期权。场内期权是指在集中性的期权市场进行交易的期权合约,它是种标准化的期权合约,其交易数量、执行价格、到期日、履约时间等均由交易所统一规定;场外期权是指在非集中性的交易场所进行的非标准化的期权合约的交易,其交易数量、执行价格、到期日等由买卖双方自行协商。

(三)期权的应用

假设当前是 3 月 1 日,某投资者持有 1 000 股某上市公司股票,该股票目前的市场价格为 10 元/股。投资者预计未来市场价格将会下跌,于是买入 1 000 股执行价格为 11 元/股的看跌期权,期权费为 0.5 元/股。

情形 1:3 个月后,股票价格下跌为 9 元/股。

情形 2:3 个月后,股票价格上涨为 13 元/股。

两种情形下期权合约交易结果如表 4-4 所示。

表 4-4 期权合约交易情况

时间/情形		市场价格/元·股$^{-1}$	执行价格/元·股$^{-1}$	行权情况	损益情况/元
3 月 1 日		10	—	—	—
6 月 1 日	情形 1	9	11	选择执行期权	获得收益:(11-9-0.5)×1 000=1 500
	情形 2	13	11	放弃执行期权	亏损期权费:1 000×0.5=500

从交易结果可以看出,期权合约较期货合约与远期合约而言,具有更强的

灵活性。看跌期权合约的买方可以在市场行情对其有利的情形下（价格下跌）选择执行期权，可以获得无限的收益（价格下跌越多收益越高）；而当市场行情对其不利时（价格上涨）选择放弃执行期权，损失的仅仅是期权费。但期权合约的卖方则相反，买方选择放弃执行期权时，卖方获得期权费收益；但当买方选择执行期权时，卖方的损失则是由市场价格下跌程度来决定的，是无限的。可见，期权合约的买卖双方属于典型的零和博弈的两方。

五、互换市场

互换市场是指交易互换合约的市场，互换主要通过场外交易进行。

（一）互换的含义

互换是两个或两个以上当事人按照约定条件，在约定的时间内交换一系列现金流的合约。

（二）互换的类型

互换的类型非常多，最为流行的是利率互换和货币互换。

1. 利率互换

利率互换是指互换双方根据各自在固定利率和浮动利率筹借资金的比较优势，约定在未来一定期限内，以同种货币、相同金额的本金为基础，交换支付的利息流。利率互换可以是固定利率对浮动利率的互换，也可以是浮动利率对浮动利率的互换。

2. 货币互换

货币互换是指两笔金额相同、期限相同，但货币不同的债务资金之间的调换，同时也进行不同利息额的货币调换。交换的主要原因是双方在各自国家中的金融市场具有比较优势。简单来说，利率互换是相同货币债务间的调换，而货币互换则是不同货币债务间的调换。

（三）互换的应用

下面以利率互换为例，探究交易者是如何利用利率互换实现利率风险管理的。

假设两家公司 A 和 B 有相同的融资需求，A 公司需要 1 亿元 2 年期的资金，愿意支付浮动利率；B 公司也需要 1 亿元 2 年期的资金，愿意支付固定利率。两家公司的借款成本如表 4-5 所示。

表 4-5　A 公司和 B 公司所面临的市场利率

利率类型	固定利率	浮动利率
A 公司	4.8%	Shibor_3M
B 公司	6.3%	Shibor_3M+0.6%
差额	1.5%	0.6%

从表 4-5 中可以看出，A 公司的固定利率和浮动利率都更低，但固定利率的市场优势更大（有比较优势），B 公司的固定利率和浮动利率都更高，但在浮动利率的市场劣势较小（有比较优势）。因此，双方存在利率互换的机会。

若两家公司不进行利率互换，而是在相应的市场上直接借款，则双方借款成本为：A 公司为 Shibor_3M，B 公司为 6.3%。

若 A 公司与 B 公司开展利率互换交易，即 A 公司代 B 公司以固定利率融资，B 公司则代 A 公司以浮动利率融资，双方再将所借利率进行交换，则可实现总计 0.9%（1.5%-0.6%）的借款成本节约。假设两家公司商议按照如图 4-3 所示方案进行利率互换，并商定将这 0.9% 的节约收益在双方之间分配，其中 A 公司节约 0.5% 的借款成本，B 公司节约 0.4% 的成本。在此安排下，A 公司选择以固定利率借款，向贷款银行支付 4.8% 的利率，并从 B 公司收取相同的固定利率 4.8%；B 公司则以浮动利率融资，向银行支付 Shibor_3M+0.6%。那么问题是，B 公司应向 A 公司支付怎样的浮动利率？由于 A 公司在固定利率上"收支平衡"，要体现出其节约 0.5% 的借款成本，意味着 A 公司通过 B 公司承担的浮动利率应低于其自身直接借入浮动利率时所需支付的利率，即低于 Shibor_3M。因此，A 公司应仅向 B 公司支付 Shibor_3M-0.5% 的浮动利率。

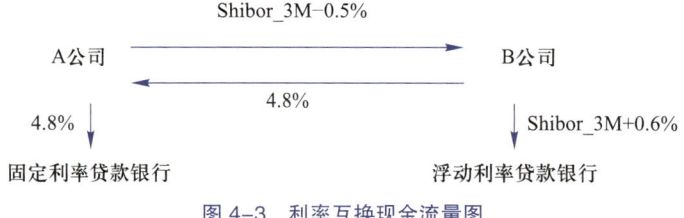

图 4-3 利率互换现金流量图

通过利率互换，两家公司的收益状况如下：

A 公司实际支付利率 =4.8%+（Shibor_3M-0.5%）-4.8%=Shibor_3M-0.5%，而如果 A 公司自己借浮动利率需支付 Shibor_3M，互换后 A 公司比自己借节省 0.5% 的利息成本。

B 公司实际支付利率 =（Shibor_3M+0.6%）+4.8%-（Shibor_3M-0.5%）=5.9%，而如果 B 公司自己借固定利率需支付 6.3%，互换后 B 公司比自己借节省 0.4% 的利息成本。

由此可见，通过利率互换，A 公司比直接借浮动利率资金节约了 0.5% 的融资成本，B 公司比直接借固定利率资金节约了 0.4% 的融资成本，双方总共节约了 0.9% 的融资成本。利率互换可以在双方不需要交换本金的情况下降低交易双方的融资成本。且在交换过程中，协议内容按照双方需求协调决定，交易灵活方便，促使互换成为金融衍生品交易市场上重要的交易品种。

复习思考题

一、单项选择题

1. X公司持有一张签发日期为5月15日、到期日为8月13日的银行承兑汇票，由于公司急需资金，于7月2日去银行进行贴现，则贴现期为（　　）天。

   A.48　　　　　　B.47　　　　　　C.43　　　　　　D.42

2. 狭义的资本市场是指（　　）。

   A.证券市场　　　　　　　　　B.银行中长期信贷市场

   C.货币市场　　　　　　　　　D.外汇市场

3. 成长型基金适合（　　）。

   A.高风险偏好投资者　　　　　B.低风险偏好投资者

   C.中性风险偏好投资者　　　　D.任何风险偏好类型投资者

4. （　　）是承销机构与股票发行人签订承销合同，保证当股票不能全部承销出去时，对于未出售的部分，将由承销商全部买下。

   A.代销　　　　　B.承销　　　　　C.包销　　　　　D.助销

5. 中期债券通常是指期限在（　　）的债券。

   A.1~3年　　　　　　　　　　B.1~5年

   C.1~10年　　　　　　　　　 D.10年以上

6. （　　）是由出票人签发的，委托付款人在见票时或者在指定日期无条件支付一定金额给收款人或持票人的一种票据。

   A.汇票　　　　　B.银行本票　　　C.商业本票　　　D.支票

7. 利率互换和货币互换的主要区别是（　　）。

   A.利率互换只涉及固定利率，而货币互换涉及浮动利率

   B.利率互换涉及不同货币的本金交换，而货币互换只涉及同种货币

   C.利率互换是关于利息流的交换，而货币互换是关于本金和利息流的交换

   D.利率互换和货币互换都是关于本金和利息流的交换

二、多项选择题

1. 股票和债券的主要区别有（　　）。

   A.发行时面对的对象不同

   B.债券是一种债券凭证，股票是一种所有权凭证

   C.债券有固定的利息，股票有红利

   D.债券到期还本付息，股票无偿还期

2. 下列市场中，属于货币市场的有（　　）。
A. 同业拆借市场　　　　　　　　B. 票据市场
C. 回购协议市场　　　　　　　　D. 大额可转让定期存单市场
3. 按基金规模和存续期限是否可变，证券投资基金可以分为（　　）。
A. 公司型基金　B. 契约型基金　C. 封闭式基金　D. 开放式基金
4. 以下属于证券市场参与者的有（　　）。
A. 政府　　　　　　　　　　　　B. 企业
C. 居民和个人　　　　　　　　　D. 商业银行及非银行金融机构
5. 以下金融工具，属于资本市场金融工具的有（　　）。
A. 股票　　　　B. 债券　　　　C. 证券投资基金　D. 国库券
6. 按期权合约买方的权利划分，期权可以分为（　　）。
A. 看涨期权　　B. 看跌期权　　C. 欧式期权　　　D. 美式期权

三、判断题

1. 只有汇票需要承兑，本票和支票不需要承兑。（　　）
2. 转贴现是指商业银行将已贴现但未到期的汇票再转让给中央银行的票据转让行为。（　　）
3. 基金管理人负责基金的投资操作和日常管理，并负责保管证券投资基金资金。（　　）
4. 当前我国创业板和科创板股票发行实行的是注册制。（　　）
5. 优先股股东有权参与公司的经营，可以在股东大会上进行投票选举。（　　）
6. 股票场内交易市场包括证券交易所、柜台市场、第三市场和第四市场。（　　）
7. 开放式基金可以在依法设立的证券交易所进行交易。（　　）
8. 远期合约是一种标准化的交易合约，其成交价格在签订时就已确定并锁定。（　　）

四、简述题

1. 大额可转让定期存单与普通存单有哪些区别？
2. 一级市场和二级市场具有什么作用？二者有什么联系？
3. 什么是证券投资基金？证券投资基金具有哪些特点？
4. 什么是债券发行市场？影响债券发行的因素有哪些？
5. 远期合约、期货合约和期权合约有哪些不同之处？

五、调研与实践

1. 调研我国股票市场发展现状。

调研主题：我国近十年股票市场发展情况。

调研目的：了解我国股票市场近十年发展情况，提升数据收集整理能力，洞悉我国股票市场发展变化。

调研步骤：

（1）通过中国人民银行、国家统计局、上海证券交易所、深圳证券交易所、北京证券交易所等网站查阅相关统计数据，收集整理近十年我国三大证券交易所A股成交量、股票募资额、上市公司数量、IPO规模及股票指数等数据。

（2）利用Excel软件绘制变动趋势曲线。

（3）分析股票市场交易数据变化趋势及变化原因。

调研成果：完成1 000字左右的《近十年中国股票市场发展报告》。

2.证券模拟交易实践。

调研主题：股票、债券及基金模拟交易。

调研目的：熟悉我国证券交易规则，了解证券交易基础操作流程，提升金融知识应用能力。

调研步骤：

（1）下载安装同花顺App，注册账户。

（2）进入同花顺模拟炒股页面，设置好模拟资金或进入任一模拟炒股赛场参赛。

（3）根据个人风险偏好，选择股票、债券或基金进行交易，持续交易2个月以上。

（4）总结交易成果与心得。

调研成果：完成1 000字左右的《证券模拟交易投资报告》。

Chapter 05

第五章
金融机构体系

- 金融机构体系的构成
- 我国现行的金融机构体系
- 国际金融机构体系

学习目标

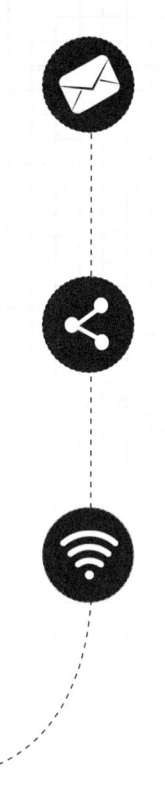

素养目标
- 通过学习我国金融机构发展史,加强爱国情怀和社会责任感。
- 通过学习金融机构助力中国式现代化建设的功能,牢固树立新金融发展理念。
- 通过学习国际金融机构体系的架构与职能,培养全球经济视野和跨文化金融素养。

知识目标
- 了解金融机构体系的构成。
- 熟悉我国现行的金融机构体系的架构及其特色。
- 了解国际金融机构体系的构成及其作用。

能力目标
- 能够准确解释金融机构在实际经济生活中发挥的作用。
- 能够收集整理金融机构数据并加以描述分析。
- 能够比较不同类型金融机构的功能和业务范围。

思维导图

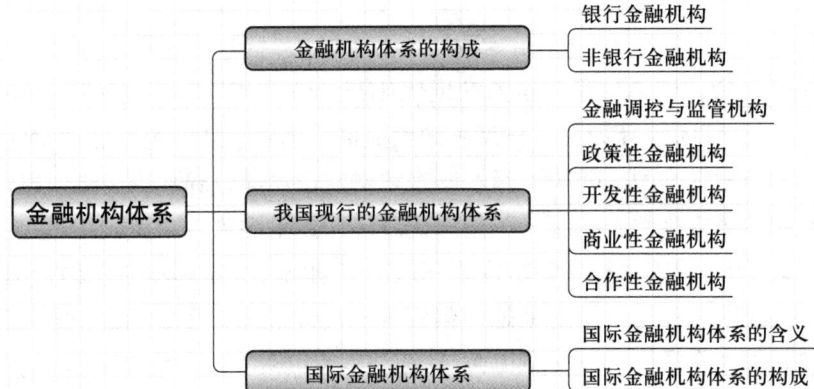

案例导入

金融活水滋养新质生产力

在新一轮科技革命和产业变革加速演进的大背景下，科技、产业、金融三者深度融合，构建富有竞争力的现代化产业体系成为实现经济高质量发展的必由之路。2024年以来，一系列政策文件的出台，从多角度推动金融行业支持培育新质生产力。同年4月，国家金融监督管理总局、工业和信息化部、国家发展改革委联合发布了《关于深化制造业金融服务 助力推进新型工业化的通知》，明确提出银行保险机构要深入实施创新驱动发展战略，助力推进新质生产力发展；5月，国家金融监督管理总局印发《关于银行业保险业做好金融"五篇大文章"的指导意见》，旨在深入贯彻落实中央金融工作会议关于做好科技金融、绿色金融、普惠金融、养老金融、数字金融"五篇大文章"的决策部署，在中央金融委员会的统筹指导下，围绕发展新质生产力，切实把金融"五篇大文章"落地落细，提高金融服务实体经济的质量和水平。

根据党的二十届三中全会精神，金融机构应持续深化金融改革，完善宏观调控，强化政策协调，以增强宏观政策取向的一致性。金融机构将通过资本运作、资产证券化、绿色金融产品等金融策略，积极配合财税、金融等领域的改革，以及国家战略规划体系和政策统筹协调机制的完善。与此同时，进一步优化信贷结构，加强内部风险管理，确保金融体系的稳定运行，预防系统性风险。通过这些措施，金融机构将在服务实体经济中发挥更加关键的作用，助力新质生产力加快形成，为国家经济的高质量发展贡献更大的力量。

> **问题：**
> 如何理解金融机构支持培育新质生产力？

第一节 金融机构体系的构成

金融机构体系是指由相互作用和相互依赖的若干个金融机构或单位按照一定的原则和方式组合而成的、具有一定功能的有机整体和体系。一国的金融机构体系是由这个国家的经济发展水平、经济体制、货币信用发达程度等因素决定的，经济发展水平越高，市场经济体制越完善，它的金融机构体系规模就越大，分工就越精细，金融机构的种类就越多。

通常按业务形式划分，金融机构体系可以分为银行金融机构与非银行金融机构。

一、银行金融机构

（一）中央银行

中央银行也称货币当局，在一国金融体系中居于核心和主导地位。中央银行对内代表国家负责制定和执行货币政策，通过控制货币流通与信用活动对国民经济实行宏观调控，对整个金融体系进行领导、管理和监督，维护金融体系的安全运行；对外，它是一国货币主权的象征，代表国家开展国际金融活动。

（二）商业银行

商业银行是各国金融机构体系中的主体，以存款和贷款为主要业务，并为客户提供多样化的金融服务。由于商业银行的机构数量多、业务面广，是国民经济不可或缺的重要部分，尤其是它的支付结算业务，在加快资金周转的同时也促进了商品经济的快速发展。

（三）专业银行

专业银行是专门经营指定范围的金融业务和提供专门性金融服务的银行。世界各国的专业银行种类甚多、名称各异，这里主要介绍其中的三种。

1. 储蓄银行

储蓄银行是专门办理居民储蓄存款业务，并以居民储蓄存款为主要资金来源的专业银行。储蓄存款虽然比较零星分散，但是存款期限比较长，流动性较小，存款余额较为稳定，主要用于长期信贷和长期投资，如发放不动产抵押贷款，投资政府债券、公司债券及股票等，也可以转存商业银行。储蓄银行也是我国早期金融体系的组成部分，如上海商业储蓄银行、新华信托储蓄银行等。根据我国现阶段的银行制度，所有商业银行、城乡信用合作社及全国邮政机构均可以经营居民储蓄业务，而不普遍设立专门、独立的储蓄银行机构。

2. 不动产抵押银行

不动产抵押银行是指通过发行不动产抵押债券募集资金，专门从事以土地、房屋和其他不动产作为抵押品的长期贷款业务的银行。其长期贷款业务可分为两类：一类是以土地为抵押品的长期贷款，贷款的对象主要是土地所有者或购买者；另一类是以城市不动产为抵押品的贷款，贷款的对象主要是房屋所有者或建筑业的经营者。不动产抵押品在处理时不易出售，易造成资金占压，因而不少不动产抵押银行也开始经营一般信贷业务，而商业银行正大量涉足不动产抵押贷款业务。

3. 农业银行

农业银行是指在政府指导和资助下设立的专门经营农业信贷的专门银行。由于农业受自然条件影响大、农户分散且对资金需求数额小、利息负担能力有限、大多数贷款者只凭个人信誉担保等，农业信贷风险大、期限长、收益低，一般商业银行和其他金融机构不愿经营农业信贷。为此，许多国家专门设立以支持和促进农业发展为主要职责的农业银行，并对其给予贴息或税收优惠。农业银行的资金来源主要有政府拨款、吸收存款、发行股票和债券。农业银行的贷款业务范围很广，几乎涵盖了农业生产过程中的一切资金需要。

二、非银行金融机构

非银行金融机构是指通过发行股票和债券、提供保险、接受信用委托等形式筹集资金，进行长期投资的金融机构，一般指除中央银行、商业银行和专业银行以外的所有金融机构。

（一）非银行金融机构与银行的区别

非银行金融机构与银行在资金来源、资金运用和信用功能三个方面有显著的差异，具体如表5-1所示。

表 5-1 非银行金融机构与银行的区别

差异点	非银行金融机构	银行
资金来源	主要依靠发行股票、债券等其他方式筹措资金	以吸收存款为主要资金来源
资金运用	主要是以非贷款的某一项金融业务为主。如保险、信托、证券、租赁等金融业务	以发放贷款为主要业务
信用功能	不从事存款的划转，即转账结算业务，因而不具备信用创造功能	具有信用创造功能

（二）非银行金融机构的类别

1. 保险保障类金融机构

保险保障类金融机构主要指各类保险公司和社会保障机构。

（1）保险公司是以经营保险业务为主的金融机构，依靠投保人缴纳保险费，建立保险基金，对发生保险事故进行经济补偿，是各国最重要的非银行金融机构。

（2）社会保障机构包括社会保险机构和社会福利机构两大类。社会保险机构主要负责制定基本养老保险、基本医疗保险、工伤保险、失业保险、生育保险等社会保险制度。这些制度旨在保障公民在年老、疾病、工伤、失业、生育等情况下依法获得物质帮助的权利。社会福利机构则更为广泛,包括各类收养性、康复性和教育性的福利机构,主要针对老年人、儿童以及残疾人等特定群体,如老人社会福利机构、儿童社会福利机构等。

2. 证券投资类金融机构

证券投资类金融机构是指为企业和个人在证券市场上提供投融资服务的金融机构,这些机构的服务或经营内容都是以证券投资活动为核心的,主要包括证券公司、基金管理公司等。按服务或经营的内容不同来划分,证券投资类金融机构也可分为证券经营机构、证券投资咨询机构、证券交易组织机构、证券结算登记机构、证券金融公司、证券投资基金管理公司以及与证券业务相关的各类事务所等。

3. 其他类型的金融机构

其他类型的金融机构主要包括信托投资公司、金融租赁公司、金融资产管理公司、汽车金融服务公司、金融担保公司、金融信息咨询服务类机构,以及互联网金融机构等。

第二节 我国现行的金融机构体系

经过多年的改革开放,我国金融行业获得了巨大的发展,金融机构体系结构日臻完善,已经形成了由"一行一局一会"+"各地局"为主导,大中小型商业银行为主体、多种非银行金融机构为辅翼的层次丰富、种类较为齐全、服务功能比较完备的金融机构体系,在国民经济发展中发挥了重要作用。我国现行的金融机构体系如图5-1所示。

动画:中国金融机构体系构成

一、金融调控与监管机构

金融调控与监管机构是依照国家法律法规,对金融机构及其在金融市场上的活动进行监督、约束和管制的国家金融管理机构。其基本任务是根据法律法规的授权,按照分业监管的原则,制定和执行有关金融法律法规,完善金融活动运行规则和提供相关的金融服务,并对有关的金融违法违规行为依法进行调

图 5-1 我国现行的金融机构体系

查和处罚，以维护金融行业公平有效的竞争环境，防范和化解金融风险，保障国家金融体系的安全与稳健运行。2023年，我国金融监管领域迎来重磅改革，构建了"一行一局一会"的新金融监管格局，即监管机构包括中央金融委员会、中国人民银行、国家金融监督管理总局、中国证券监督管理委员会。（我国的金融监管体制的详细情况见第十二章）

二、政策性金融机构

政策性金融机构是指由政府或政府机构发起、出资创立、参股或保证的，不以利润最大化为经营目的，在特定的业务领域内从事政策性融资活动，以执行和配合政府的社会经济政策的金融机构。

（一）中国进出口银行

中国进出口银行成立于1994年，是直属国务院领导的、政府全资拥有的政策性银行，总部设在北京。截至2025年1月，中国进出口银行设有32家境内分行。这些分支机构和服务点覆盖了全球160多个国家和地区。中国进出口银行的主要职责是为扩大我国机电产品、成套设备和高新技术产品进出口，推动有比较优势的企业开展对外承包工程和境外投资，促进对外关系发展和国际经贸合作，提供金融服务。

（二）中国农业发展银行

中国农业发展银行成立于1994年11月，是直属国务院领导的我国唯一的一家农业政策性银行。全系统共有31个省级分行、300多个二级分行，服务网络遍布中国大陆地区。中国农业发展银行的主要职责是按照国家的法律、法规和方针、政策，以国家信用为基础，筹集资金，承担国家规定的农业政策性金融业务，代理财政支农资金的拨付，为农业和农村经济发展服务。

（三）金融资产管理公司

金融资产管理公司是以最大限度保全资产、减少损失为主要经营目标，专门从事收购、管理、处置商业银行剥离的不良资产，并实施公司化经营而设立的专业金融机构。我国有五大资产管理公司，即中国华融资产管理股份有限公司（简称"华融"）、中国长城资产管理股份有限公司（简称"长城"）、中国东方资产管理股份有限公司（简称"东方"）、中国信达资产管理股份有限公司（简称"信达"）以及中国银河资产管理有限责任公司（简称"银河"），其中华融、长城、东方、信达分别接收从中国工商银行、中国农业银行、中国银行、中国建设银行剥离出来的不良资产，而银河主要从事资本市场不良资产业务及其他相关业务，成为我国第五家全国性资产管理公司。

三、开发性金融机构

开发性金融机构是政策性金融机构的深化和发展，以国家信用为基础，以市场业绩为支柱，既开展政策性金融业务，又开展商业性金融业务，通过融资贯彻国家政策，实现政府的发展目标。目前我国只有一家开发性金融机构——国家开发银行。国家开发银行成立于1994年3月，总部设在北京，是在原有六个国家专业投资公司的基础上组建，其主要任务定位于贯彻国家宏观经济政策，筹集和引导社会资金，聚焦经济社会发展的瓶颈制约和薄弱环节，致力于以融资推动市场建设和规划先行，支持国家基础设施、基础产业、支柱产业和高新技术等领域的发展和国家重点项目建设。

四、商业性金融机构

商业性金融机构是指提供各种金融服务并参与市场竞争，以利润最大化为经营目标的金融企业。

（一）商业银行体系

中国的商业银行大体上可以分为以下六个类型：

1. 国有商业银行

在我国的金融机构体系中，处于主体地位的六家国有商业银行如下：中国工商银行、中国农业银行、中国银行、中国建设银行、交通银行和中国邮政储蓄银行。目前，无论在人员、机构网点数量上，还是在资产规模及市场占有份额上，六大国有商业银行均处于中国整个金融领域绝对举足轻重的地位，在世界上的银行排序中也处于较前列的位置。

2. 全国性股份制商业银行

1986年后，我国在国有独资商业银行之外，先后建立了一批股份制商业银行，如招商银行、兴业银行、民生银行、浦发银行、平安银行、光大银行、中信银行、广发银行、渤海银行、华夏银行、浙商银行、恒丰银行等。

3. 城市商业银行

1995年，全国第一家城市商业银行——深圳城市商业银行成立。与一般的股份制商业银行不同，城市商业银行大多是由此前的两千多家城市信用社、城市内农村信用社及金融服务社合并而来的（前身叫"城市合作银行"），由城市企业、居民和地方财政投资入股组成。城市商业银行的主要功能是为本地区经济的发展融通资金，重点为城市中小企业的发展提供金融服务。

4. 农村商业银行

从2001年年底起，为进一步推进农村金融改革，部分地区的农村信用社改制成为农村商业银行，是由辖内农民、农村工商户、企业法人和其他经济组织共同入股组成的股份制的地方性金融机构。

5. 村镇银行

村镇银行是经中国银行业监督管理委员会（现为国家金融监督管理总局）依据有关法律、法规批准，由境内外金融机构、境内非金融机构企业法人、境内自然人出资，在农村地区设立的主要为当地农民、农业和农村经济发展提供金融服务的银行业金融机构。在规模方面，村镇银行是真正意义上的"小银行"。

6. 民营银行

民营银行一般是指由民间资本控股的银行，建立民营银行的初衷就是为了打破中国商业银行的国有垄断，实现金融机构的多元化。与国有银行相比，民营银行的经营管理权不受任何政府部门的干涉和控制，完全由银行自主决定，其产权结构主要以非公有制经济成分为主。作为金融市场的重要组成部分，民营金融机构特殊的产权结构和经营形式决定了其具有机制活、效率高、专业性强等一系列优点，因此民营银行是中国金融机构体系的重要补充。

（二）证券业体系

1. 证券交易所

证券交易所是依据国家有关法律，经政府证券主管机关批准设立的集中进行证券交易的有形场所。目前我国境内设有3家证券交易所：上海证券交易所、深圳证券交易所和北京证券交易所。

知识链接

北京证券交易所：创新中小企业的融资平台

北京证券交易所（简称"北交所"）是中国大陆继上海证券交易所和深圳证券交易所之后成立的第三家全国性证券交易所，于2021年9月由习近平总书记在服贸会上宣布设立，并于同年11月15日正式开市运营。北交所的成立是中国资本市场改革的重要举措之一，旨在完善多层次资本市场体系，支持创新型中小企业直接融资，促进经济结构转型升级和高质量发展。

北交所的特点之一是其专注服务于中小企业。相比于沪深交易所，北交所的上市标准更加灵活，旨在降低中小企业的上市门槛。这种设计有助于更多具有成长性和创新性的企业进入资本市场，从而获得更多的发展机会。同时，北交所实行股票发行注册制，简化了上市流程，缩短了审核周期，提高了市场效率，使企业能够更快地获得资本市场的支持。

北交所自开市以来，迅速成为资本市场服务中小企业创新发展的重要平台。截至2025年5月，北交所上市公司总数增至266家，总市值增至近8 295.68亿元人民币。北交所作为资本市场的新兴力量，不仅为中小企业提供

> 了融资渠道，也为投资者提供了更多的投资选择。随着北交所的不断发展，预计其将为更多的创新型中小企业提供支持，推动中国经济的创新驱动和高质量发展。

2. 证券公司

在我国，证券公司是指依照《中华人民共和国公司法》和《中华人民共和国证券法》的规定设立的并经国务院证券监督管理机构审查批准而成立的专门经营证券业务、具有独立法人地位的有限责任公司或者股份有限公司。证券公司具有证券交易所的会员资格，可以承销发行、自营买卖或自营兼代理买卖证券。普通投资人的证券投资都要通过证券公司来进行。证券公司按证券经营的功能划分，可分为证券经纪商、证券自营商和证券承销商。

3. 证券投资基金管理公司

证券投资基金管理公司是指依照《中华人民共和国公司法》《中华人民共和国证券投资基金法》等法律法规设立，并经中国证监会批准的，专门从事基金募集与资产管理业务的法人机构。基金管理公司作为基金的发起人和管理人，负责制定投资策略、进行资产配置、运作基金资产，并依法进行信息披露，保障投资者权益。其主要业务包括公募基金和专户理财的设立与管理、年金管理以及特定资产管理服务等。根据服务对象的不同，可分为公募基金管理人和私募基金管理人。基金管理公司是连接投资者与证券市场的重要中介机构，在推动资本市场发展和促进财富管理方面发挥着重要作用。

4. QFII 与 RQFII

QFII（Qualified Foreign Institutional Investors）即合格的境外机构投资者，是指具备境内投资资格的外国专业投资机构。RQFII（RMB Qualified Foreign Institutional Investors）是人民币合格境外投资者。

5. 中介服务机构

中介服务机构为证券投资提供专业服务，包括证券登记结算公司、证券评级机构、证券投资咨询机构、会计师事务所、律师事务所等。

（三）保险业体系

根据保险公司经营特点和业务范围，保险业体系主要有寿险公司、财险公司、再保险公司及保险中介服务机构等。

1. 寿险公司

寿险公司主要以销售人寿保险（如身故保险、重大疾病保险和年金保险等）为主，以保障客户人身安全和家庭财务安全。这些保险产品涉及客户个人的生死大事，需要保险公司进行严谨的评估和定价。

2. 财险公司

财险公司主要提供财产保险，涵盖财产安全、企业运营和生产安全等领域（如车险、房屋保险、企业责任险和工程险等）。这些保险涉及广泛的客户群体，需要保险公司开发多样化的保险产品并制定灵活的定价策略。

> **数字金融创新**
>
> **众安保险——金融科技驱动的保险创新先锋**
>
> 众安保险成立于2013年，是中国首家持牌的互联网保险公司，由蚂蚁集团、腾讯、中国平安联合发起设立。与传统保险机构不同，众安保险从创立之初就定位为"保险+科技"的创新平台，致力于通过金融科技重构保险价值链。
>
> 在运营模式上，众安保险完全依托互联网平台，构建了涵盖承保、核保、理赔、客服等环节的全流程数字化体系。其自研的科技中台集成了大数据、人工智能、区块链等技术，显著提升了风控能力和服务效率。例如，通过构建用户行为图谱与精准定价模型，众安保险可为电商、医疗、出行等多个场景提供嵌入式保险解决方案，实现"场景即保险"。
>
> 2023年众安保险在保险行业数字创新方面迈出新步伐，公司发布AIGC用户图谱，成为首家发表白皮书并应用图谱的公司。同时建立了"众有灵犀"AIGC中台，集成业界领先的大模型，提供研发框架，确保数据隐私和安全。通过机器人、OPEN API等技术，为多种应用场景提供支持，构建了从机器人到底层能力的核心链路，并实现数据闭环和AI机器人的不断优化。通过运用一系列金融科技手段，众安保险将理赔材料智能识别通过率提升至90%、病历识别准确率提升至84%，最快15秒完成结案。智能理赔流程中电子发票已覆盖全国31个省份、341个城市、超3万家医院，用户提交材料便捷度显著提升。
>
> 截至2024年年底，众安保险实现总保费人民币334.17亿元，同比增长13.3%；按总保费计算，其在国内财险行业的排名已升至第八名，市场份额进一步提升。全年综合成本率为96.9%，已连续四年实现承保盈利。作为国内保险科技发展的先行者，众安保险不仅推动了行业数字化转型，也为金融服务的智能化和普惠化提供了可复制的路径。

3. 再保险公司

再保险公司主要向保险公司提供保险项目的再保险服务，可对风险进行分散或转移，降低保险公司承担风险的成本和风险。该类保险公司通常只服务于其他保险公司，很少直接和个人或企业接触。

4. 保险中介机构

保险中介机构是介于保险经营机构之间或保险经营机构与投保人之间，专门从事保险业务咨询与招揽、风险管理与安排、价值衡量与评估、损失鉴定与理算等中介服务活动，并从中依法获取佣金或手续费的单位，是保险市场上促进保险交易、扩大保险供给渠道、维护市场公平的重要组成部分。保险中介机构主要包括保险代理机构、保险经纪公司、保险公估机构。此外，保险中介机构还包括保险精算师事务所、保险会计师事务所、保险律师事务所等为保险市场提供中介服务的其他保险中介机构。

（四）其他商业金融机构

1. 信托投资公司

信托投资公司是以资金及其他财产为信托标的，根据委托者的意愿，以受托人的身份管理及运用信托资产的金融机构。其信托业务主要包括货币信托和非货币信托两大类。

2. 财务公司

财务公司是金融行业与工商企业相互结合的产物，是以经营消费信贷及工商企业信贷为主的非银行金融机构。财务公司与商业银行在贷款上的区别是：商业银行是小额、分散借入，大额贷出；财务公司则是大额借入，小额贷出。

3. 金融租赁公司

金融租赁公司是指主要办理融资性租赁业务的专业金融机构，创建时大多是由银行、其他机构以及一些行业主管部门合资设立的。我国的金融租赁行业起始于20世纪80年代初期。1981年，中国国际信托投资公司组建了东方国际租赁有限公司和中国租赁有限公司。

4. 汽车金融服务公司

汽车金融服务公司是指经国家金融监督管理总局批准设立的，为中国境内的汽车购买者及销售者提供金融服务的非银行金融机构。

5. 信用服务机构

信用服务机构是依法设立的中介服务机构，主要职能包括信用评级、信用管理咨询、信用风险控制等相关经营性活动，如征信公司、信用评估机构、信用担保机构、信用咨询机构等。

五、合作性金融机构

合作性金融机构是人们在经济活动中，为获取低成本融资和其他便利服务，按照合作制原则，以自愿入股、个人财产联合为基础，以入股者为主要服务对象，以出资者民主管理、联合劳动为经营特色的一种信用组织形式。合作性金融机构兴起于农村，由农户自发组织，按照合作制原则形成的金融机构，是农村金融机构的主体和农业信贷资金的主要来源。

第三节 国际金融机构体系

一、国际金融机构体系的含义

国际金融机构体系是指从事国际金融管理和国际金融活动的超国家性质的组织机构，按地区可分为全球性国际金融机构和地区性国际金融机构。随着国际经济全球化和金融一体化的不断深入，国际金融机构体系在促进国际经济合作和协调、稳定国际金融市场、促进发展中国家经济发展、促进世界经济和区域经济增长等方面发挥了重要作用。

二、国际金融机构体系的构成

目前，国际金融机构体系的基本格局是以国际货币基金组织为核心、以世界银行集团和国际清算银行为主、区域性国际金融机构并存。

（一）全球性国际金融机构

全球性国际金融机构包括国际货币基金组织、世界银行、国际清算银行等。

1. 国际货币基金组织

国际货币基金组织（IMF）是根据1944年联合国国际货币金融会议通过的《国际货币基金协定》于1945年12月成立的，同年11月15日成为联合国的一个专门机构。IMF的总部设在华盛顿，在巴黎和日内瓦设有办事处。

国际货币基金组织的主要宗旨包括：作为一个永久性的国际金融机构，为国际货币问题的磋商和协作提供便利，推动国际货币领域的合作；促进国际贸易的扩大与平衡发展，提高和维持高水平就业和实际收入；促进汇率稳定，维持会员国间有序的汇兑安排，避免竞争性贬值；协助在会员国间建立经常性交易的多边支付体系，消除阻碍国际贸易发展的外汇限制；在充分保障的条件下，对会员国提供暂时性资金融通，使其增强信心纠正国际收支失衡；按照上述宗旨，缩短会员国国际收支失衡持续的时间，并减轻失衡的程度。

国际货币基金组织是以会员国入股的方式组成的企业经营性质的金融机构，其最高权力机构是理事会，由所有会员国各派一名理事组成，主要决定重大问题，如接纳新会员国、决定基金份额、分配特别提款权、改革国际货币制度等。理事会下设执行董事会，负责处理国际货币基金组织的日常业务。

2. 世界银行

世界银行即国际复兴开发银行（IBRD），成立于1945年12月27日。凡加入世界银行的国家必须首先是国际货币基金组织的会员国。世界银行的资金来源包括会员国缴纳的股金、向国际金融市场借款、债权转让和业务净收益，贷款对象为会员国的政府或政府担保的公私机构，主要针对发展中国家。贷款条件比国际金融市场上的条件优惠，期限最长可达30年，采用浮动利率。世界银行也是按股份公司原则建立起来的企业性金融机构。其最高权力机构是理事会，负责处理日常业务的机构是执行董事会，执行董事会选举一人为行长。

世界银行的主要宗旨包括：对用于生产目的的投资提供便利，以协助会员国的复兴与开发，并鼓励不发达国家生产与资源的开发；通过担保或参与私人贷款和私人投资的方式，促进私人对外投资；用鼓励国际投资和开发会员国生产资源的方法，促进国际贸易长期均衡发展，并维持国际收支平衡；在提供贷款保证时，与其他方面的国际贷款相配合。

3. 国际清算银行

1930年1月20日，为了处理第一次世界大战后德国对协约国的赔款问题，摩根银行、纽约花旗银行、芝加哥花旗银行等金融机构和英国、法国、意大利、德国、比利时、日本等国的中央银行在荷兰海牙会议上签订国际协议，成立国际清算银行（BIS），它主要办理各国之间的清算业务。其宗旨是增进成员国中央银行之间的合作，为政府间的国际金融业务提供便利，充当国际结算的代理人。

国际清算银行的主要业务有：接受各中央银行的存款并向中央银行发放贷款；代理中央银行买卖黄金、外汇和债券；办理国际结算；充当政府间贷款的执行人。国际清算银行所办理的存款包括黄金存款，而且对这种存款付息。因此，有些国家的中央银行将部分黄金储备存入该银行。

（二）区域性国际金融机构

区域性国际金融机构包括亚洲开发银行、美洲开发银行、欧洲复兴开发银行、亚洲基础设施投资银行等。欧洲、亚洲、非洲和拉丁美洲等地区的区域性金融机构是全球性金融机构的重要补充。

1. 亚洲开发银行

根据联合国亚洲及远东政协经济委员会1965年达成的协议，由亚太地区的国家及西方国家合办的政府间国际金融机构——亚洲开发银行（ADB）于1966年11月在东京成立，总部设在菲律宾的马尼拉。其宗旨是：通过贷款、投资和技术援助，并与联合国有关机构进行合作，协调成员国在经济、贸易和发展方面的政策，促进亚太地区的经济发展。其最高权力机构是理事会，下设董事会，执行理事会授予的事项，负责银行的经营管理。目前我国已成为亚洲开发银行的第三大股东，合作日益频繁，尤其是近年来从亚洲开发银行获得的贷款项目不断增多。

2. 美洲开发银行

美洲开发银行（IDB）于1959年12月30日成立，总部设在美国华盛顿。该行是美洲国家组织的专门机构，其他国家也可加入。其银行资本主要来源包括成员国分摊、发达国家成员国提供、在世界金融市场和有关国家发放债券等。其宗旨是：集中各成员国的力量，对拉美和加勒比成员国的经济、社会发展计划提供资金和技术支持，并协助它们为加速经济发展和社会进步作出贡献。

3. 欧洲复兴开发银行

欧洲复兴开发银行（EBRD）是一家国际性金融机构，成立于1991年，总部设在伦敦。其主要任务是帮助欧洲战后重建和复兴，支持东欧、中欧国家向市场经济转化。投资的主要目标是中东欧国家的私营企业和这些国家的基础设施。

4. 亚洲基础设施投资银行

亚洲基础设施投资银行（AIIB）简称"亚投行"，是一个政府间性质的亚洲区域多边开发机构，重点支持基础设施建设，并加强中国及其他亚洲国家和地区的合作。亚投行总部设在北京，法定资本为1 000亿美元。亚投行的治理结构分为理事会、董事会、管理层三层。其宗旨主要是促进亚洲地区基础设施建设、互联互通建设和经济一体化进程，实现亚洲地区的共同繁荣发展。

动画：亚投行新在哪里？

金融观察

亚投行：推动着眼于未来的基础设施建设

作为多边金融机构，亚投行一直以促进其成员以及地区间的互联互通为目标，推动着眼于未来的基础设施建设。中国提出的共建"一带一路"倡议、全球发展倡议等国际公共产品与亚投行的目标相契合。亚投行的发展将为其成员带来更多发展机遇。

自2016年开业运营以来，亚投行取得了快速发展。截至2024年6月，亚投行已拥有来自六大洲的109个成员，已批准了270个项目，累计批准融资总额超526亿美元。近年来，亚投行加大对域外成员的支持力度。2023年，亚投行批准了在科特迪瓦的一个农村公路项目。得益于该项目，当地大山里的农民可以将他们种植的腰果、可可豆等农产品运到港口、销往全球。未来亚投行将继续通过对基础设施发展的支持，帮助成员应对全球性挑战，以此推动实现联合国2030年可持续发展目标。

中国为亚投行的运营给予了大力支持。亚投行积极支持中国提出的新质生产力等概念，在中国开展的项目重点覆盖互联互通、应对气候变化、数字基础设施等可持续发展领域。

复习思考题

一、单项选择题

1. 专业银行的特点是（　　）。
A. 专业银行是中央银行的别称
B. 专业银行主要负责全国的货币政策制定
C. 专业银行专门经营指定范围的金融业务
D. 专业银行主要面向个人提供储蓄服务

2. 不属于储蓄银行的特征是（　　）。
A. 专门办理居民储蓄存款　　B. 存款期限较长，流动性较低
C. 提供多样化金融服务　　　D. 存款余额较为稳定

3. 政策性金融机构的主要目标是（　　）。
A. 利润最大化　　　　　　　B. 经济增长与社会稳定
C. 为商业银行提供资金　　　D. 竞争市场份额

4. 国际货币基金组织的最高权力机构是（　　）。
A. 理事会　　B. 执行董事会　　C. 总裁　　D. 股东大会

5. 亚投行重点支持（　　）。
A. 基础设施建设　　　　　　B. 扩大国际贸易
C. 增加国际信用　　　　　　D. 中小企业发展

二、多项选择题

1. 以下属于不动产抵押银行业务范围的有（　　）。
A. 发行不动产抵押债券募集资金
B. 专门从事以土地、房屋为抵押的长期贷款业务
C. 为个人提供储蓄账户
D. 经营一般信贷业务
E. 经营农业信贷政策性业务

2. 以下属于非银行金融机构的有（　　）。
A. 信托投资公司　　　　B. 储蓄银行　　　　C. 证券公司
D. 保险公司　　　　　　E. 信用合作社

3. 我国商业银行体系主要包括（　　）。
A. 国有商业银行　　　　B. 全国性股份制商业银行
C. 城市商业银行　　　　D. 农村商业银行
E. 村镇银行

4. 国际清算银行的主要职能涉及（　　）。

A. 中央银行间的国际结算　　B. 代理黄金买卖
C. 发放个人消费贷款　　　　D. 充当政府间贷款的执行人
E. 吸收成员国黄金存款

三、判断题

1. 北京证券交易所的成立主要是为了服务大型国有企业，而不是中小企业。（　　）

2. 民营银行的产权结构主要以非公有制经济成分为主，不受任何政府部门的干涉和控制。（　　）

3. 汽车金融服务公司是专门为汽车购买者和销售者提供金融服务的银行金融机构。（　　）

4. 亚洲基础设施投资银行是一个全球性的国际金融机构。（　　）

5. 亚洲开发银行、美洲开发银行、欧洲复兴开发银行和亚洲基础设施投资银行的主要宗旨都是促进各自地区的经济发展。（　　）

四、简答题

1. 金融机构的基本功能有哪些？
2. 全球性的和区域性的国际金融机构各有哪些？

五、调研与实践

调研主题：亚投行与其他国际主要金融机构中，各国投票权的对比分析。

调研目的：调查国际主要金融机构的组织架构，了解各国在亚投行投票权情况，对比分析各国投票权。

调研步骤：

（1）通过亚投行官网查阅相关资料。

（2）画出亚投行历史演进路线图。

（3）了解亚投行各国投票权差异，分析投票权比重的意义。

调研成果：完成1 000字左右的《亚投行各国投票权的对比分析研究报告》。

Chapter 06

第六章
商业银行

- 商业银行与社会经济活动
- 商业银行的组织与经营
- 商业银行的业务
- 金融科技在商业银行的应用

学习目标

素养目标
- 通过学习我国商业银行发展史,坚定大国崛起的中国自信。
- 通过学习商业银行的业务与职能,培养高尚的职业理想,提升社会责任感。
- 通过学习金融科技在商业银行的应用,坚定科技兴国战略,增强中华民族伟大复兴的信心。

知识目标
- 了解商业银行的产生。
- 了解商业银行的职能,理解商业银行在社会经济活动中的作用。
- 掌握商业银行的组织形式,理解商业银行的经营原则。
- 掌握商业银行的负债、资产和中间业务类型。
- 了解金融科技在商业银行的应用情况。

能力目标
- 能够收集整理商业银行相关数据,了解我国商业银行的发展现状。
- 能够分析商业银行的资产质量和风险状况。

思维导图

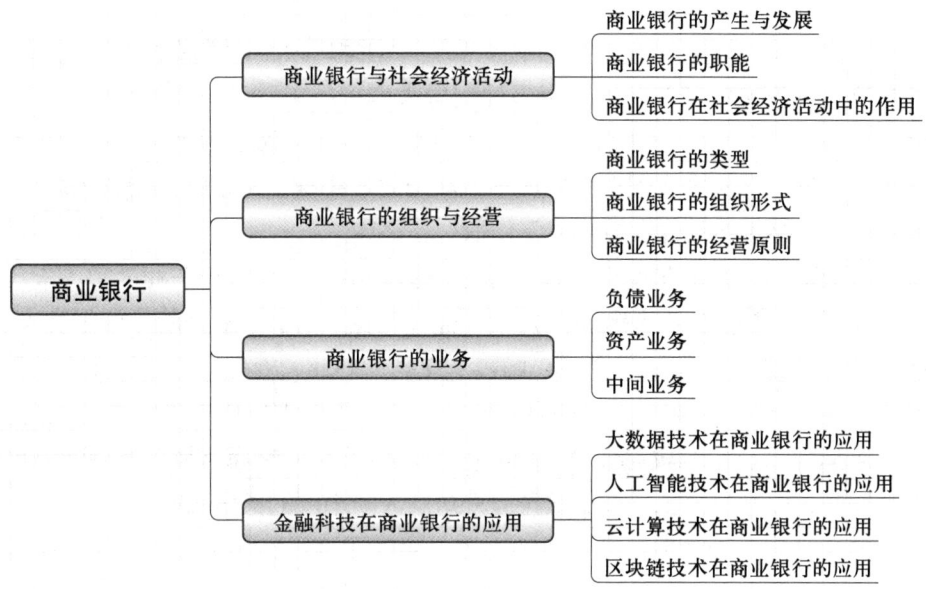

案例导入

坚持人民至上　更好服务人民金融需求

为深入贯彻以人民为中心的发展思想,增强广大金融消费者的获得感与满意度,国家金融监督管理总局督促引导大型银行主动倾听消费者心声,了解消费者诉求,持续强化科技赋能,优化金融供给,做好服务下沉,积极履行社会责任,切实为人民群众办实事、解难题。中国工商银行推出系列惠民、利民举措,持续推动为民办实事工作取得新成效。

金融赋能,为新市民客户提供暖心服务。中国工商银行在业内率先推出"1+3+X"新市民综合金融服务方案,通过打造"1个专属介质(新市民卡、新锐卡等专属卡产品)、3个核心场景(安居、创业、社保医疗)和多个延伸场景",助力新市民更快更好地融入城市。中国工商银行山东分行在25家网点挂牌运营"小蜜蜂驿站",细化推出"专属物资""专属区域""专属活动"三专服务,以金融力量、专业服务提升对广大新市民的关爱和尊重。

助企纾困,加大普惠金融支持力度。中国工商银行不断完善普惠金融服务体系,各级机构通过创新贷款产品、拓展服务模式等,为农村地区客户、小微企业、个体工商户等提供专属、便捷、优惠的服务。在助力乡村振兴方面,基于土地权属、种植规模等经营情况,以及农业保险等涉农数据,中国工商银行创新推出"种植e贷"产品,以满足农作物生长周期内各环节资金需求。

中国工商银行将继续坚持以客户为中心,精准匹配群众消费、投资等金融需求,优化产品和服务,用心用情办实事、解民忧,让金融发展成果更好惠及广大人民群众,全力建设"人民满意银行"。

> **问题:**
> 商业银行可以从哪些方面实现其作为服务业的基本职能?

第一节　商业银行与社会经济活动

一、商业银行的产生与发展

（一）商业银行的产生

商业银行的英文"bank"源于意大利文的"banca"，原意是长凳，主要是因为当时从事货币经营业务的意大利人都是在市场上各持一条板凳从事业务，银行的英文说法也就从这里演变而来。

银行业的发源地是意大利，比较著名的是威尼斯银行，标志着近代商业银行的产生。1694年，英国政府为了维护新生的资产阶级发展工商企业的需要，决定成立一家股份制银行——英格兰银行，标志着现代商业银行的诞生，英格兰银行也因此被称为现代商业银行的鼻祖。英格兰银行的组建模式很快被推广到欧洲其他国家，现代商业银行体系也在世界范围内得到普及。

（二）我国银行业的产生与发展

我国关于银行业的记载，最早可以追溯至南北朝时期的典当业。到了唐朝，伴随着国内外贸易的发展出现了类似汇票的"飞钱"，是我国最早的汇兑业务。同时还有收受存款和放高利贷的柜房以及从事货币兑换和金银贸易的金银店、办理汇兑业务的各种商人组织。北宋真宗时期，商品流通比唐朝又有了更进一步发展，出现了世界上最早的纸币——交子。明朝末年，我国又相继出现了近代的金融机构——钱庄和票号，钱庄和票号主要办理兑换银钱、存款、汇兑，从事贷放业务，已有一些银行的特征，但最终限于当时的社会条件而逐渐衰落。

鸦片战争以后，中国沦为半殖民地半封建社会，资本主义银行也随之进入中国。1845年英国在广州设立丽如银行，后改称东方银行。为摆脱外国银行的支配，清政府于1897年在上海成立了中国第一家民族资本银行——中国通商银行，标志着中国现代银行的产生。1928年，当时的国民党政府为了控制中国的金融业，成立了"中央银行"，之后又控制了中国银行、交通银行和中国农民银行，设立了邮政储金汇业局、中央信托局和中央合作金库，逐步形成了以"四行、二局、一库"为核心的官僚买办金融体系。

在革命战争时期，中国共产党在革命根据地建立了人民自己的银行和信用合作机构。在抗日战争中，革命根据地银行发展壮大，到解放战争胜利时革命根据地已建立了30多家银行。1948年12月1日，在华北银行、北海银行、西北农民银行基础上建立了中国人民银行，并立即在全国范围内发行、流通人民币。这标志着中国的银行业发展到了一个新的历史时期。

中央苏区第一家红色银行——蛟洋农民银行

1927年冬,中共上杭北四区区委在领导蛟洋农民运动中,将筹集到的经费在购买准备武装暴动武器的同时,创办了中央苏区第一家红色银行——蛟洋农民银行,以方便群众的资金融通。该行成立后,发行流通券4 000元,面额有一元、二角2种。当地农会工作人员和农民自卫队队员的津贴均用此流通券支付。农民生活有困难,可向银行借款,每人限借流通券5元,不计利息。此项流通券主要在蛟洋地区流通,但由于贸易往来频繁,也在其他城县流通使用。

这家银行的成立,标志着红色金融在中国的初步实践,为后续红色金融的发展奠定了基础。1930年9月,闽西第二次工农兵代表大会决定设立闽西工农银行,进一步推动了红色金融的发展。蛟洋农民银行的成立,不仅在金融上支持了当时的革命活动,也成了中国革命根据地金融体系的重要组成部分。

改革开放以后,中国银行业迅猛发展。当前我国银行业已经发展到拥有上万家法人性质的银行业金融机构,形成了由政策性银行、国有银行、股份制商业银行、城市信用社、城市商业银行、农村信用社、农村商业银行和合作银行共同组成的银行体系,为我国金融体系的完善和经济的发展发挥着重大的作用。

二、商业银行的职能

现代商业银行为保持足够的竞争力和满足社会的需求承担着越来越多的职能,主要有信用中介、支付中介、信用创造和金融服务四大职能。

(一)信用中介职能

信用中介职能是商业银行最基本的职能,也是最能反映其经营活动的职能。商业银行通过负债业务(主要是吸收存款)把社会上的各种闲散资金集中起来,再通过资产业务(主要是贷款和投资)投向各经济部门。在这一过程中,商业银行作为资金贷出者与借入者的中介人,实现资金的融通,并从吸收资金的成本与发放贷款的利息收入或者投资收益的差额中获取利润。

通过信用中介职能,商业银行可以集中社会上零星、短期的资金,将小额的存款资金转化为生产经营所需的大额资金;将社会的短期闲散资金转化为长期的生产经营资金,引导社会资金从效益低的部门流向效益高的部门,起到调整经济结构的作用。

（二）支付中介职能

支付中介职能是商业银行最传统的职能，它是指商业银行利用活期存款账户，为客户办理各种货币结算、货币支付、货币兑换和存款转移等业务活动。可见，商业银行的支付职能是建立在信用中介职能的基础上的。商业银行通过发挥支付中介职能，可以大大减少现金的使用，特别是随着信息通信技术的发展，大量的交易都是通过绑定银行账户的移动支付完成的，这极大地节约了社会的流通成本，优化了货币的结算过程和货币资金的周转过程，促进了社会经济的发展和效率的提高。

（三）信用创造职能

信用创造职能是在信用中介与支付中介职能基础上产生的，是商业银行区别于其他金融机构最显著的特征。商业银行在吸收存款的基础上发放贷款，在票据流通和转账结算的基础上，将贷款转化为存款，在存款不提取的情况下，就增加了商业银行的资金来源，可再次转为贷款，最后整个银行体系形成了超过原始存款的派生存款，这就是商业银行的信用创造职能。商业银行的派生存款产生的过程如图6-1所示。

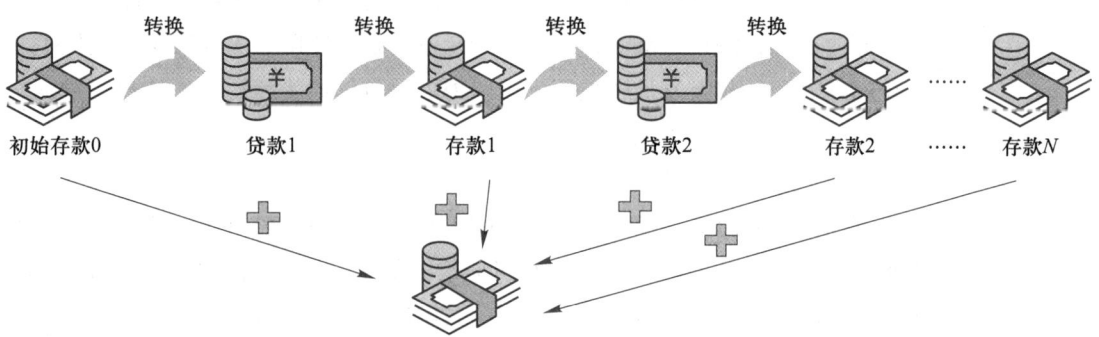

图6-1　商业银行的派生存款产生的过程

商业银行的信用创造职能进一步促进了社会闲散资金的利用，有利于社会经济的发展。同时，商业银行的信用创造职能又是中央银行通过控制派生存款，有效调控金融与经济的重要手段。

（四）金融服务职能

商业银行作为综合性、多功能的金融企业，是"金融百货超市"，可以为公众提供多样化的金融服务。随着社会经济生活日益现代化和利率的市场化，银行业传统业务的竞争也日趋激烈：不仅有来自银行系统内的竞争，还有来自互联网金融的冲击。商业银行在传统的存贷业务和汇兑业务外，需要积极开发和拓展中间业务及互联网金融业务。因此，信息咨询、财务管理、现金管理、担保、代理、保管、银行卡等中间业务应运而生，微信银行、手机银行、网上银行等电子银行业务相继推出，网点智能自助服务体系也不断完善，银行提供的服务范围不断拓展。客户只要到银行，大部分的金融业务和服务都可以得到满足，客户甚至可以自主选择电子银行办理大部分金融业务，银行的服务效率不断提高，服务功能不断完善，对经济的渗透力也不断强化，金融服务职能也成为现代商业银行的重要职能。

三、商业银行在社会经济活动中的作用

（一）商业银行与居民家庭

作为现代金融服务的核心提供者，商业银行通过多样化的金融产品和服务，有力支撑了家庭财务活动的正常运行与发展，是现代家庭经济活动的重要支柱。

1. 为居民家庭提供财富管理渠道

居民家庭作为社会财富积累与资源配置的重要主体，拥有大量闲置资金。为实现资金的保值升值，科学、合理的财富管理策略对居民家庭来说至关重要。商业银行作为经营货币的金融机构，一方面会针对居民家庭资金安全性的需求设计一系列的储蓄存款产品，为居民家庭提供稳定的收益回报；另一方面，商业银行凭借其丰富的金融资源和专业的投资团队，为居民家庭提供了多样化的理财产品和服务。居民家庭可以根据自身的风险承受能力和投资目标选择合适的理财产品，实现财富的增值。

2. 为居民家庭提供信贷支持

当居民家庭面临诸如购置房屋、购置车辆、支付教育支出或应对突发财务需求等重大经济活动时，商业银行可以适时提供各类定制化的个人信贷产品，为居民家庭提供必要的信贷支持，帮助其解决资金需求困境。

3. 为居民家庭提供便捷的支付结算方式

在居民的支付结算活动中，无论是传统的现金流通体系还是现代化电子支付手段的发展演进，商业银行始终作为核心枢纽发挥着关键性的中介和支撑作用。随着信息技术的持续革新与广泛应用，无纸化、数字化支付方式已占据主导地位。商业银行推出了一系列的电子银行服务产品，诸如手机银行、网上银行以及社交媒体银行服务等。便捷的电子渠道有效地提升了居民资金转账、消费支付以及账户管理的效率，实现了金融服务的无缝对接与即时可用性，有力地促进了社会经济活动的高效运转。

（二）商业银行与企业

商业银行在企业发展过程中不仅为其提供了多样化的金融服务，还在很大程度上影响着企业的生存与发展、战略决策以及市场竞争能力。

1. 为企业的稳健运营提供资金支持

我国的融资结构以间接融资为主,企业作为社会资金的主要需求方,其资金来源主要依靠商业银行。商业银行通过贷款、贸易融资、项目融资等方式为企业提供资金支持。特别是对于不能在资本市场筹集资金的中小企业,商业银行的资金显得尤为重要,能有效弥补中小企业在直接融资市场上的短板。商业银行凭借其强大的资金融通功能和专业服务优势,满足了企业短期与长期的资金需求,推动企业稳健运营,助力其持续发展壮大。

2. 增强企业竞争力

首先,商业银行为企业创新研发活动提供资金保障,助力企业推出更具市场竞争力的产品,推动企业的技术进步和产业升级。其次,商业银行为企业提供多元化的金融产品和服务,如信用证、保理、票据承兑和担保等,帮助企业提高信誉度,便利贸易结算,为企业的发展壮大奠定了坚实的基础。

3. 帮助企业提升风险管理的效率

在为企业提供贷款或金融服务之前,依托先进的大数据分析技术和完备的信用信息系统,商业银行能够精准构建翔实的企业信用档案,此档案不仅有助于企业洞察自身的信用状况及市场定位,更能及时发现并应对潜在的风险。企业获得贷款后,商业银行会持续进行贷后管理,对企业的日常运营状况及资金使用效率进行动态监测。这不仅是商业银行强化内部控制、有效防控信贷风险的核心手段,更是其通过实时反馈机制为企业提供有针对性的风险管理指导的有效手段,从而促使企业及时识别并妥善应对可能面临的各种挑战,进而有效提升企业的风险管理效率。

(三)商业银行与政府

商业银行能为政府提供市场运行状况的关键信息反馈,并在法规执行与监管配合方面扮演重要角色,以促进经济社会的健康发展。

1. 商业银行是货币政策有效传导的重要载体

商业银行因其内在的金融中介属性和系统性重要地位,在宏观经济调控中发挥着无可替代的核心作用。中央银行运用法定准备金率、再贴现率等货币政策工具,通过对商业银行资金成本和信贷创造能力施加影响,实现对货币供给总量及市场利率结构的有效调整,进而影响实体经济的运行。中央银行货币政策效应的充分释放及其目标的精确达成,在很大程度上依赖于商业银行这一传导渠道的畅通与否,以及应对政策变化的灵活性和响应效率。

2. 助力政府治理能力的提升

商业银行凭借其广泛的金融服务能力和专业的融资能力,为地方政府在推进基础设施建设、优化公共事业服务等关键领域提供了强有力的资金支持,从而有效加快了城市建设的步伐,提升了城市的综合竞争力及可持续发展能力。

此外，商业银行通过多样化的信贷政策，为区域经济实体的成长壮大提供资金保障，促进了产业创新升级和结构调整。这种对地方企业的持续支持不仅直接激发了当地就业市场的活力，增加了就业岗位，而且间接带动了产业链上下游的发展，提高了整体经济效益和社会福祉水平，推动政府治理能力的不断提升。

3. 维护金融系统的稳定

商业银行的稳健运营关系着金融体系的稳定与否。在政府的宏观指导与政策框架内，商业银行积极履行其社会责任并扮演着维护金融体系稳健运行的关键角色。在政策执行层面，商业银行系统性地响应中央银行的各项政策指引，通过审慎灵活地调整自身的信贷投放规模、结构以及利率定价策略，精准对接实体经济发展的多元化融资需求，有效引导市场流动性合理分布，实现资源的优化配置，保障金融市场的供需平衡与稳定健康发展。

第二节　商业银行的组织与经营

微课：商业银行的类型

一、商业银行的类型

按照资本所有权、业务范围和经营模式的差异，商业银行可分为不同的类型。

（一）按照资本所有权划分

按照资本所有权划分，商业银行可分为私人商业银行、股份制商业银行和国有商业银行三类。

私人商业银行是由若干出资人共同出资组建的，规模一般比较小，这在我国比较少见，在整个银行系统中占比也非常低；股份制商业银行是按照股份制公司模式组建的，是现代商业银行体系中最主流的形式，我国大部分银行都属于股份制商业银行；国有商业银行是由国家或政府出资组建的，这种银行规模一般比较大，我国国有商业银行有6家，即中国工商银行、中国银行、中国建设银行、中国农业银行、交通银行及中国邮政储蓄银行。

（二）按照业务范围划分

按照业务范围划分，商业银行可分为地方性银行、区域性银行、全国性银行及国际性银行。

地方性银行主要以所在社区客户为服务对象，比如我国的村镇银行就属于典型的地方性银行；区域性银行是以所在城市、区域为主要服务对象的商业银行，我国省域和市域型城市商业银行就属于此类银行；全国性银行的服务范围涉及全国，如全国性的股份制银行和国有商业银行就属于全国性银行；国际性银行是指世界金融中心的银行，以国际客户为主要服务对象，如大型的跨国银行汇丰银行、渣打银行等就属于国际性银行。

（三）按照经营模式划分

按照经营模式划分，商业银行可分为职能分工型商业银行和全能型商业银行。

（1）职能分工型商业银行指法律限定金融机构必须分门别类地经营相关业务，各有专司。职能分工模式下，商业银行主要经营工商信贷业务和支票存款业务，其他诸如证券投资业务、保险业务及信托业务等则由专业性银行或非银行金融机构经营。20世纪70年代前，这一类型的商业银行主要存在于美国、日本和英国。当前，我国商业银行的经营模式也属于此类，商业银行只能从事存贷款等银行业务，不能从事证券、保险及信托等业务。

（2）全能型商业银行是指可以经营一切银行业务，包括各种期限和种类的存贷款以及其他证券、信托等金融业务的银行。在此模式下，没有银行业务之间的界限划分，各种银行都可以经营存贷款、证券买卖等业务。全能型商业银行模式以德国、瑞士、法国等欧洲大陆国家为典型代表。

> **思考与实践**
> 在全能型商业银行发展背景下，我国商业银行应如何应对？

二、商业银行的组织形式

商业银行的组织结构是指一国用法律形式确定的商业银行体系结构，主要包括外部组织形式和内部组织形式两种。

（一）商业银行的外部组织形式

1. 单一银行制

单一银行制又称单元银行制，指只有一个独立的银行机构而不设立分支机构的银行组织制度。这是美国最古老的一种银行组织形式，也是由美国特殊的历史背景和政治制度所决定的。美国是一个各州拥有较高独立性的联邦制国家，早期为了平衡东西部经济发展的不平衡，保护地方中小企业和小银行，一些州政府通过颁布州银行法，禁止或者限制其他地区的银行到本地开设分支行，于是形成了这种独立银行机构的银行组织形式。我国村镇银行也参照这种银行组织形式，不开设分支机构，主要为当地农民、农业和农村经济发展提供金融服务。

单一银行制的优点包括：① 可以限制银行业的兼并和垄断，有利于自由竞争；② 有利于协调银行与地方政府的关系，使银行更好地为地区经济发展服务；③ 由于其独立性和自主性强，业务经营的灵活性较大，管理起来也较容易；④ 内部层次较少，有利于政策的快速传导，便于管理目标的实现。

但这种银行制度也存在相应的问题：① 单一制的银行规模较小，经营成本较高，难以取得规模效益，且银行抗风险能力有限；② 与经济的横向开放性发展存在矛盾，人为地降低了资本流动的效率，削弱了银行的竞争力；③ 单一制银行的业务过度集中于某一地区或某一行业，经营风险较大。

2. 分行制

分行制又称分支行制，是指法律上允许在除总行以外的本地或外地设有若干分支机构的一种银行制度，是当前世界上最常见的一种银行组织形式。实行这一制度的商业银行可以在总行以外普遍设立分支机构，分支银行的各项业务统一遵照总行的指示办理。

按管理方式不同，分支行制又可进一步划分为总行制和总管理处制。总行制是总行除管理控制各分支行外，本身也对外营业和办理业务；总管理处制是指总行只负责控制各分支行，本身不对外营业，总行所在地另设对外营业的分支行或对外营业部。我国大部分股份制商业银行采用总管理处制。

与单一银行制相比，分行制的优点包括：① 实行这一制度的商业银行的分支机构众多，便于银行拓展业务范围，扩大经营规模，提高银行竞争力；② 众多的分支机构便于资产在行业和地区上分散，有利于银行经营风险的分散，提高银行的安全性；③ 在总行与分行之间，可以实行专业化分工，总行负责技术研发，支行负责业务拓展，可以大幅度地提高银行工作效率；④ 由于总行数量少，金融监管当局只要通过管理控制总行，就可以对整个银行业进行管理控制，便于金融管理当局的宏观管理；⑤ 分行制的银行规模大，总行易于采用现代化技术，广泛开展金融服务，取得规模效益。

但分行制也不可避免地存在缺点：① 容易加速垄断的形成，阻碍自由竞争；② 实行这一制度的银行规模大，内部层次多，从而增加了银行管理的难度，在银行内部传导政策时容易出现一定的偏差。但就总体而言，分行制更能适应现代化经济发展的需要，因而受到各国银行界的普遍认可。

3. 集团银行制

集团银行制又称为持股公司银行制，是指由少数大企业或大财团设立控股公司，再由控股公司控制或收购若干独立的商业银行而建立的一种银行制度。在法律上，这些银行都是独立的，但其业务与经营决策统属于同一股权公司所控制。这种形式在集团内部可以实行单一银行制，也可以实行分行制，因而能有效回避限制开设分行的约束，这也使得这种银行制度在美国最为流行。

集团银行制的优点包括：① 集团银行制可以规避跨区域设置分支行的限制，并兼顾单一银行制和分行制的优点，内部治理结构灵活；② 可以规避分业经营的限制，扩大集团经营范围，实现业务多样化和分散化，增强风险和收益的管理；③ 银行持股公司规模大，可以统筹兼顾，增强内部金融机构的合作，提高控股企业的经营效率。

集团银行制的缺点则在于容易形成银行业的集中和垄断，不利于银行业的竞争，同时由于集团内部业务多样，加大了监管的难度。

4. 连锁银行制

连锁银行制又称为联合银行制，是指某一集团或某一人购买若干独立银行的多数股票，从而控制这些银行的组织形式。这种控制可以通过持有股份、共同指导或其他法律形式完成。在这种体制下，各银行在法律地位上是独立的，掌握各自的业务和经营政策，具有自己的董事会。

连锁银行制与集团银行制的区别在于没有控股公司的形式存在，而是通过若干商业银行相互持有对方的股票，相互成为对方的股东的方式结为连锁银行。这些银行表面上看是相互独立的，但它们会以其中的主要银行为集团确立银行业务模式，形成集团内部联合，在业务上相互配合、相互支持，经常互相调剂资金余缺。集团银行制与连锁银行制的区别如图6-2所示。

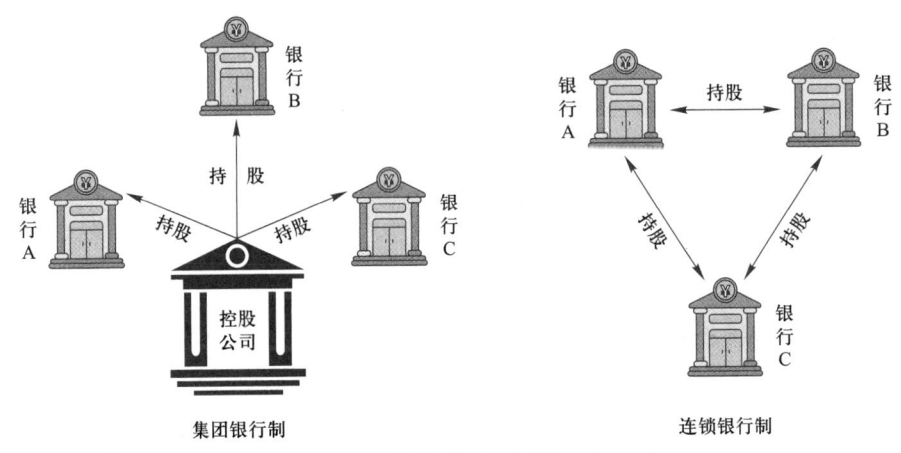

图6-2 集团银行制与连锁银行制的区别

（二）商业银行的内部组织形式

商业银行的内部组织形式是银行内部各部门之间相互联系、相互作用的组织管理系统，一般分为三类，即决策机构、执行机构和监督机构。

1. 决策机构

商业银行的决策机构主要由股东大会和董事会组成。

（1）股东大会是股份制商业银行的最高权力和决策机构。购买银行发行的普通股票的投资者都是银行的普通股东，有权参与银行的股东大会。股东大会每年定期或不定期召开，股东们有权审议银行的一切业务报告，有权对银行的经营方针政策和一些重大决策进行表决。

（2）董事会是由股东大会选举产生的，代表股东大会执行股东大会的决议，对股东大会负责。董事会的职责包括制定银行目标、确定银行政策模式、选举管理人员、建立委员会、提供监督和咨询以及为银行开拓业务。

2. 执行机构

商业银行的执行机构由总经理(行长)和副总经理(副行长)及其领导的各业务职能部门组成。总经理(行长)是商业银行的最高行政负责人，他的主要职责是执行董事会的决议，组织领导银行的业务经营活动。在总经理(行长)的领导下，商业银行还要设置若干个业务及职能部门。业务部门负责经办各项银行业务，直接面对客户提供服务；职能部门实施内部管理，帮助各业务部门开展工作，为业务管理人员提供意见、咨询等。

3. 监督机构

商业银行的监督机构由监事会和稽核部门组成。监事会由股东大会选举产生，代表股东大会对商业银行的业务经营和内部管理进行监督。稽核部门是董事会或管理层领导下的一个部门，其职责是维护银行资产的完整和资金的有效营运，对银行的管理与经营服务质量进行独立的评估。

> **思考与实践**
>
> 登录任意一家商业银行官网，查找资料，完成以下任务：
> 1. 了解该商业银行属于哪种外部组织形式。
> 2. 了解该商业银行的内部组织形式。

微课：商业银行的经营管理

三、商业银行的经营原则

（一）"三性"原则

商业银行作为企业，它的经营目标是利润最大化。但商业银行又是特殊的企业，对社会经济的影响比一般企业要大。商业银行在经营过程中一般应遵循以下原则：

1. 安全性原则

商业银行在社会经济活动中所处的中介地位决定了其安全经营的重要性。所谓安全性原则是指银行的资产、收益、信誉及所有经营生存发展的条件免遭损失的可靠程度。安全性原则是商业银行生存和发展的基础。

2. 流动性原则

流动性原则是指商业银行应保持及时支付客户全部应付款项的能力。商业银行的流动性包含两层含义：既要满足客户存款取现和转账的需求，也要满足客户对贷款的需求。

为保持流动性，商业银行在安排资金运用时，要持有适量流动性高的资产，并合理安排负债业务结构，保持较多的融资渠道和较强的融资能力。商业银行应根据资金流动性变化规律，运用一定的预测分析工具对未来的流动性需求和供给作出正确估计并对资金作出合理安排。

3. 盈利性原则

盈利性是指商业银行为其所有者追求盈利最大化，是商业银行改进服务、拓展业务和改善经营的内在动力。盈利性原则是商业银行经营活动的最终目标。

商业银行盈利水平越高，就能积聚更多的资本，提高客户对银行的信任度，从而有利于扩大业务规模和增强竞争实力。商业银行的盈利源于银行业务收入与银行业务支出之差。因此要提高盈利水平，商业银行就需要尽可能地提高银行收入，通过提供更好的金融服务获得更多的服务和利息收入，并尽可能地降低银行业务的成本。

（二）"三性"原则之间的关系

商业银行经营的安全性、流动性和盈利性原则之间既对立又相互统一。

三者的相互统一体现在：它们共同构成了商业银行正常经营的必要条件。安全性是商业银行经营的前提，只有保证了经营的安全性，才能正常获得盈利；流动性是商业银行正常经营的条件，是商业银行资产安全性的保证，只有保持资产的正常流动，才能防止出现流动性危机，威胁银行运营的安全；盈利性是商业银行经营的最终目标，维持流动性和安全性都是为银行的盈利打好基础。

一般来说，商业银行的安全性与流动性原则呈正相关关系，但安全性和流动性两大原则与盈利性原则呈现反向关系。商业银行很难同时实现安全性、流动性和盈利性目标。在日常经营中，商业银行只能协调处理三者之间的关系，在保证安全性和流动性的前提下，尽可能地提高盈利水平，实现安全性、流动性和盈利性的最佳组合。

第三节 商业银行的业务

一、负债业务

负债业务是指商业银行获得资金来源的业务，是商业银行开展资产业务和中间业务的基础。总体来看，商业银行资金来源包括自有资本和吸收外来资金两大部分。

（一）自有资本

商业银行的自有资本是其开展各项业务活动的初始资金，主要包括股本、公积金、未分配利润、债务资本和其他来源。自有资本一般只占商业银行资金来源的很小一部分。商业银行自有资本的多少，体现了商业银行的实力和信誉，是商业银行抵御风险的重要保障，也是商业银行吸收资金的基础，对商业银行稳健经营起着重要作用。

（二）吸收外来资金

商业银行吸收外来资金主要有各类存款和借款。

1. 各类存款

存款是商业银行负债业务中最重要的业务，也是商业银行最主要的资金来源，在商业银行全部负债业务中的占比也最大，主要有以下类型：

（1）按照期限分为活期存款、定期存款和定活两便存款。

① 活期存款主要是指没有确切的存款期限规定，存款者可随时存取和转让，银行也无权要求客户取款时做事先书面通知的存款。活期存款的提取方式很多，如开出支票、本票、汇票、电话转账、使用自动柜员机及其他各种方式等。在各种取款方式中，最传统的是支票取款，因此活期存款也叫支票存款。

② 定期存款是指客户与银行预先约定存款期限的存款。定期存款的期限通常为3个月、6个月和1年不等，期限最长的可达3年、5年，甚至更长。定期存款的利率根据期限的长短不同而存在差异，存款期限越长，利率越高，但都高于活期存款的利率。定期存款的存期固定，而且期限较长，从而为商业银行提供了稳定的资金来源。

③ 定活两便存款是指客户存款时不确定存期，可随时到银行提取，以实际存期和规定的利率档次计息，支取时一次还本付息，兼有定期和活期两种性质的一种存款。

（2）按照存款主体分为单位存款和个人储蓄存款。

① 单位存款又称对公存款，是指企业、事业、机关、部队和社会团体等单位在金融机构办理的存款。单位存款主要有活期存款、定期存款、通知存款、协定存款及保证金存款。通知存款是指存款人不约定存期，在支取时须事先通知存款银行的一种人民币存款。通知存款不得作为结算账户使用。协定存款是客户按照与金融机构约定的存款额度开立的结算账户，账户中超过存款额度的部分，金融机构自动将其转入协定账户，并以协定存款利率计息的一种企业存款。保证金存款是商业银行为客户出具的具有结算功能的信用工具或提供资金融通后，按约履行相关义务，而与其约定将一定数量的资金存入特定账户所形成的存款类别。在客户违约后，商业银行有权直接扣划该账户中的存款，

以最大限度地减少银行损失。

② 个人储蓄存款主要是指居民个人为了积蓄货币和取得利息收入而开立的存款账户。个人储蓄存款也可分为活期和定期两种。个人活期储蓄存款无固定存款期限，银行发给储户存折和卡作为存取款凭证，但储户不能据此签发支票，支取时只能提取现金或先转入储户的活期存款账户。个人定期储蓄存款类似于定期存款，有约定期限，利率较高。如果要提前支取，储户必须预先通知银行。储蓄存款账户通常只限于个人和非营利组织开立。

随着金融市场的发展和人们交易方式的需要，存款品种在传统品种的基础上也不断创新，当前主要的创新品种有可转让支付命令账户、自动转账服务账户、超级可转让支付命令账户、货币市场存款账户、大额可转让定期存单、协定账户和个人退休金账户等。

2. 借款

商业银行的借款业务主要有向中央银行借款、同业借款、发行金融债券、向国际金融市场借款及结算过程中的短期资金占用五类。

（1）向中央银行借款，中央银行是银行的银行，是商业银行的最后贷款人。当商业银行出现资金不足时可向中央银行借款。一般说来，商业银行向中央银行借款，主要的目的在于缓解本身资金的暂时不足，而非用来赢利。商业银行向中央银行借款主要有两种形式：第一种是再贴现，即把自己办理贴现业务所买进的未到期票据向中央银行进行贴现；第二种是再贷款，即商业银行向中央银行直接借款，主要用于解决临时性的资金需求。在发达国家，商业银行向中央银行借款时需用自己持有的合格票据、银行承兑汇票、政府债券等有价证券作为抵押，但我国此类借款通常是信用借款。

（2）同业借款是指商业银行间及商业银行与其他金融机构之间发生的短期资金融通活动，主要有同业拆借、转贴现、转抵押和回购协议四类。

（3）发行金融债券，金融债券主要有一般性债券和资本性债券。一般性债券是商业银行为了解决其中长期资金来源而发行的，以其本身的财产作抵押的担保债券或以自身信用为保证发行的信用债券。资本性债券也称次级债券，是商业银行为解决其资本金不足而发行的、按照《巴塞尔协议》规定可计入附属资本的长期次级债券，其偿还顺序落后于一般性债券，但优先于股本。发行金融债券是商业银行筹集长期资金来源的重要途径。

文档：巴塞尔协议体系

（4）向国际金融市场借款，随着经济、金融全球化的推进，商业银行还可以在国际金融市场通过借款、发行CDs、商业票据和金融债券等方式筹集资金。其中，最典型的就是从欧洲货币市场借款。欧洲货币市场是一个不受任何国家管制与纳税限制，完全自由开放的市场。在欧洲货币市场上，银行存款无须缴纳存款准备金和存款保险费，银行获得存款的成本降低，相应的放贷利率也比较低，因而借款银行在欧洲货币市场获得的借款成本相对也会比较低。

（5）结算过程中的短期资金占用。银行在替客户办理转账结算等业务过程中可以在收进款项与完成业务之间的这段时间内占用客户的资金，这也是商业银行可利用的一项资金来源。在银行业务往来过程中，不可避免地会产生资金的相互占用。本行结算时应付账款大于应收账款，就会占用他行资金。虽然从银行占用的每笔资金来看，占用时间很短，但由于周转金额巨大，因而占用的资金数量总和也就相当可观。但随着资金清算划拨的电子化和自动化，资金清算的周期越来越短，银行可占用的资金也会减少。

数字金融创新

运用大数据预测客户存款行为

金融科技的发展加速了金融脱媒，使商业银行负债业务客户逐渐流失，给商业银行的经营带来一定的冲击。为破解负债业务发展困境，紧跟金融科技发展动态，商业银行充分利用行业数据优势，运用大数据预测客户存款行为。

在传统经营中，商业银行主要依靠在营业厅推广优惠活动、客户经理直接推销等手段吸引客户储蓄。随着互联网技术的发展，客户到营业厅的次数减少，传统的营销手段效果大打折扣。此时，运用大数据预测客户存款行为，有针对性地进行吸储营销，能大幅提高营销效率和客户黏性。依托大数据资源平台，商业银行获取客户数据后，将其纳入数据分析模型中，对客户资金进行实时关注，通过概要分析数据字段和相关内容，按照机械学习开放步骤，对客户数据的使用采用特征工程，建立逻辑回归模型，预测客户是否会存款，并实时评估模型的精确度，其流程如图6-3所示。相比人工揽储，运用大数据预测客户存款行为，可大幅降低揽储成本，稳定负债业务发展，破除存款发展瓶颈。

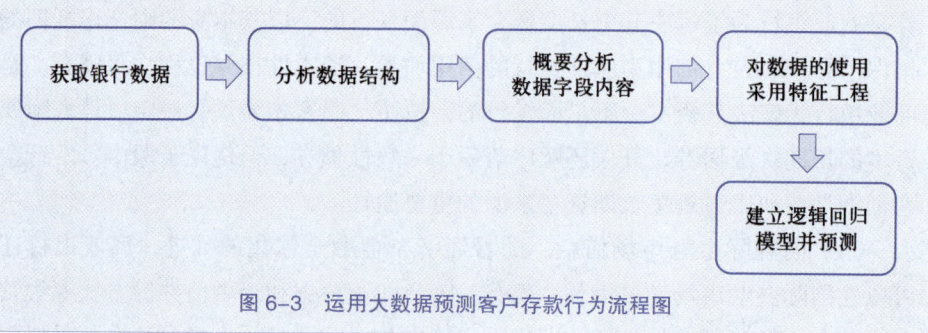

图6-3 运用大数据预测客户存款行为流程图

二、资产业务

商业银行的资产业务是指商业银行对资金加以运用的业务,是银行获取收益的重要途径。一般而言,商业银行的资产业务主要包括现金资产、贷款以及证券投资业务三类。

(一)现金资产

现金资产是商业银行流动性最强的资产,是银行随时可用于支付客户现金需要的资产,一般不能给商业银行带来直接的收益,但它是商业银行维持正常运营所必需的。狭义的现金资产是指银行库存现金;广义的现金资产即现金和准现金,包括库存现金、在中央银行的存款、同业存款和托收中的现金。

(二)贷款

贷款是商业银行按照一定的贷款原则和政策,以还本付息为条件将一定数量的货币资金提供给借款人使用的一种借贷行为。贷款是商业银行最传统核心的业务,也是商业银行占比最大、最重要的资产,是商业银行取得利润的主要途径。商业银行贷款种类很多,按照不同分类方式可以分为不同类型。

1. 按照贷款期限划分

按照贷款期限划分,贷款可分为短期贷款、中期贷款和长期贷款。短期贷款是期限在1年以内(含1年)的贷款,一般用于满足企业各种临时性、季节性的资金需求;中期贷款是期限在1年以上(不含1年)5年以下(含5年)的贷款,一般用于企业的更新改造;长期贷款则是期限在5年以上(不含5年)的贷款,一般用于企业的基本建设。

2. 按照保障程度划分

按照保障程度划分,贷款可分为信用贷款、担保贷款和票据贴现。信用贷款是指银行完全凭借客户的信誉、无须提供抵押物或第三者保证而发放的贷款。担保贷款是指具有一定的财物或信用作还款保证的贷款。根据还款保证的方式不同,担保贷款具体分为抵押贷款、质押贷款和保证贷款。抵押贷款和质押贷款都需要借款人或第三方提供抵押或质押物作为偿还贷款的保证,一旦贷款不能偿还,银行有权处置抵押物或质押物来弥补损失。保证贷款是由第三方承诺在借款人不能偿还贷款时,由保证人代为清偿债务的贷款。票据贴现是贷款的一种特殊方式,它是指银行应客户的要求,购买客户持有的未到期的商业票据而发放的贷款。票据贴现本质上是以票据为抵押发放的贷款,加上票据是可以流通转让的,所以这种贷款的安全性和流动性都较高。

抵押贷款与质押贷款的区别

抵押贷款和质押贷款都是用抵押品来担保贷款的一种方式。但是，它们之间有一些关键的区别，主要区别如表6-1所示。

表6-1 抵押贷款与质押贷款的区别

指标	抵押贷款	质押贷款
担保物类型	不动产、动产	动产、有价证券、存款等
抵押登记	须登记	无须登记
抵押权的实现	拍卖抵押品	处置质押品
留置权	不具有留置权	具有留置权
贷款利率	一般较高	一般较低
贷款期限	一般较长	一般较短

3. 按照贷款偿还方式划分

按照贷款偿还方式划分，贷款可分为一次性偿还贷款和分期偿还贷款。一次性偿还贷款是指借款人在贷款到期时向商业银行一次性偿还本金的贷款。这种贷款的利息可以分期支付，也可以在到期时本息一次性付清。分期偿还贷款是借款人按预先约定的期限分次偿还本金和支付利息的贷款。商业银行中长期贷款大都采用这种方式，关于分期偿还的次数、每次偿还的本金数额、支付利息的数额等都由借贷双方事先确定，并在借款合同中明确规定下来。

4. 按照贷款质量划分

商业银行依据借款人的实际还款能力进行贷款质量的五级分类管理，即按照风险程度将贷款划分为正常、关注、次级、可疑、损失五类，后三种为不良贷款。

正常贷款，是指借款人能履行合同，没有足够理由怀疑贷款本息不能按时足额偿还的贷款；关注贷款，是指借款人目前有能力偿还贷款本息，但存在一些可能对偿还产生不利影响因素的贷款，因此需要对其进行关注或监控；次级贷款，是指借款人的还款能力出现明显问题，依靠正常的经营收入已无法保持足额偿还本息，即使执行担保，也可能会造成一定损失的贷款；可疑贷款，是指借款人无法足额偿还本息，即使执行抵押或担保，也肯定要造成较大损失的贷款；损失贷款，是指采取了所有可能的措施和一切必要的法律程序之后，本息仍无法收回，或只能收回极少部分的贷款。

（三）证券投资业务

商业银行的证券投资业务是商业银行将资金用于购买有价证券的活动，主要是通过证券市场买卖股票、债券等有价证券进行投资的一种方式。商业银行参与证券投资业务的目的主要是增加收益、分散风险和增加流动性。因此，商业银行通常投资于安全性好、变现能力强、盈利性较高的有价证券，投资对象以债券为主，包括国库券、中长期国债、政府机构债券、市政债券及信用等级高的企业债券。

《中华人民共和国商业银行法》规定，商业银行在中华人民共和国境内不得从事信托投资和证券经营业务，不得向非自用不动产投资或者向非银行金融机构和企业投资，但国家另有规定的除外。

三、中间业务

商业银行中间业务是指不构成商业银行表内资产、表内负债，形成银行非利息收入的业务，即能为银行带来货币收入，却不列入银行资产负债表内的业务。中间业务不运用或不直接运用自己的资金，以收取手续费的形式获取收入，通常风险较低。中间业务种类很多，我国商业银行的中间业务可以分为以下九类：

（一）支付结算类中间业务

支付结算类中间业务是指由商业银行为客户办理因债权债务关系引起的与货币支付、资金划拨有关的收费业务。支付结算类中间业务由结算工具和结算方式组成，结算工具包括银行汇票、商业汇票、银行本票和支票；结算方式包括同城结算和异地结算两种方式，具体又可细化为汇款、委托收款、托收承付和国内信用证。其他支付结算业务还包括利用现代支付系统实现的资金划拨、清算，利用银行内外部网络实现的转账等业务。

（二）银行卡业务

银行卡业务是指商业银行依托银行卡这一支付工具，向客户提供账户管理、支付结算、现金存取、消费信贷等多种综合性金融服务的业务体系。其服务范围广泛，涵盖账户开立、资金结算、跨行转账、自动取款（ATM）、POS机消费、线上支付、余额查询，以及信用管理等多个方面。根据不同的功能属性，银行卡可从多维度进行分类：按清偿方式划分，可分为贷记卡、准贷记卡和借记卡；按结算币种划分，可分为人民币卡和外币卡；按发卡对象划分，可分为个人卡和单位卡；按使用权归属关系划分，则可分为主卡和附属卡。各类银行卡在满足多样化金融需求的同时，也不断推动支付服务的现代化与便携化。

(三）代理类中间业务

代理类中间业务指商业银行接受客户委托、代为办理客户指定的经济事务、提供金融服务并收取一定费用的业务，包括代理政策性银行业务、代理中国人民银行业务、代理商业银行业务、代收代付业务、代理证券业务、代理保险业务、代理其他银行的银行卡收单业务等。

（四）担保类中间业务

担保类中间业务指商业银行为客户债务清偿能力提供担保，承担客户违约风险的业务，主要包括银行承兑汇票、备用信用证、各类保函等。

（五）承诺类中间业务

承诺类中间业务是指商业银行在未来某一日期按照事前约定的条件向客户提供约定信用的业务，主要指贷款承诺，包括可撤销承诺和不可撤销承诺两种。可撤销承诺附有客户在取得贷款前必须履行的特定条款，在银行承诺期内，客户如没有履行条款，则银行可撤销该项承诺；不可撤销承诺是银行未经客户允许不得随意取消的贷款承诺，具有法律约束力，包括备用信用额度、回购协议、票据发行便利等。

（六）交易类中间业务

交易类中间业务指商业银行为满足客户保值或自身风险管理等方面的需要，利用各种金融工具进行的资金交易活动，主要包括金融衍生业务，即远期合约、金融期货、互换、期权等。

（七）基金托管业务

基金托管业务是指有托管资格的商业银行接受基金管理公司委托，安全保管所托管基金的全部资产，为所托管的基金办理基金资金清算、款项划拨、会计核算、基金估值、监督管理人投资运作。基金托管业务包括封闭式证券投资基金托管业务、开放式证券投资基金托管业务和其他基金的托管业务。

（八）咨询顾问类业务

咨询顾问类业务指商业银行依靠自身在信息、人才、信誉等方面的优势，收集和整理有关信息，并通过对这些信息以及银行和客户资金运动的记录和分析，并形成系统的资料和方案，将这些信息提供给客户，以满足其业务经营管理或发展需要的服务活动。咨询顾问类业务主要包括企业信息咨询业务、资产管理顾问业务、财务顾问业务、现金管理业务等。

（九）其他类中间业务

其他类中间业务包括保管箱业务以及其他不能归入以上八类的业务。

> **思考与实践**
>
> 以 B 银行供应链金融产品"融易达"为例：

A公司为上市公司,是液晶显示器(LCD)生产企业,年营业额达几十亿美元。A公司拥有大量的国内配套卖方,结算周期一般为货到后两个月付款。A公司的卖方多为中小企业,在B银行没有授信额度或额度不足。A公司为了给其卖方提供支持,也为了维持其赊销的付款方式,决定在B银行办理"融易达"业务,B银行与A公司的卖方签署了"融易达"业务协议之后,在全额占用A公司授信额度而不占用卖方授信额度的情况下,为A公司的卖方提供了融资。

请回答:"融易达"业务的办理为A公司和其卖方分别解决了什么问题?

第四节　金融科技在商业银行的应用

金融科技主要是指由大数据、区块链、云计算、人工智能等新兴前沿技术带动,对金融市场和金融服务产生重大影响的新兴业务模式、新技术应用、新产品服务等。金融科技可以提高金融服务效率和降低金融服务成本,在借贷、财富管理、征信、众筹、支付、数字货币、互联网保险和零售银行等领域获得了广泛的应用。当前在商业银行应用较多的主要是大数据、人工智能、云计算及区块链等技术。

金融观察

银行业金融科技为我国经济注入新活力

近年来,银行业金融科技的发展正在深刻地改变着传统银行业务模式,并为我国经济发展注入了新的活力。目前,在普惠金融、小微金融、财富管理、供应链金融、"三农"金融等方面,金融科技都起到了重要的产品创新支撑和提效作用。比如,金融科技为破解农村金融服务难题开辟了新路径:一是提高信贷融资的可得性。金融科技对农民、农业数字足迹的可记录、可追溯将有效缓解农村地区长期存在的信息不对称难题。二是提高金融服务的普惠性。金融科技触点多,成本低,可以拓宽服务渠道,改进业务流程,实现农村金融服务广泛触达。三是提高开放银行的包容性。金融科技让银行发挥信息中介的关键纽带作用,推动金融与非金融服务的互通共享。金融科技有力地助推金融活水流入实体经济的重点领域和薄弱环节,助力我国经济实现高质量发展。

在金融科技背景下,数字化转型将是银行的重点发力领域。据中国银行业

> 协会发布的《中国银行家调查报告(2023)》显示，60.2%的受访银行家认为借助科技手段进行数字化转型，是银行业最主要的特色化经营策略；51.9%的受访银行家认为"金融科技引领数字化转型，带动业务增长"是银行业推进利润增长的重要途径。

一、大数据技术在商业银行的应用

（一）大数据技术的含义

大数据是指海量的数据集，它在本质上具有体量大、种类多、变化快、变数多等特征，需要一种易扩展的技术来有效存储、处理、管理和分析。大数据技术是指用于收集、存储、处理和分析大数据的技术，包括数据采集、数据存储、数据处理、数据分析、数据可视化等多个方面。大数据技术包含资源、技术和应用三层含义：一是体量巨大、丰富多样、变化繁多的数据集，这是大数据的基础；二是先进的数据处理和分析技术，容易提取高价值的信息；三是数据分析结果的价值产生机制，可以更好地辅助客户决策，挖掘潜在价值。

（二）大数据技术在商业银行的具体应用

大数据技术在商业银行的具体应用主要包括客户关系管理、大数据营销、大数据反欺诈、大数据风控等。

1. 客户关系管理

商业银行利用大数据技术建立丰富的客户数据库，可以帮助其更好地了解客户，包括客户的消费习惯、偏好、需求等。通过对客户数据的分析，商业银行可以更加精准地识别客户需求，提供个性化的服务，提升客户满意度。

2. 大数据营销

商业银行依托大数据技术将收集到的学历、年龄、职业、家庭状况、网络应用浏览记录、交易信息等用户特定信息进行聚合关联，并通过大数据分析模型实现对目标客户的精准画像。在用户画像的基础上，商业银行能够对客户开展精准营销，如实时营销、交叉营销、个性化推荐等。

3. 大数据反欺诈

大数据技术可以借助第三方数据对客户信息进行交叉检验，有效识别虚假信息，可以通过机器学习或深度学习算法对历史欺诈数据进行训练，最终实现智能监控。商业银行大数据平台实时反欺诈功能通过客户的自然属性、客户信用度、资产负债状况、交易环境等信息进行实时交易行为监测，通过交易记录、频度、位置等信息，实时分析判断交易风险，并针对不同类别和级别的疑似欺诈交易做相应处理，将传统的风险事后跟踪转变为事中控制。实时反欺诈大数据分析可以通过统一管理商业银行内部的多源异构数据并结合外部征信数据，建立完善的风险防范体系。

4. 大数据风控

相比较传统的信贷风险管理手段，大数据风控的风险数据来源和维度更广，不仅包括传统的收入水平、支付能力、信用指标等结构化数据，而且包括用户行为、社会属性、金融产品评价、图片、语音、地理位置等半结构化或非结构化数据。此外，大数据风控的数据挖掘更注重数据间的相关关系，而非传统风控注重的因果关系，可以对贷款全流程风险进行监控，如贷前客户准入风险分析、贷中风险动态监测及贷后催收。

二、人工智能技术在商业银行的应用

（一）人工智能技术的含义

人工智能（Artificial Intelligence，AI）技术是一种整合生物学、心理学、数学等学科的理论，使用计算机系统模拟、扩展和延伸人类智能活动的技术方法，它在本质上是对人类意识和思维方式的模拟、探索。人工智能技术主要由计算机听觉、计算机视觉和机器学习等不同部分组成，其目的是通过赋予机器与人类同样的听觉、视觉等"感官"，使机器能够效仿人类进行学习、思考和判断，从而代替人类实现认知、识别、分析和决策，最终实现帮助人类完成复杂工作的目标。

（二）人工智能技术在商业银行的具体应用

人工智能技术能够为商业银行的数字化转型提供全流程的业务技术支持。目前人工智能技术在商业银行的业务应用主要包括客户服务、智能风控、运营管理、产品研发等方面。

1. 客户服务

人工智能技术可以用于智能客服、智能营销、智能投顾等客户服务。商业银行利用语音识别、自然语言处理等技术，为客户提供 7×24 小时的智能客服服务；借助机器学习的技术构建标准化投资模型，通过网络平台为客户提供在线投资顾问服务，并根据金融市场的动态变化为客户提供资产管理、配置的改进建议。

2. 智能风控

智能风控结合商业银行在信贷业务过程中客户价值分析、预期客户管理、交易欺诈、信贷全生命周期风险管理等场景的痛点，整合各类结构化、非结构化数据，运用知识图谱监测合作对手、企业上下游、竞争对手、母子公司等关系中的不一致性，从而发现商业银行业务流程中的潜在疑点，最终建立一套完整的智能风控体系。与传统的商业银行风控模式相比，智能风控能够实现对多维度客户信息的即时处理，帮助商业银行准确分析客户行为，实现对客户画像的精准刻画，然后在此基础上建立合理的信用评估模型，并对客户风险进行综合评定，最终为商业银行提供一种将事前分析、事中监控和事后预警融为一体的全流程风控手段。

3. 运营管理

人工智能技术可以用于流程自动化、数据分析等。流程自动化是通过人工智能技术，自动化处理日常运营任务，借助机器人自动处理大规模重复性工作任务，有效解决各类业务场景中存在的高流量、高重复性以及高失误问题，提高银行工作效率。商业银行可以通过机器学习、自然语言处理等技术，挖掘数据中的价值信息，为运营决策提供依据。

4. 产品研发

人工智能技术帮助商业银行开发新产品和服务。商业银行利用机器学习与大数据等技术，可以对金融消费者的消费特点和金融行为进行分析，并对客户群进行合理划分，从而精准定位客户，为消费者提供定制化、个性化产品服务。

三、云计算技术在商业银行的应用

(一) 云计算技术的含义

云计算技术是一种通过互联网统一组织、灵活调用各类信息资源，完成大规模计算的一种信息处理和 IT 资源交付技术。云计算技术通过采用虚拟资源管理和分布式计算等技术，将分散的信息通信技术资源聚集为共享资源池，以动态按需和易扩展的方式为客户提供虚拟化服务资源，而客户通过使用智能手机、计算机等各种终端从网络中获取信息资源服务。

(二) 云计算技术在商业银行的具体应用

云计算技术在商业银行的应用主要体现业务应用、数据处理、IT 基础设施建设等方面。

1. 业务应用

云计算技术可以使客户减少对传统物理营业网点和柜台的依赖性，帮助商业银行为客户提供更加便捷、高效的服务。例如，云计算技术可以用于开发网上银行、移动银行等应用，为客户提供 7×24 小时的服务。此外，云计算技术还可以用于开发客户关系管理 (CRM) 系统，帮助商业银行更好地了解客户的需求和偏好。

2. 数据处理

云计算技术可以帮助商业银行处理大量数据。云计算技术的出现，使得商业银行能获取到有关借贷者的多维度数据，不局限于借贷者的借贷数据流，而是将诸如电子商务记录、社交网站信息等非结构化数据也纳入进来。云计算技术极强的数据处理和计算能力将大幅提高商业银行的业务拓展及风险管理能力。

3. IT 基础设施建设

云计算技术可以帮助商业银行管理 IT 基础设施。云计算技术可以用于托管服务器、存储、网络等，帮助商业银行降低 IT 成本，提高 IT 效率。此外，云计算技术还可以用于灾难恢复，通过将数据存储在云端服务器集群中，如遇服务器崩溃，可通过数据复制算法及时复制到其他服务器中，有效保存海量数据，保障商业银行的业务连续性。

四、区块链技术在商业银行的应用

（一）区块链技术的内涵

区块链 (Blockchain) 是一种由多方共同维护、使用密码学保证传输和访问安全、实现数据一致存储的记账技术，其在本质上是整合共识算法、非对称加密算法、分布式存储、块链式结构等多种技术形成的一种分布式数据库解决方案，具有开放、共享、去中心化、不易篡改、分权共治等特征。作为一种在不可信的竞争环境中建立的协作模式，区块链技术给客户带来了更为高效、安全、灵活、低成本的交易网络和工具，为数据要素的管理和价值释放提供了新的解决方案。运用区块链技术架构底层金融基础设施，将重塑金融交易的流程、规则和方式，推动金融创新发展。

（二）区块链技术在商业银行的具体应用

区块链技术在商业银行的应用主要在支付结算、供应链金融、贸易融资、资产数字化、贷款业务等方面。

1. 支付结算

支付结算业务是商业银行最早应用区块链技术的领域之一。传统的支付结算系统通常需要中心化的第三方机构来进行中转和确认，而区块链技术可以通过去中心化的方式进行支付和清算，减少了中转环节，降低商业银行的交易成本，有效优化结算业务流程，提高了支付结算效率。

2. 供应链金融

供应链金融是指商业银行围绕供应链中具有产业优势的企业，通过控制与管理上下游企业的信息流、资金流和物流，为上下游融资企业提供金融服务的融资模式。传统供应链金融存在融资难、融资慢、融资贵等问题。商业银行可以借助区块链技术对传统供应链底层真实贸易数据进行改造，利用区块链的数据一致存储、难以篡改、可溯源、防止抵赖的技术特性，确保数据高度可信，从而实现关键企业信誉的层层穿透，为供应商、企业和金融机构提供共享信息，提高供应链的效率和透明度，帮助产业链上中小企业节约融资成本、降低金融风控难度。

3. 贸易融资

传统贸易模式的国际信用证、保函和福费廷业务处理中通常涉及多家金融机构，交易链条较长，面向企业的授信标准严格，对企业来说，贸易融资的财务成本和时间成本都比较高。商业银行借助区块链不可篡改的技术特性，可以为贸易金融业务相关的企业、银行、海关、税务机构等各参与方搭建区块链平台共享业务信息，提升业务信息的可信程度，减少各方沟通成本，促进跨境支付与贸易融资。

4. 资产数字化

区块链技术可以实现商业银行的数字化票据业务，通过底层智能合约框架实现自动化流程，从而降低操作风险和道德风险。基于区块链的数字票据能够实现非中心化的信息传递，通过合约的全网广播和不可篡改的特性保证交易的可靠性，同时为票据交易业务提供了可追溯的交易途径，为持票方增加了商业信用。

5. 贷款业务

通过区块链技术，个人的信用信息可以被可靠地记录和存储，从而为商业银行提供可信的信用评级数据。利用智能合约代替人工评估，可以快速获取个人信用数据，进而客观进行信贷评估，更好地解决信息不对称的问题，提高贷款审批的效率。同时，区块链技术可以确保贷款合同的安全性和可执行性。由于智能合约的自动执行特性，一旦满足合同条款，资金将自动从借款人转移到贷款人，这种自动执行机制可以降低贷款操作成本和风险。

一、单项选择题

1. 在商业银行职能中，最基本的职能也最能反映其经营活动特征的是（   ）。

A. 支付中介　　　B. 信用中介　　　C. 信用创造　　　D. 金融服务

2. 商业银行的最高权力和决策机构是（   ）。

A. 董事会　　　　B. 监事会　　　　C. 股东大会　　　D. 行长

3. 当商业银行的准备金不足时，最可能采取的措施是（   ）。

A. 向中央银行贴现票据　　　　　　B. 出售证券

C. 收回贷款　　　　　　　　　　　D. 向其他商业银行借款

4. 商业银行的主要负债和经常性资金来源是（   ）。

A. 活期存款　　　B. 定期存款　　　C. 存款　　　　　D. 借入款项

5.我国商业银行主要的组织形式是（　　）。
   A.单一银行　　　B.分行制　　　C.银行控股公司制　　　D.连锁银行制
6.下列属于担保类中间业务的是（　　）。
   A.支票结算　　　B.贷款承诺　　　C.基金估值　　　D.备用信用证
7.商业银行为客户开设账户，为客户办理各种货币结算、货币支付、货币兑换和转移存款等业务活动，这是商业银行的（　　）职能。
   A.信用中介　　　B.支付中介　　　C.信用创造　　　D.金融服务
8.商业银行最重要的资产是（　　）。
   A.贷款　　　B.现金资产　　　C.证券投资　　　D.存款

二、多项选择题

1.以下属于商业银行资产业务的有（　　）。
   A.证券投资业务　　B.准备金　　C.工商业贷款　　D.担保贷款
2.以下属于商业银行负债业务的有（　　）。
   A.同业拆借　　　　　　　　B.支票存款
   C.发行债券　　　　　　　　D.在国际金融市场借款
3.按贷款的质量和风险程度划分，属于不良贷款的有（　　）。
   A.关注贷款　　B.次级贷款　　C.可疑贷款　　D.损失贷款
4.商业银行的决策机构包括（　　）。
   A.股东大会　　B.董事会　　C.监事会　　D.各职能部门
5.商业银行业务经营中的三项基本原则有（　　）。
   A.安全性　　　B.盈利性　　　C.流动性　　　D.风险性
6.商业银行证券投资的目的有（　　）。
   A.增加收益　　B.分散风险　　C.调节货币供给量　　D.增强流动性
7.根据《中华人民共和国商业银行法》规定，下列说法正确的有（　　）。
   A.商业银行不得在境内从事信托投资和证券经营业务
   B.商业银行不得向自用不动产投资
   C.商业银行不得向企业投资
   D.商业银行不得向非银行金融机构投资
8.体现了大数据技术在商业银行应用的有（　　）。
   A.建立丰富的客户数据库　　　B.实现对目标客户的精准画像
   C.通过机器学习识别虚假信息　　D.实时交易行为监测与风险判断
   E.专注于数据间的因果关系分析

三、判断题

1.商业银行通过负债业务把社会上的闲散资金集中起来，然后通过资产业务将其投向国民经济的各个环节，体现了商业银行的金融服务职能。（　　）

2.商业银行证券投资主要投资于国债和国库券。(　　)

3.商业银行中期贷款是期限在1年以上(不含1年)3年以下(含3年)的贷款。(　　)

4.损失贷款是指借款人的还款能力出现明显问题,依靠正常的经营收入已无法保持足额偿还本息,即使执行担保,也可能会造成一定损失的贷款。(　　)

5.人工智能技术只能用于商业银行的前台服务,不能用于中台和后台业务。(　　)

6.云计算技术可以帮助商业银行降低IT成本,提高IT效率。(　　)

四、简述题

1.商业银行的"三性"原则是什么?三者之间有什么联系?

2.商业银行的外部组织形式有哪几种?对比单一银行制,分行制有什么优缺点?

3.商业银行的主要资产业务和负债业务有哪些?

4.什么是金融科技?金融科技在商业银行的应用主要有哪些?

五、调研与实践

调研主题:我国银行业近十年的发展情况。

调研目的:从资产、负债两个角度了解我国银行业近十年发展情况,提升数据的收集、整理和分析能力。

调研步骤:

(1)通过中国人民银行、国家统计局、国家金融监督管理总局(原中国银保监会)等网站查阅相关统计数据,收集整理近十年我国银行业资产和负债业务发展数据。

(2)利用Excel软件绘制大型商业银行、股份制商业银行、城市商业银行及农村商业银行的资产和负债业务的变动趋势曲线。

(3)分析各类型商业银行资产和负债业务的增长情况,并结合实际经济情况分析变化的原因。

调研成果:完成1 000字左右的《中国近十年银行业发展趋势报告》。

Chapter 07

第七章
非银行金融机构

- ᠉) 保险保障类金融机构
- ᠉) 证券投资类金融机构
- ᠉) 其他类型的金融机构

学习目标

素养目标
- 通过学习非银行金融机构发展史,坚定金融强国理念,提升国家金融自信。
- 通过学习金融科技在非银行金融机构的应用,坚定科技兴国战略。
- 通过学习我国非银行金融机构架构,激发制度自信。

知识目标
- 了解非银行金融机构的概念。
- 掌握保险保障类金融机构、证券投资类金融机构的概念及业务范围。
- 了解其他类型的非银行金融机构业务范围。

能力目标
- 能够收集整理我国非银行金融机构发展概况的信息。
- 能够分析非银行金融机构在社会经济中的作用。
- 能够对不同类型非银行金融机构业务范围进行分析。

思维导图

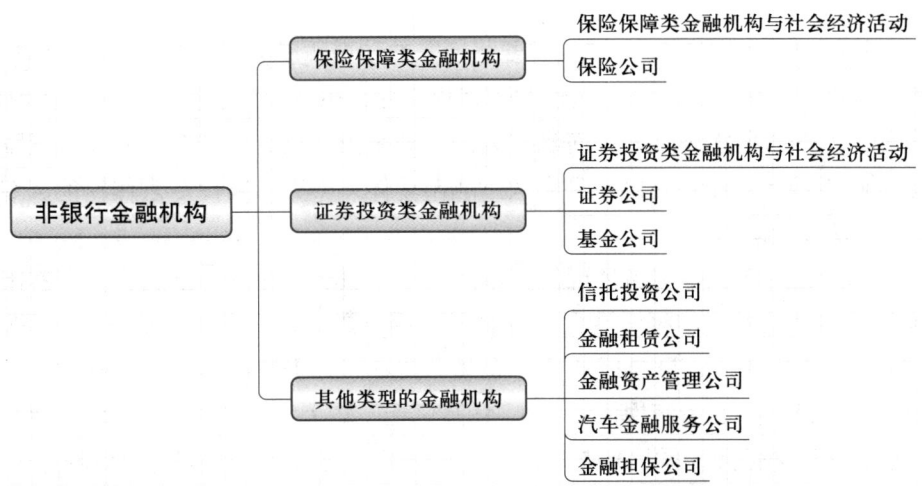

案例导入

非银行金融机构助推中国式现代化发展

党的二十大报告指出,"我们要坚持以推动高质量发展为主题,把实施扩大内需战略同深化供给侧结构性改革有机结合起来"。非银行金融机构是我国金融体系的重要组成部分,应当成为银行业服务实体经济的有益补充,紧跟国家政策导向,在多元化、多层次金融市场体系中充分发挥专营化特色、专业化能力。

回顾这几年,中国特色现代资本市场建设进一步提速,全面深化资本市场改革将持续推进,经济活力加速释放,经济总体回升的格局进一步巩固。截至2024年年底,证券行业资产规模、资本实力仍持续增强,营业收入显著增长;证券行业资产规模达到12.9万亿元,较上年末增长9.3%;实现营业收入4512亿元,同比增加11%。与此同时,作为全球第二大保险市场,中国保险业发展势头强劲,在促进经济稳定、支持创新投资、增强社会保障、推动绿色发展等方面发挥关键作用。在中国式"新经济"发展模式下,保险股权投资与未来中国经济和融资结构调整趋势契合,有望通过直接投资和间接投资等方式对实现科技自立自强和能源转型提供重要助力。

> **问题:**
> 非银行金融机构在助推中国式现代化发展中发挥了哪些作用?

第一节 保险保障类金融机构

保险保障类金融机构主要包括保险公司和社会保障机构,因其运行原理基本相似,本章主要介绍保险公司的情况。

一、保险保障类金融机构与社会经济活动

(一)保险保障类金融机构与居民家庭

保险在家庭生活中扮演着重要的角色。在突发意外或长期疾病发生时,保险为居民家庭提供了稳定的经济保障,帮助他们应对各种风险和困难。保险对居民家庭的意义主要体现在以下三个方面:

1. 风险保障

家庭风险保障是家庭配置保险的基本目的。保险公司提供的各类保险产品可以为家庭提供全方位的保障。例如，人寿保险可以确保家庭在家人意外离世时能够得到经济上的帮助，保险金能够填补失去收入来源的缺口，保障家庭的生活质量；医疗保险能够为家庭成员提供及时的医疗救助，减轻因疾病而带来的经济负担，财产保险能够有效帮助家庭应对各类不可预见的财产损失风险。

2. 储蓄投资

家庭配置保险的目的，除风险保障之外，还旨在进行投资理财。众多保险产品都具有风险保障和储蓄投资的双重功能，如分红型保险、万能型保险和投资连结型保险，这类保险产品不仅能保障家庭的财产安全，同时还有强制储蓄的功能，对于家庭理财目标的实现提供了有效的保障。

3. 税务规划

人寿保险理赔金在各个国家基本都是免所得税的，而且人寿保险往往有杠杆，保费和保额间往往相差几倍甚至几十倍。同时，理赔金由保险公司直接给付给受益人，无须繁杂的手续，无须公证，无须经过他人同意，并且不会纳入被保险人的遗产，因此在大部分国家，保单是可以免征遗产税的。遗产税的征缴一般采用先缴税、再继承的流程。比如，有 1 亿元的遗产，假设税率为 30%，那么继承人就要先付 3 000 万元现金作为税金，才可以顺利继承。目前中国还没有开征遗产税。

（二）保险保障类金融机构与企业

在商业运营中，企业面临着各种风险和不确定性，这些风险可能带来巨大的经济损失。保险作为一种重要的风险管理工具，为企业提供了保障和支持，对企业的稳定经营和可持续发展具有重要的意义。

1. 有助于企业规避和减少风险

企业经营风险多样且复杂，如财产损失、自然灾害、员工意外伤害等。这些风险可能给企业带来巨大的经济损失，甚至导致企业破产。通过购买合适的保险产品，企业能够将风险转嫁给保险公司，以规避和减少潜在的损失。例如，企业财产保险可以弥补企业资产遭受火灾、盗窃等风险的损失，员工意外伤害保险可以帮助企业应对员工的意外伤害风险。

2. 为企业提供连续性和稳定性经营保障

企业经营中的风险可能导致企业的经营中断或者停业，从而给企业带来严重的财务困境。而保险可以提供企业连续性保障，确保企业在面临风险时能够正常运营。例如，企业可以购买商业中断保险，当企业遭受不可抗力或其他风险导致停业时，保险公司会向企业支付相应的赔偿，以帮助企业渡过难关并保持稳定运营。

3. 有助于企业提升声誉和信誉

通过购买合适的保险产品，企业可以向合作伙伴和客户展示企业的稳定性和可靠性。例如，企业可以购买责任保险，以保障可能因企业活动而给他人带来的损失。这样，企业可以通过保险来强调自己对风险和责任的认识，以及对他人利益的尊重，提升企业的声誉和信誉。

4. 为企业定制合理的风险管理方案

不同企业面临的风险和需求各不相同，而保险公司能够根据企业的具体需求和情况，提供灵活的保险产品，并定制合理的风险管理方案。企业可以根据自身的经营特点和风险情况选择适合自己的保险产品，以最大限度地满足企业的保障需求。保险公司还可以根据企业的历史数据进行分析，提供专业的风险评估和风险管理建议，帮助企业更好地管理和控制风险。

（三）保险保障类金融机构与政府

保险为政府机构维持经济发展和社会稳定提供重要助力。保险保障类金融机构通过提供风险保障、风险减量管理以及金融服务三大主要功能，发挥减缓吸收外部冲击、减轻震动带来的负面影响、提升安全感和体验感、稳定预期的作用，是重要的经济减震器和社会稳定器。

1. 完善社会保障体系

保险保障类金融机构通过提供各类社会保险和商业保险产品，如养老保险、医疗保险、失业保险、工伤保险等，可以分散并承担一部分社会保障风险，有助于完善社会保障体系，减轻国家在应对人口老龄化、疾病负担、意外伤害等方面的支出压力。

2. 提升政府灾害应对能力

自然灾害、公共卫生事件等突发事件是人类社会稳定发展面临的严峻挑战，灾害的应对也是对政府执政能力的重要考验。在重大突发事件发生时，单纯依靠政府财政支出很难完全应对挑战。保险保障类金融机构能通过巨大灾害保险、健康保险等手段，转移社会风险，为政府提供经济补偿的渠道，减少因突发事件造成的经济损失，增强政府的灾害应对能力，进而维护社会稳定。

3. 为政府战略性项目提供资金来源

政府战略性项目融资资金需求量大、融资期限长、融资风险高，在融资过程中难以匹配合适的资金来源。保险保障类金融机构是市场上重要的机构投资者，能为政府战略性项目提供有效的资金来源。这是因为这类金融机构的资金源于大量小额资金汇集的巨额保险资金池，可以对合同约定的未来资金支付规模和时间做出准确预测，因此具备雄厚的长期投资资金和跨期风险管理能力。

金融观察

"惠民保"带来的更多"真实惠"

党的二十大报告提出，促进多层次医疗保障有序衔接，完善大病保险和医疗救助制度，落实异地就医结算，建立长期护理保险制度，积极发展商业医疗保险。

近年来，城市定制型商业医疗保险——"惠民保"在不少地方落地开花，受到越来越多消费者青睐。"惠民保"采取"政府指导＋市场化运行"的模式，作为多层次医疗保障体系中的有益补充，具有参保门槛低、保费低、保额高等特点。尤其是，"惠民保"支持高龄、慢性病人群投保，为这些群体提供了新的商业医疗保险选择；有的"惠民保"也可对既往病症治疗费用给予一定比例补偿，缓解一些重症患者就医的经济压力。在精准填补保障短板、实现规模快速增长的同时，一些地方的"惠民保"还有针对性地扩展了特药责任、先进治疗方案等，受到众多消费者青睐。

二、保险公司

（一）保险公司的业务

保险公司是各国最重要的非银行金融机构之一，是以经营保险业务为主的经济组织，主要是依靠投保人缴纳保险费，建立保险基金，对发生保险事故进行经济补偿的金融机构。保险公司的业务较多，最常见的是财产保险和人身保险。

动画：保险公司的运营流程

1. 财产保险

财产保险是以财产及其有关的经济利益和损害赔偿责任为保险标的的保险，主要包括财产损失保险、责任保险、保证保险、信用保险等。其中，财产损失保险也称为狭义财产保险，是以物质形态的财产及其相关利益作为保险标的的，如企业财产保险、家庭财产保险、机动车辆保险、货物运输保险等。其他以非物质形态的财产及其相关利益作为保险标的的，通常是指各种责任保险、信用保险等。

2. 人身保险

人身保险是以人的生命或身体为保险标的的保险形式，包括人寿保险、人身意外伤害保险及健康保险。当人们遭受不幸事故或因疾病、年老以致丧失工作能力、伤残、死亡或年老退休时，根据保险合同的约定，保险人对被保险人或受益人给付保险金，以解决其因病、残、老、死所造成的经济困难。

微课：金融科技在保险中的应用

（二）金融科技在保险中的应用

随着大数据、人工智能、物联网、区块链时代的到来，保险科技成为金融科技变革的排头兵，在各项业务活动中得到了广泛的应用。

1. 大数据技术在保险中的应用

数据是保险业的基础，保险业企业通过制定大数据战略，拓宽保险业调研数据的广度和深度，从大数据中了解保险业市场构成、细分市场特征、消费者需求和竞争者状况等众多因素，在科学系统的信息数据收集、管理、分析的基础上，提出更好地解决问题的方案和建议，保证企业品牌市场定位独具个性化，提高企业品牌市场定位的行业接受度。

2. 人工智能技术在保险中的应用

针对经常面临的信息不对称和道德风险问题，保险公司可以依托人工智能深度学习算法的用户行为预测模型，预测恶意欺诈人群的行为，从而提高精算效率，降低保险成本，促进交易。人工智能技术还可以为客户定制低成本的个性化保单。传统的车险精算师会通过了解客户的年龄、性别、驾驶记录、职业、教育等各方面信息为保险产品定价，传统精算师研究的是评估数，很少涉及个案，而通过人工智能的保险精算就可以提供更精准的风控方案和定价模型，为客户定制个性化的保单。

3. 物联网在保险中的应用

物联网基于万物互联的理念，主要应用于健康保险、财产保险中。保险公司依托可穿戴设备这一智能终端，通过物联网驱动健康管理，确定被保险人的健康管理目标，然后根据目标制定个性化的健康管理方案；通过对被保险人健康情况、日常活动等数据的分析，准确地进行风险评估以及价格调整，大大降低传统健康险、医疗险公司的风险评估成本。

4. 区块链技术在保险中的应用

区块链技术基于其技术的特殊性，能够保证保险交易的安全性，促进保险生态业务的增长。此外，通过分户账簿，保险公司可实现业务合作伙伴与数据操作的连接。智能合约让按需风险评估和及时承保成为可能，整个过程不涉及任何客户操作，也避免了欺诈的产生。交易成本和风险的降低，带来保费的下降、保险业用户体验的革新以及保险客户群的扩大。

思考与实践

如何理解金融科技在保险业风险管理中的作用？请结合具体技术（如物联网、人工智能、区块链、大数据）说明。

第二节　证券投资类金融机构

一、证券投资类金融机构与社会经济活动

（一）证券投资类金融机构与居民家庭

1. 实现家庭财务目标

家庭理财的目标通常包括积累资金、保值增值、子女教育、退休保障等。通过证券投资，家庭可以选择适合自己的投资产品，根据不同的风险偏好和时间规划合理的投资组合，从而实现财务目标。如果家庭希望实现长期资产增值，可以选择购买股票、基金等证券产品；如果家庭追求相对稳定的收益，可以选择购买债券、理财产品等。

2. 增加家庭财富

相比于传统的储蓄方式，证券投资有较高的回报率和较大的增值空间。家庭通过认真研究市场和企业，选择有潜力的证券产品进行投资，以此获得更高的投资收益。证券市场的流动性较高，投资者可以随时买卖证券，灵活安排资金。在经济增长和市场走势良好的时候，证券投资可以为家庭带来丰厚的回报。

3. 实现家庭财务风险管理

购买多样化的股票、基金等证券产品可以分散个别证券的风险，避免集中投资导致的损失。股票市场和债券市场的波动性通常与房地产市场不同，可以在房地产市场下跌时保持一定的价值，实现风险分散。家庭还可以通过购买衍生品等金融工具进行风险对冲，保护和稳定家庭财务价值。

（二）证券投资类金融机构与企业

1. 为企业拓展融资渠道

证券投资类金融机构作为金融市场的重要组成部分，为企业提供了一个高效、专业的融资平台。借助证券投资类金融机构，企业可以通过发行股票和债券等证券产品，向投资者筹集资金，帮助企业从资本市场获取长期发展所需的资金，用于企业扩大生产、研发、市场营销等方面。与此同时，证券投资类金融机构具有丰富的投资经验和较强的风险控制能力，可以为企业提供全方位的融资服务和专业建议，帮助企业制定科学的融资策略和规划，为企业获得更多的资金来源和发展机会。

2. 帮助企业优化资本结构，改善公司治理

企业通过证券投资类金融机构发行债券和股票，不仅能有效吸引更多投资者和资金，还能进一步优化企业的资本结构，降低融资成本和财务风险。此外，股票发行所带来的股权分散化，将提高企业财务和经营的透明度，推动企

业的规范治理和可持续发展。更重要的是，证券投资类金融机构能为企业提供全方位的金融服务，包括战略规划、财务规划、市场分析等专业建议，帮助企业制订更加科学和可行的经营计划。

3. 为企业管理风险及获取收益

企业可以通过证券投资类金融机构提供的金融衍生品来降低原材料价格波动、汇率波动和利率波动等风险，同时也可以获得更多的收益。例如，企业可以使用货币互换来对冲外汇汇率波动的风险，使用基金、信托等理财产品来获得更多的收益，使用期货来对冲商品价格波动的风险，使用期权来获取股票等金融资产的收益。企业还可以通过证券投资类金融机构的信息服务来获取行业动态、市场趋势等信息，为企业的决策提供参考。

（三）证券投资类金融机构与政府

1. 促进经济，稳定政府财政收入

政府可以通过对证券投资类金融机构的调节和干预，促进国民经济，增加国内投资和消费需求，推动市场活力，促进经济快速发展。另外，政府也可以通过证券投资保证财政收入的可持续性及稳定性，从而扩大政府财政收入，确保政府项目的顺利运行。

2. 优化产业结构

政府通过对证券投资的参与和调整，可以支持新兴产业和战略性产业的发展，推进产业结构调整和升级，提高国家的产业竞争力。

3. 促进就业，建立社会公平

政府投资可以创造就业机会，提高就业率，减轻社会负担，促进社会和谐稳定。另外，政府通过调整证券市场，优化证券结构，可以让投资者获得可观的稳定收益，实现社会财富均衡及风险共担，抑制社会不公平及失衡现象的出现。

二、证券公司

（一）证券公司的定义

证券公司是指由政府主管机关依法批准设立的在证券市场上经营证券业务的金融机构，它具有证券交易所的会员资格，可以承销发行、自营买卖或自营兼代理买卖证券。普通投资人的证券投资都要通过证券公司来进行。

知识链接

不同国家对证券公司的称谓

在不同的国家，证券公司有着不同的称谓。在美国，证券公司被称作投资银行(Investment Bank)或者证券经纪商(Broker-Dealer)；在英国，证券公司被称作商人银行(Merchant Bank)；在欧洲（以德国为代表），由于一直沿用混业经营制度，投资银行仅是全能银行(Universal Bank)的一个部门。

证券公司是证券市场的主要中介机构，在证券市场运行中发挥着重要作用。一方面，证券公司是证券市场投融资服务的提供者，为证券发行人和投资者提供专业化的中介服务，如证券经纪、投资咨询、保荐与承销等；另一方面，证券公司本身也是证券市场重要的机构投资者。

（二）证券公司的类型

近年来，随着国企改革和资本市场的发展，我国证券公司迅速发展壮大，证券公司间的机构重组、合并浪潮日渐高涨。根据《中华人民共和国证券法》规定，证券公司分为综合类证券公司和经纪类证券公司两种。

（1）综合类证券公司可以从事投资银行和证券类的所有业务，其业务范围主要是：证券经纪业务、证券投资顾问业务、证券自营业务、证券承销业务、投资银行业务（包括企业并购、资产重组和财务顾问等）以及经国务院证券监管机关核定的其他业务。

（2）经纪类证券公司只允许专门从事证券经纪业务。为了促进资本市场的发展，促进货币市场和资本市场间的交流，我国已允许部分证券公司进入银行间债券市场、银行间同业拆借市场，也可以向银行申请股票质押贷款。

（三）证券公司主要业务

1. 证券经纪业务

证券经纪业务又被称为代理买卖证券业务，是指证券公司接受客户委托代客户买卖有价证券的业务，分为柜台代理买卖证券业务和通过证券交易所代理买卖证券业务。在证券经纪业务中，证券公司收取一定比例的佣金作为业务收入。

证券公司与客户委托关系的建立表现为开户和委托两个环节。按照相关法规的规定，投资者应首先在登记结算公司或者其代理点开立证券账户，并开立客户交易结算资金第三方存管的资金账户；其次，投资者与证券公司签署风险揭示书、客户须知，签订证券交易委托代理协议。

证券公司接受客户证券买卖的委托，应当根据委托书载明的证券名称、买卖数量、出价方式、价格幅度等，按照交易规则代理买卖证券，如实进行交易记录；买卖成交后，应当按照规定制作买卖成交报告单交付给客户。

2. 证券投资顾问业务

证券投资顾问业务是指证券公司、证券投资咨询机构接受客户委托，按照约定，向客户提供涉及证券及证券相关产品的投资建议服务，辅助客户做出投资决策,并直接或者间接获取经济利益的经营活动。投资建议服务的内容包括投资的品种选择、投资组合以及理财规划建议等。

3. 财务顾问业务

财务顾问业务是指与证券交易、证券投资活动有关的咨询、建议、策划业务。财务顾问业务主要包括:① 为企业申请证券发行和上市提供改制改组、资产重组、前期辅导等方面的咨询服务;② 为上市公司重大投资、收购兼并、关联交易等业务提供咨询服务;③ 为上市公司完善法人治理结构、设计经理层股票期权、制订职工持股计划、投资者关系管理等提供咨询服务;④ 为上市公司的债权人、债务人对上市公司进行债务重组、资产重组、相关的股权重组等提供咨询服务以及证券监管机构认定的其他业务形式。

4. 证券承销业务

证券承销业务是指证券公司代理证券发行人发行证券的行为。发行人向不特定对象公开发行的证券,法律、行政法规规定应当由证券公司承销的,发行人应当同证券公司签订承销协议。证券承销业务可以采取代销或者包销方式。

5. 证券自营业务

证券自营业务是指证券公司以自己的名义,以自有资金或者依法筹集的资金,为本公司买卖在境内证券交易所上市交易的证券,在境内银行间市场交易的政府债券、国际开发机构的人民币债券、央行票据、金融债券、短期融资券、公司债券、中期票据和企业债券,以及经证券监管机构批准或者备案发行并在境内金融机构柜台交易的证券,以获取盈利的业务活动。

6. 证券资产管理业务

证券资产管理业务是指证券公司作为资产管理人,根据有关法律、法规和与投资者签订的资产管理合同,按照合同约定的方式、条件、要求和限制,为投资者提供证券及其他金融产品的投资管理服务,以实现资产收益最大化的业务活动。

7. 融资融券业务

融资融券业务是指证券公司向客户出借资金供其买入证券或出借证券供其卖出证券的业务。由融资融券业务产生的证券交易称为融资融券交易,分为融资交易和融券交易两类,客户向证券公司借资金买入证券叫融资交易,客户向证券公司借证券卖出为融券交易。融资融券流程如图7-1所示。

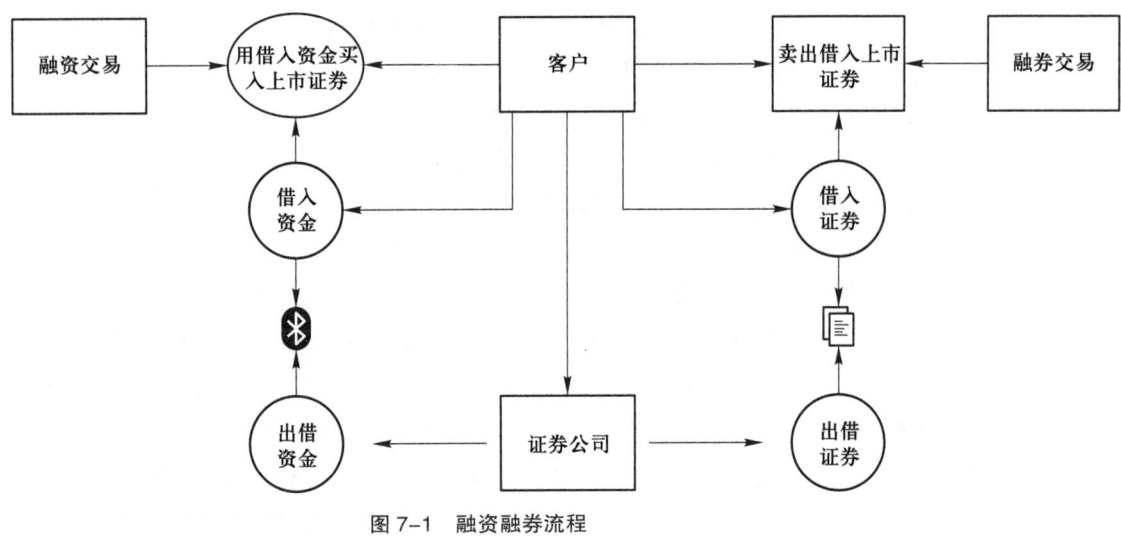

图 7-1 融资融券流程

8. 证券公司中间介绍业务

证券公司中间介绍业务是指证券公司接受期货经纪商的委托，为期货经纪商介绍客户参与期货交易、提供其他相关服务并收取一定佣金的业务活动。

> **思考与实践**
>
> 结合证券公司的主要业务，分析证券公司如何在促进金融市场稳定与经济发展中扮演关键角色？

（四）金融科技在证券中的应用

近年来，越来越多证券机构开始重视金融科技领域的建设，并把金融科技视为"第二战场"。金融科技在证券中的应用主要体现在以下四个方面：

1. 零售经纪

人工智能、云计算等金融科技推动经纪业务向财富管理转型。券商零售业务在大数据时代向 C 端转变，比如经纪业务转型和财富管理转型都是重点。在互联网金融营销中大数据的应用较多，比如打造一站式终端平台，使用运营中台、投顾与财富终端等满足金融科技全方位的业务需求。此外，以人工智能为核心提供智能投顾服务，根据客户输入的信息条件设置资产方案，实现了降本增效，提升长尾客户覆盖率。

2. 机构业务

机器人流程自动化（RPA）与数据仓库的构建为机构业务开辟了全新的发展空间。在券商领域，机构业务涵盖机构开户、服务于上市公司的各项需求、综合财富管理等多个方面，这些业务板块积累了庞大的数据量并执行着一系列标准化交易流程。尤其在主经纪商（PB）业务中，向专业投资者提供的全

微课：金融科技在证券中的应用

方位金融服务对于运维的即时响应能力和系统稳定性有着极高要求。RPA 能够在无人工直接介入的条件下,自动执行那些以往由人工重复进行的任务,在量化交易平台上的应用广泛,标志着券商与软件供应商合作的一个重要发展方向。此外,针对 PB 级数据的解决方案融合了大数据技术和云计算能力,极大地扩展了数据仓库的存储与处理极限。

3. 投行业务

金融科技凭借大数据、人工智能等先进技术工具,为投行业务带来了前所未有的效率与精准度。具体而言,通过整合人工智能算法、大数据分析以及机器学习,金融科技能够搭建智能投顾系统,该系统基于投资者的具体风险承受能力、财务状况等因素,定制个性化投资策略和自动优化资产配置,从而实现客户营销的高度个性化与精准化。与此同时,区块链技术以其去中心化和高度透明的特性,重塑了股权发行、债券承销及交易流程,显著降低了信用成本,有力推动了业务流程的优化与效率升级。

4. 合规风控

合规风控系统依托大数据技术的实时数据抓取与深度分析,构建金融领域的智能风控体系,多维度分析加强线上业务合法性审查,对异常交易进行监测,开展全面风险管理。同时,合规风控系统借助人工智能技术辅助合规审查,有效预防欺诈行为,确保业务操作符合监管要求,助力金融稳定,实现社会经济的健康发展。

数字金融创新

数字化转型革新券商发展

以新一代证券 App 建设为基础,证券业的数字化转型已体现在包括财富管理、投资银行等业务的方方面面。对于数字化转型的新机遇、新路径,证券业的未来构想也逐渐清晰。在 2024 年 6 月初召开的中国证券业协会证券科技专业委员会主任委员(扩大)会议上,中国证券业协会表示,未来将重点开展以下五方面工作:一是进一步完善行业科技自律管理规则体系;二是推动证券公司加强网络与信息系统安全稳定运行保障体系和能力建设,推进落实网络和信息安全三年提升计划;三是持续加强证券业信息技术标准建设,有序推进信息科技类团体标准发布;四是推进行业科技安全体系建设;五是推动行业数字化转型和科技创新发展,推动建立行业数字化能力成熟度评估体系,开展大模型在证券业的共研共建等创新应用研究。

三、基金公司

（一）基金公司的定义

基金公司，是证券投资基金管理公司的简称，是指经中国证券监督管理委员会批准，在中华人民共和国境内设立，从事证券投资基金管理业务的企业法人。它通过发售基金份额，将众多投资者的资金集中起来，形成独立财产，通过专家理财，按照科学的投资组合原理进行投资，与投资者利益共享、风险共担。基金公司的发起人一般是从事证券经营、证券投资咨询、信托资产管理或者其他金融资产管理的机构。公司董事会是基金公司的最高权力机构。

（二）基金公司的主要业务

1. 发起设立基金

发起设立基金是指基金公司为基金批准成立前所做的一切准备工作，包括基金品种的设计、签署基金成立的有关法律文件、提交申请设立基金的主要文件及申请的审核与批准。

2. 基金管理业务

基金管理业务是指基金公司根据专业的投资知识与经验投资运作基金资产的行为，是基金公司最基本的一项业务。作为基金管理人，基金公司最主要的职责就是组织投资专业人士，按照基金契约或基金章程的规定制定基金资产投资组合策略，选择投资对象、决定投资时机、数量和价格，运用基金资产进行有价证券的投资，并向基金投资者及时披露基金管理运作的有关信息和定期分配投资收益。

3. 受托资产管理业务

受托资产管理业务是指基金公司作为受托投资管理人，根据有关法律、法规和投资委托人的投资意愿，与委托人签订受托投资管理合同，将委托人委托的资产在证券市场上进行股票、债券等有价证券的组合投资，以实现委托资产收益化的行为。随着机构投资者的不断增加，监管的市场环境逐渐完善，受托资产管理业务将逐渐成为基金公司的核心业务之一。

4. 基金销售业务

基金销售业务是指基金公司通过自行设立的网点或电子交易网站把基金单位直接销售给基金投资人的行为。基金公司可以直接销售基金单位，也可以委托其他机构代理销售基金单位。

第三节　其他类型的金融机构

一、信托投资公司

信托投资公司是一种以受托人的身份代人理财的金融机构，是现代金融体系的重要组成部分，"受人之托，管人之事，代人理财"是信托业的基本功能。信托投资公司的资金主要通过发行股票和债券、接受信贷委托、提供保险服务等方式筹集，主要投资于贷款以外的一些金融业务。

信托投资公司的业务包括固有业务、信托业务、中间业务。

（一）固有业务

固有业务是指信托投资公司运用固有财产开展的各项业务。根据现行监管规定，信托公司可以以存放同业、拆放同业、贷款、租赁、投资等方式管理运用固有资产。在资产端，信托投资公司可投资金融机构股权、非金融机构股权（需特别批准）、金融产品和自用固定资产；在负债端，符合条件的信托公司可以开展同业拆入业务以及发行金融债券、次级债。

（二）信托业务

信托业务是指信托公司作为受托人承诺信托和处理信托事务的经营事项。

（三）中间业务

中间业务是指信托投资公司提供的除信托业务以外的不列入资产负债表内的各项业务。比如，作为投资基金或基金管理公司的发起人从事投资基金业务；企业资产的重组、并购及财务顾问等业务；受托经营国务院有关部门批准的证券承销业务；作为基金托管人从事基金托管业务；各类对外担保业务；代保管及保管箱业务等。

> **思考与实践**
>
> 信托与基金都有"受人之托、代人理财"之称，信托投资公司与基金公司有哪些异同点呢？

二、金融租赁公司

金融租赁公司是指以经营融资租赁业务为主的非银行金融机构。租赁是指一方将其拥有的资产（如机器设备、房屋、车辆等）出租给另一方使用，而租赁费用则是出租方获得的收益。金融租赁公司则是在这个过程中提供资金支持和风险管理服务的机构。

金融租赁公司的主要业务包括以下四个方面：

（一）资产租赁

资产租赁是金融租赁公司最主要的业务之一。金融租赁公司通过向客户提供资金支持，帮助其购买所需的机器设备、房屋、车辆等资产，并将这些资产出租给客户使用。客户在租赁期内支付租金，金融租赁公司则获得相应的收益。

（二）融资租赁

融资租赁即出租人根据承租人（用户）的请求，与第三方（供货商）订立供货合同，根据此合同，出租人出资向供货商购买承租人选定的设备。同时，出租人与承租人订立一项租赁合同，将设备出租给承租人，并向承租人收取一定的租金。承租人获得的是设备使用权，并对租用的设备负有维修、保养以使之处于良好状态的义务。与资产租赁不同的是，融资租赁的租金通常包含了资产的购买成本和利息，客户在租赁期结束后可享有留购、续租、退租或签订另外租约等多种选择。融资租赁流程如图 7-2 所示。

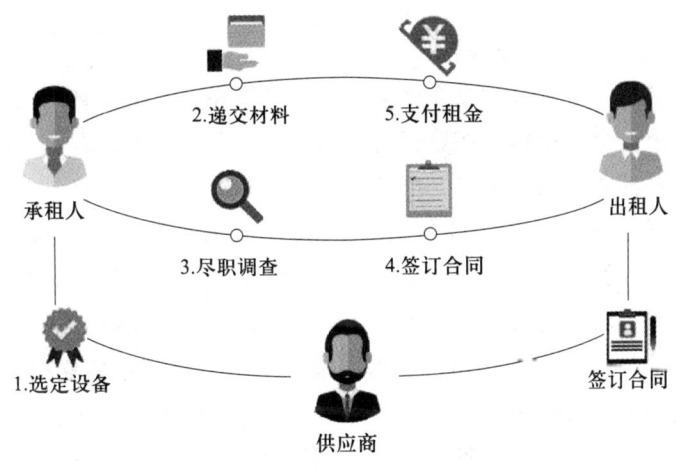

图 7-2　融资租赁流程

（三）售后回租

售后回租是指客户将已经拥有的资产出售给金融租赁公司，然后再将这些资产租回来使用。这种方式可以帮助客户获得资金支持，同时也可以减轻客户的资产负担。售后回租流程如图 7-3 所示。

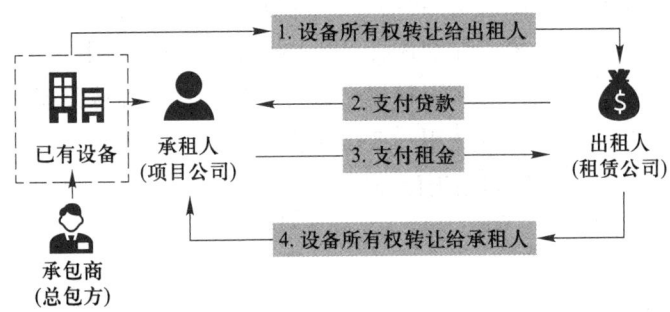

图 7-3　售后回租流程

（四）资产管理

金融租赁公司帮助客户管理其拥有的资产，包括资产的保养、维修、保险等方面的服务。

三、金融资产管理公司

金融资产管理公司是以资产的管理与投资再收益为业务和创收方式的金融公司。金融资产管理公司可以从事下列业务：追偿债务；对所收购的不良贷款形成的资产进行租赁或者以其他形式转让；重组；债权转股权，并对企业阶段性持股；资产管理范围内公司的上市推荐及债券股票承销；发行金融债券，向金融机构借款；财务及法律咨询；资产及项目评估等。

四、汽车金融服务公司

汽车金融服务公司又称汽车金融公司，是指为汽车购买者及销售者提供金融服务的非银行金融机构。相比银行贷款，汽车金融为消费者提供更优惠的金融价格、更多种类的服务项目，能够满足消费者更个性化的服务需求。

汽车金融公司的业务主要包括：① 接受股东及其子公司的三个月（含）以上定期存款；② 接受汽车经销商采购车辆贷款保证金和承租人汽车租赁保证金；③ 发行金融债券；④ 从事同业拆借；⑤ 向金融机构借款；⑥ 提供购车贷款业务；⑦ 提供汽车经销商采购车辆贷款和营运设备贷款；⑧ 提供汽车融资租赁业务（售后回租业务除外）；⑨ 向金融机构出售或回购汽车贷款应收款和汽车融资租赁应收款业务；⑩ 办理租赁汽车残值变卖及处理业务；⑪ 从事与购车融资活动相关的咨询、代理业务等。

五、金融担保公司

金融担保公司是指经营融资性担保业务的非银行金融机构。金融担保是指担保人与银行业金融机构等债权人约定，当被担保人不履行对债权人负有的融资性债务时，由担保人依法承担合同约定的担保责任的行为。在贷款过程中，担保公司会根据银行要求，指导借款人提供相关资质证明材料，并进行初步审核。审核完成后，担保公司将资料提交银行复核，银行确认无误后发放贷款，担保公司则收取相应的服务费用。金融担保公司的主要业务有借款担保业务、票据证券担保业务和交易履约担保业务。

复习思考题

一、单项选择题

1. 区块链技术在保险业中的应用能够带来的显著改进是（　　）。
   A. 提高保险交易的安全性和透明度
   B. 增加保险公司的运营复杂性
   C. 只能用于简化国际保险产品的跨境支付流程
   D. 仅限于优化再保险领域的业务流程

2. 金融担保公司在贷款过程中通常收取（　　）。
   A. 贷款利息　　B. 服务费用　　C. 定期存款利息　　D. 债券承销费用

3. 信托受益人可以是（　　）。
   A. 自然人　　　　　　　　　B. 法人
   C. 依法成立的其他组织　　　D. 以上全都是

4. 下列关于融资租赁的说法中，错误的是（　　）。
   A. 融资租赁具有融资、融物的双重职能
   B. 涉及出租人、承租人双方当事人
   C. 融资租赁包括租赁合同、供货合同等两个或两个以上的合同
   D. 租期大部分相当于设备寿命期

5. 以下（　　）产品同时具备风险保障和储蓄投资功能。
   A. 人寿保险　　B. 分红型保险　　C. 财产保险　　D. 医疗保险

6. 关于证券经纪业务，下列说法不正确的是（　　）。
   A. 经纪业务中的委托单，性质上相当于委托合同
   B. 经济委托关系的建立表现为开户和委托两个环节
   C. 经纪关系的建立形成实质上的委托关系
   D. 经纪关系的建立确定了投资者和证券公司直接的代理关系

7. RPA技术在券商机构业务中主要用于（　　）。
   A. 提供投资建议　　　　　B. 量化交易的自动化
   C. 客户关系管理　　　　　D. 市场分析报告

二、多项选择题

1. 以下（　　）属于基金公司的主要业务范围。
   A. 发起设立基金　　　　　B. 基金管理业务
   C. 受托资产管理业务　　　D. 基金销售业务

2. 基金管理公司在基金管理业务中承担（　　）职责。
   A. 制定投资组合策略　　　B. 选择投资对象

C.决定投资时机和价格　　　　D.披露管理运作信息

3.保险保障类金融机构对政府的作用包括（　　）。

A.完善社会保障体系　　　　　B.提升政府灾害应对能力

C.增加政府税收　　　　　　　D.为政府战略性项目提供资金来源

4.大数据在保险中的应用可以带来（　　）好处。

A.提高风险评估的准确性　　　B.拓宽市场调研的广度和深度

C.降低保险产品的价格　　　　D.提升企业品牌的市场定位

5.金融资产管理公司可以从事的业务包括（　　）。

A.对不良贷款资产进行租赁　　B.重组和债权转股权

C.上市推荐及债券股票承销　　D.向金融机构借款

三、判断题

1.证券公司自营业务可以以个人名义从自营账户中调入调出资金，也可以从自营账户中提取现金。（　　）

2.基金公司可以通过接受存款的方式集中投资者资金。（　　）

3.汽车金融公司可以从事同业拆借业务。（　　）

4.区块链技术在保险中的应用主要是为了降低保费。（　　）

5.信托投资公司的资金只能通过发行股票和债券来筹集。（　　）

6.在融资融券业务中，客户借入的证券只能用于卖出。（　　）

四、简述题

1.简述保险公司的主要业务。

2.简述金融科技在证券中的应用。

3.简述证券公司的主要业务。

4.简述融资租赁与售后租赁的区别。

五、调研与实践

调研主题：近十年我国保险业经营情况。

调研目的：了解近十年我国保险业经营的情况，提升金融数据的收集、处理和分析能力。

调研步骤：

（1）通过国家统计局、国家金融监督管理总局（原银保监会）网站查阅我国保险业原保险保费收入、原保险保险赔付支出、保险业净资产等数据。

（2）用Excel绘制出中国原保险保费收入、原保险保险赔付支出、保险业净资产变动路线图。

（3）分析中国原保险保费收入、原保险保险赔付支出、保险业净资产变动情况并分析其变动原因。

调研成果：完成1 000字左右的《中国近十年保险业经营情况变动分析研究报告》。

Chapter 08

第八章
中央银行

- 中央银行制度
- 中央银行的性质和职能
- 中央银行的主要业务

学习目标

素养目标
- 通过学习中央银行制度类型，坚定制度自信。
- 通过学习中央银行的职能，培养爱国主义情怀和社会责任感。
- 通过学习我国中央银行制度的发展历程，培育坚持不懈的开拓精神。

知识目标
- 了解中央银行的产生与发展。
- 理解中央银行的性质。
- 掌握中央银行的职能。
- 掌握中央银行的主要业务范围。

能力目标
- 能够通过中国人民银行网站了解中央银行的基本情况。
- 能够理解中央银行与商业银行的关系。
- 能够区分不同国家中央银行制度类型上的差异。
- 能够运用中央银行业务知识解释经济运行。
- 能够结合实际解读中央银行数字货币的"神秘面纱"。

思维导图

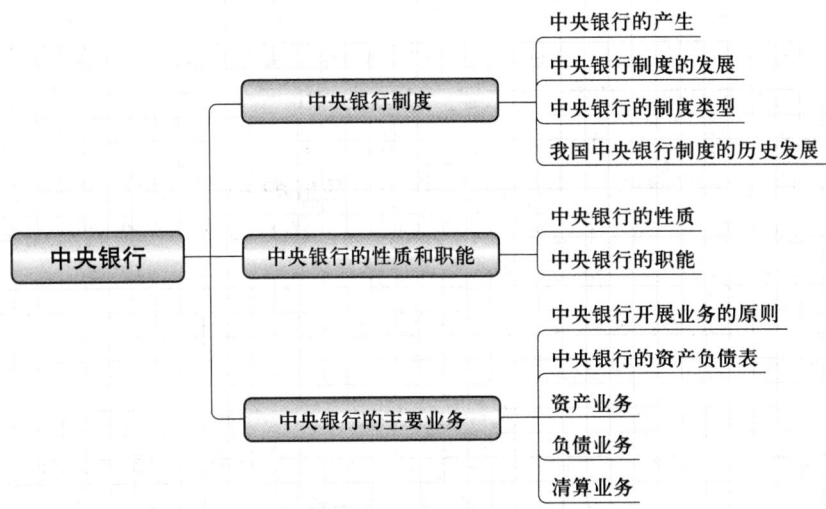

案例导入

中国人民银行——走向成熟的中央银行

1948年12月1日，中国人民银行在石家庄宣告成立，中国金融业从此进入新的历史时期。70多年过去了，我国中央银行——中国人民银行历经风雨与繁华，跨越统一、整肃、调整、改革，逐渐由大一统的体制转为现代中央银行体系。改革开放以来，中国人民银行在推进金融体制改革的同时不断深化自身改革，持续强化宏观性、基础性、系统性职能，在金融宏观调控、金融稳定和金融资源配置中的地位和作用更加突出，成为宏观政策的实施者、金融改革的推动者、金融安全的维护者、金融基础设施的建设者，以及国内外诸多金融事务的组织者和参与者。

习近平总书记在党的二十大报告中指出，深化金融体制改革，建设现代中央银行制度。目前，中国人民银行已在利率和汇率市场化改革、国有大型商业银行股改上市、存款保险制度建立、政策性银行改革、人民币加入SDR等一系列重大改革上取得关键突破，走出了一条既与国际接轨又符合中国转型经济国情的改革道路。

> **问题：**
> 1. 中央银行在金融体系中扮演什么角色？
> 2. 我国现代中央银行制度的建设在哪些方面取得了突破？

第一节 中央银行制度

目前，世界上绝大多数国家的金融体系中都设有中央银行，例如，我国的中央银行是中国人民银行，美国的中央银行是美国联邦储备系统（简称"美联储"），英国的中央银行是英格兰银行，日本的中央银行则是日本银行。

中央银行机构的出现，不是人为的主观臆造，而是历史的产物。那么，在金融发展的历史长河中，为什么会出现中央银行？它又经历了怎样的发展历程呢？

一、中央银行的产生

从历史进程来看，中央银行是从现代商业银行中分离出来的，并由此演变出一种新的银行制度。中央银行的产生主要基于三方面的原因。

(一)统一发行银行券的需要

在金本位制度下,银行业发展初期,为了便利流通和节省流通费用,商业银行大多发行各自的银行券代替铸币流通。市场上流通的银行券五花八门,不仅容易产生信用问题,也会因发行的银行券被接受的程度与流通区域不同,容易限制商品的跨区域流通,客观上要求有更加稳定的通货,也要求银行券成为能在全国市场上流通的具有一般等价物性质的信用工具,促使了资力雄厚、业务遍及全国的大银行产生。

(二)统一全国票据清算的需要

随着业务扩大,商业银行每天收受票据的数量也迅速增长,各银行间债权债务关系变得错综复杂,它们自行处理结算和清算业务的模式使得票据的清算变得效率低下且极不安全,阻碍了商品生产和贸易的发展,客观上需要建立一个全国统一的、权威公正的清算机构,并将其作为金融支付体系的核心来快速清算各银行间各种票据,使资金结算更加顺畅。

(三)最后贷款人与监督者的需要

随着资本主义经济的发展,商业银行信贷过度增长,使一些资本实力薄弱的银行丧失清偿力。由于挤兑而破产的情况也时有发生,于是迫切需要把各家银行的准备金集中起来,在某家银行发生支付困难时给予支持,避免在危机中破产。为了建立公平、有效和稳定的银行经营秩序,政府需要制定一系列有利于金融业发展的规章制度,并设立中央银行这一特殊机构依法对各种金融机构和市场来进行监督、管理和协调。

知识链接

世界上最早的中央银行

1694年7月27日,世界上最早的中央银行——英格兰银行成立,其总行设于伦敦,是全世界最大、最繁忙的金融机构之一。成立之初,作为一家私人性质的股份制银行,英格兰银行即取得不超过资本总额的钞票发行权。1833年,英格兰银行取得钞票无限法偿的资格。此后,英格兰银行逐渐垄断了全国的货币发行权,至1928年成为英国唯一的发行银行。与此同时,英格兰银行凭其日益提高的地位开始承担商业银行间债权债务关系的划拨冲销、票据交换的最后清偿等业务,在经济繁荣之时接受商业银行的票据再贴现,而在经济危机中充当商业银行的"最后贷款人",由此而取得了其他商业银行的信任,并最终确立了"银行的银行"的地位。1946年之后,英格兰银行被收归国有,成为中央银行,并隶属财政部,掌握国库、贴现公司、银行及其余的私人客户的账户,承担政府债务的管理工作,其主要任务仍然是按政府要求制定国家金融政策。

在以上因素的推动下,一批大的商业银行逐渐从商业银行体系中分离出来,演化成为中央银行。

> **思考与实践**
> 从中央银行的产生背景来看,未来中央银行会消失吗?为什么?

二、中央银行制度的发展

(一)中央银行的普遍建立

第一次世界大战后,面对世界性的金融危机和严重的通货膨胀,1920年在布鲁塞尔召开的国际金融会议决定,凡是未建立中央银行的国家,应尽快成立中央银行以稳定战后货币制度,消除汇率和金融混乱的局面。在布鲁塞尔召开的国际金融会议大大推进了各国中央银行的普遍建立,掀起了各国创建中央银行的新高潮。1921—1942年,世界各国改组或设立的中央银行有43家。第二次世界大战结束后,许多亚、非、拉美国家宣布独立,为健全银行体系、加强货币流通管理,发展民族经济,这些国家借鉴发达国家的经验,也成立了自己的中央银行。

(二)中央银行制度的强化和完善阶段

第二次世界大战使许多国家的经济面临严重困难,许多国家的政府都注重利用中央银行来调节、干预经济和金融,将中央银行收归国有,通过立法授权中央银行调节宏观经济的职能。中央银行除了要稳定货币、调节金融,还要以充分就业、保持经济稳定增长和国际收支平衡为目标。

此外,各国中央银行之间的合作日益加强。如1944年7月1日,由44个国家在美国布雷顿森林召开联合国货币金融会议,通过了《国际货币基金协定》,随后于1945年成立了国际货币基金组织,并于1947年3月1日正式启动;国际复兴开发银行即世界银行于1946年6月开始营业。大多数国家的中央银行代表该国参加了这些机构,它们为开展全球性的中央银行合作创造了条件。

三、中央银行的制度类型

目前,各国中央银行制度稍有差异,主要有以下四种基本类型:

(一)单一式中央银行制度

微课:中央银行的制度类型

单一式中央银行制度是最主要的也是最典型的中央银行制度形式。它是指国家设立专门的中央银行机构,使之全面、纯粹地行使中央银行职能的制度。单一中央银行制又有以下两种类型:

1. 一元式中央银行制度

一元式中央银行制度是指国内只设立一家统一的中央银行,其机构设置采取总分行制。总行一般设在首都或经济金融中心城市,根据需要在全国范围内设立若干分支机构。单一式中央银行制度的特点是权力集中、职能齐全、分支机构较多。目前,世界上大多数国家实行这种制度,如中国、英国、法国等。

金融观察

金融系统迎大调整:中国人民银行撤销大区分行

2023年我国金融系统迎来大调整,正式告别"一行两会"时代:撤销银保监会、组建国家金融监督管理总局,统一负责除证券业之外的金融业监管;证监会调整为国务院直属机构。此外,中国人民银行的地方分支机构也发生巨大变化。

根据调整方案,撤销中国人民银行大区分行及营业管理部、总行直属营业管理部和省会城市中心支行,在31个省、自治区、直辖市设立省级分行,在深圳、大连、宁波、青岛、厦门设立计划单列市分行;不再保留县级支行,相关职能上收至地级支行。至此,实行25年的中国人民银行跨省大区分行制度正式宣告结束,中国人民银行分支机构正式恢复按行政区划分的省级分行体制如图8-1所示。

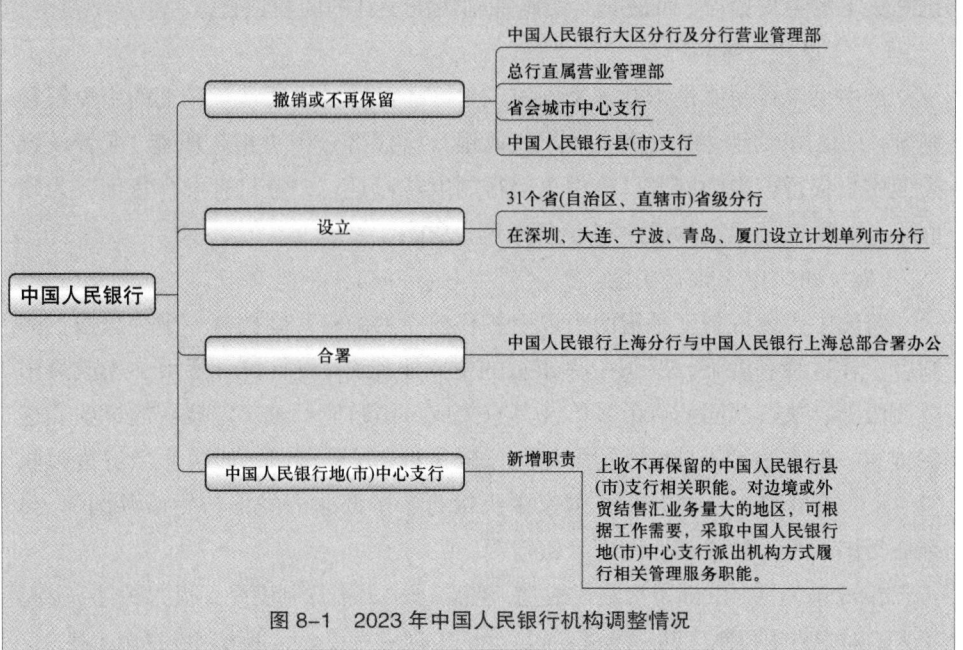

图8-1　2023年中国人民银行机构调整情况

> 如何理解这次改革？相关专家表示，从大区分行制度到恢复按行政区划分的省级分行体制，此次改革符合时代的发展与变迁，中国人民银行更加专注履行核心职能，更好地在货币政策、金融稳定等领域发挥重要作用，旨在建设好现代中央银行制度，彰显大国央行在维护币值稳定、促进经济增长等方面的责任和担当。

2. 二元式中央银行制度

二元式中央银行制度下，政府在中央和地方两级分别设立中央银行，中央银行是最高权力或管理机构，但地方机构也有一定的独立权力。这些机构组成中央银行体系，共同履行中央银行职能。这是一种联邦式的、具有相对独立性的两级中央银行制度。美国的中央银行制度即属此类。

（二）复合式中央银行制度

复合式中央银行制度是指在一国境内不设立专门的中央银行机构，而是由一家大银行来扮演中央银行和商业银行两个角色，即"一身二任"。这种体制主要存在于实行计划经济体制的国家。如俄国在十月革命胜利之后，最早建立了大一统的复合式中央银行制度。受其影响，社会主义阵营的其他国家在其经济体制改革之前也都不同程度地采用这种中央银行制度。我国在1983年以前也实行这种中央银行的制度。复合式中央银行制度是与当时国家实行的高度集中的计划经济体制相适应的，从严格意义上讲，该制度下的国家银行并不是真正意义上的中央银行，而是兼具实施计划经济工具的商业银行。

（三）准中央银行制度

准中央银行制度是指在一个国家或地区还没有建立通常意义上的中央银行制度，只是由政府授权一家或几家商业银行行使部分中央银行职能，或者设置类似中央银行机构的制度。准中央银行制度特点是：一般只有发行货币、为政府服务、提供最后贷款援助和资金清算的功能。

（四）跨国中央银行制度

跨国中央银行制度是指两个以上主权独立的国家共同拥有一个中央银行的制度。在这种制度下，跨国中央银行的主要职能有：发行统一货币、为成员国政府服务、执行共同的货币政策及其有关成员国政府一致决定授权的事项。这些国家一般在地域上相邻，经济状况比较接近，联系密切，如西非经济货币联盟（8个成员国）设立的西非国家中央银行、中部非洲经济与货币共同体（6个成员国）设立的中部非洲国家银行等。

1998年7月，欧洲中央银行成立，使跨国中央银行制度受到世人关注，引起了人们对中央银行制度的新思考，而欧元的出现更对传统的货币制度提出了挑战。

> **知** 识链接

欧洲央行与欧元区

欧洲中央银行（ECB）是世界最重要的央行之一，由欧盟（EU）于1998年建立，总部在德国法兰克福。1999年1月1日，欧洲货币同盟中的11个国家开始使用欧盟单一货币——欧元（EURO）；2002年年初，欧元纸币和硬币进入流通，半年后，成员国各自的通货逐步收回。欧洲货币联盟的支持者们指出：单一货币可以产生消除各国之间在互换货币时发生交易成本的好处。其更深层次的动机是以此推动欧洲国家的经济一体化。欧元是超越欧洲各国传统边界的货币，欧洲中央银行是超越各国货币主权的统一的中央银行。

截至2025年，欧盟总面积共414万平方千米，共有27个成员国，包括奥地利、比利时、保加利亚、塞浦路斯、捷克、克罗地亚、丹麦、爱沙尼亚、芬兰、法国、德国、希腊、匈牙利、爱尔兰、意大利、拉脱维亚、罗马尼亚、立陶宛、卢森堡、马耳他、荷兰、波兰、葡萄牙、斯洛伐克、斯洛文尼亚、西班牙、瑞典；其中，除丹麦、瑞典、波兰、匈牙利、捷克、罗马尼亚、保加利亚外，其余20个欧盟成员国都已加入欧元区。

思考与实践

连一连，看看以下国家/地区分别对应哪种中央银行制度？

国家/地区	中央银行制度
• 中国	• 一元式中央银行制度
• 美国	• 二元式中央银行制度
• 欧元区	• 复合式中央银行制度
• 西非经济货币联盟	• 准中央银行制度
• 日本	• 跨国中央银行制度
• 德国	

四、我国中央银行制度的历史发展

我国的中央银行是中国人民银行（The People's Bank of China，PBOC），为国务院组成部门。

（一）我国中央银行制度的萌芽

清朝末年，货币流通极为混乱。为整顿币制，1904年清政府批准设立户部银行。户部银行为官商合办，1905年8月在北京开业，它是模仿西方国家中央银行而建立的我国最早的中央银行，其职责为经理国库、发行货币、经营公债等。1908年，户部银行改称大清银行，职能也有所增强。

（二）国民政府时期的中央银行

1912年大清银行改为"中国银行"，继续行使中央银行的部分职能。1908年成立的交通银行发行的兑换券于1913年10月也取得了法偿货币的资格，这一时期，"中国银行"和交通银行共同行使中央银行的一部分职能。

1924年8月，孙中山在广州组建了国民革命政府的"中央银行"；1926年，北伐军在武汉设立了"中央银行"，但这两家"中央银行"存在的时间较短，并没有真正行使"中央银行"的基本职能。1927年，南京国民政府颁布了《"中央银行"条例》，并于1928年11月在上海设立了"中央银行"，额定资本为2 000万元，由政府全部出资。该行享有发行纸币、经理国库、募集和经理内外债之特权。当时，"中国银行"和交通银行也进行了改组，但仍享有货币发行权。1935年，中国农民银行同样获准发行兑换券。这一时期"中央银行"并没有独占货币发行权，并不是完整意义上的"中央银行。"

直到1942年7月1日，根据《钞票统一发行办法》，将中国银行、交通银行、中国农民银行三家银行发行的钞票及准备金全部移交给"中央银行"，此时，货币发行权才完全集中到中央银行。至此，中央银行的职能基本上健全起来，我国的中央银行制度有了较大发展。

（三）革命根据地的中央银行

在国民政府"中央银行"制度发展的同时，中国共产党领导的革命根据地的中央银行也在建立和形成之中。1931年1月，在江西瑞金成立了中华苏维埃共和国临时中央政府，并决定成立国家银行；1932年2月，中华苏维埃共和国国家银行正式成立，并在中央革命根据地各地设立分支机构。该行作为中华苏维埃共和国发行的银行和政府的银行，在革命根据地的建设中发挥了重要作用。

（四）中国人民银行的建立及发展

1948年12月，以华北银行为基础，合并北海银行、西北农民银行，在河北石家庄成立了中国人民银行并发行人民币，成为中华人民共和国成立后的中央银行，人民币成为法定本位币。1949年2月，中国人民银行将总行迁入北京，并按行政区划建立分支机构，形成了中央银行制度。

依据中国人民银行不同发展阶段的特点及其在经济中的作用，中国人民银行的发展大致可分为四个阶段。

1. 经济整顿阶段

在此阶段，中国人民银行采取有效措施，接管了敌伪金融机构，没收了官僚资本银行，取缔了外国资本银行在华的一切特权，整顿改造了民族资本银行，并在全国各地建立了中国人民银行的分支机构。中国人民银行作为发行的银行和政府的银行而成为中央银行。

2. 复合型中央银行制度阶段

在此阶段，我国只有中国人民银行一家银行，中国人民银行同时具有中央银行和商业银行双重职能，既执行中央银行职能，如发行货币、代理国库、管理金融等，又经营一般商业银行业务，如储蓄、信贷、结算、外汇等，并具有高度垄断性。这种制度是与当时高度集中的计划经济体制相适应的。

3. 职能调整阶段

党的十一届三中全会以后，伴随着经济体制和金融体制改革的不断深入，各专业银行和其他金融机构相继恢复和建立。1979年2月，原中国人民银行农村业务部和国外业务部分别独立出去，形成了中国农业银行和中国银行。1980年1月，中国人民保险公司从中国人民银行中独立出来，并恢复了中断20年之久的国内保险业务。同时成立的还有信托投资公司和信用合作社等其他金融机构，中国人民银行的经营性职能逐步减少，而作为中央银行的职能有所增强。

4. 法治化发展阶段

1983年，国务院发布《关于中国人民银行专门行使中央银行职能的决定》，对中国人民银行的基本职能、组织机构、资金来源及与其他金融机构的关系做了比较系统的规定。1984年1月，中国工商银行成立，中国人民银行专司中央银行职能。1986年1月，国务院发布《中华人民共和国银行管理暂行条例》，首次以法规的形式规定了中国人民银行作为中央银行的性质、职能与地位，该暂行条例于2001年10月6日被废止。1995年3月18日，第八届全国人民代表大会第三次会议通过了《中华人民共和国中国人民银行法》，这也是中国第一部金融法律，标志着中国现代中央银行制度正式形成并进入法治化发展的新阶段。2003年12月27日，第十届全国人大常委会第六次会议通过了《中华人民共和国中国人民银行法》（修正案），并于2004年2月1日起施行。中国人民银行的主要职责进行了调整，由原来的"制定和执行货币政策、实施金融监管、提供金融服务"调整为"制定和执行货币政策、维护金融稳定、提供金融服务"。

第二节 中央银行的性质和职能

一、中央银行的性质

中央银行代表国家调节宏观经济、管理金融事业，处于一国金融机构的首脑和领导地位。中央银行的性质主要体现在以下三个方面：

（一）中央银行是不以营利为目的的特殊金融机构

从中央银行的业务活动特点来看，它是特殊的金融机构，不以营利为目的。中央银行享有发行货币的特权，其业务服务对象是商业银行等金融机构，不与一般的工商客户和居民个人打交道。中央银行负责货币发行、管理货币流通、集中存款准备金、代理国库、维护支付清算系统的正常运行、管理国家黄金和外汇储备等工作。

（二）中央银行是一国宏观经济的调控中心

中央银行是一国宏观经济运行的调控中心，是保障金融稳健运行、调控宏观经济的国家行政机构。一国可以通过中央银行传达金融政策意图；通过中央银行，适时合理运用宏观货币供应量调控机制，实现对整个货币量的吞吐，以把握经济发展的"冷热度"；通过中央银行对整个国民经济进行监督和管理，以实现金融业的稳健和规范经营，并加强国与国之间的金融联系和合作。

（三）中央银行是管理国家金融事业的机关

从隶属关系来看，中央银行大多属于政府或国家权力机关，承担着政府金融管理的职能，是管理国家金融事务的国家机关。中央银行依法对金融机构及其业务和金融市场实施规制与约束，促使其依法稳健运行，包括制定并监督执行有关金融管理法规、政策和制度，对各类金融机构业务活动进行监管等。

二、中央银行的职能

（一）发行的银行

在现代银行制度中，中央银行首先是货币发行的银行。除极少数特殊情况外，货币发行权基本上都是由中央银行一家独占，其他银行和金融机构都无权发行货币，这是中央银行的最基本、最重要的标志，是国家赋予中央银行的最重要特权之一，是所有授权中首要的也是最基本的特权。中国人民银行人民币发行及回笼程序如图8-2所示。

图8-2 中国人民银行人民币发行及回笼程序

2017 年年末，在网络技术和数字经济蓬勃发展的影响下，经国务院批准，中国人民银行开始组织商业机构共同开展法定数字货币研发试点及发行，标志着我国中央银行"发行的银行"这一职能开始步入新征程。

数字金融创新

中国人民银行数字货币的发行

中国人民银行数字货币属于法定加密数字货币，具有无限法偿性，是人民币的数字形式，但其本质是货币，与实物人民币 1:1 等值兑换。中国人民银行数字货币采用的是"中国人民银行＋商业银行"的二元体系，如图8-3所示。商业银行向中国人民银行缴纳100%准备金，由中国人民银行将数字货币发行给商业银行的银行库，同时等额扣减商业银行存款准备金，再由商业银行将数字货币兑换给公众，即由中国人民银行负责发行，商业银行与中国人民银行合作，维护数字货币的发行和流通体系。

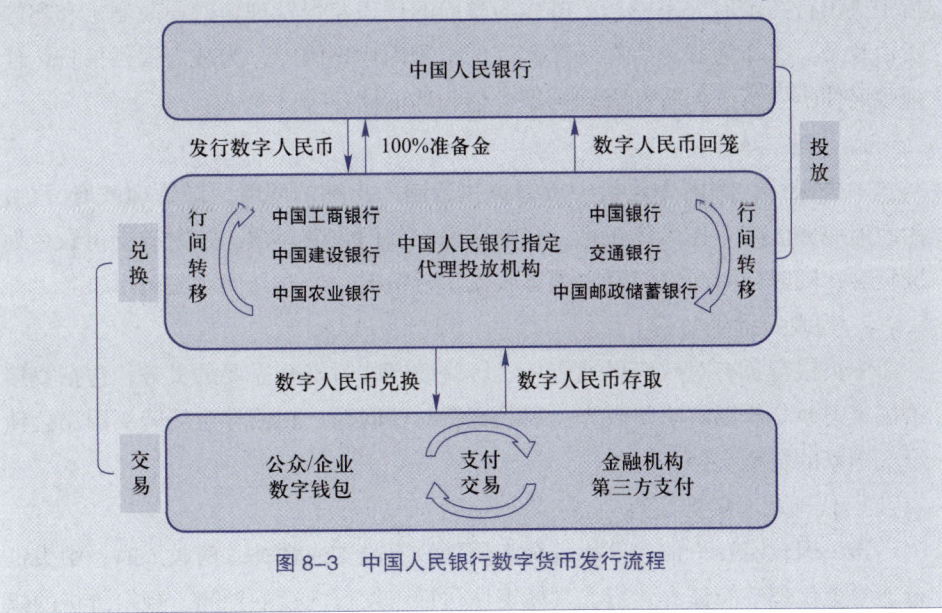

图8-3 中国人民银行数字货币发行流程

（二）银行的银行

中央银行在业务和政策上对所有金融机构进行指导、管理和监督，同时也为金融机构提供各种服务。

1. 保管商业银行的存款准备金

为了保证存款人的存款安全，利用信用杠杆调节经济，中央银行规定商业银行吸收的存款必须按一定比例向中央银行缴存准备金，这使中央银行能够通过各种手段影响商业银行的现金准备数量,从而控制全国信贷规模和货币供应量。

2. 充当最后贷款人

中央银行根据情况向出现流动性问题的商业银行和金融机构提供资金援助,避免由于银行支付链条中断而引起的金融危机,履行维护金融稳定的职责。中央银行对商业银行和其他金融机构办理再贴现、再抵押和再贷款的融资业务时,就成为"最后贷款人",以保证紧急情况下商业银行的最后清偿能力,防止出现金融恐慌,维护银行体系的安全。

3. 组织全国清算

商业银行等金融机构会在中央银行开立存款往来账户,通过票据交换所和中央银行票据交换系统,中央银行将结算轧差直接增减各商业银行的准备金,办理结算,从而清算彼此间的债权债务关系。中央银行组织的全国清算手续简单,有利于加速资金周转,从而使中央银行成为全国的票据清算中心。

(三)政府的银行

中央银行是政府的银行,并不是说中央银行的资本所有权属于国家,而是指中央银行与政府关系密切,既作为政府的代表监督管理金融业及制定和实施货币政策,又作为服务者在法律允许的范围内代理国库,为政府提供信贷,代理政府债券发行,保管和管理国家黄金和外汇储备等。

1. 代理国库

中央银行代理国库是指中央银行执行国库出纳的职能,即管理政府资金,为政府服务。其工作具体包括:代财政税收部门收缴库款;按财政支付命令划拨资金;随时向财政部门反映预算收支执行情况;经办其他有关国库事务。

2. 为政府提供信贷

中央银行负有对政府融通资金、解决政府临时资金需要的义务,包括直接给国家财政贷款以解决财政先支后收等暂时性问题、在债券市场购买国家公债形成国家的资金支持。

3. 代理政府债券发行

当一国政府发行债券筹集资金来调剂政府收支或弥补政府收入时,中央银行通常会代理政府债券发行,具体工作包括:发行规模的预测、规定价格的幅度、制定竞投标的规则、办理债券到期时的还本付息等。

4. 保管和管理国家黄金、外汇储备

中央银行通过为国家管理黄金、外汇等国际储备,以及根据国内、国际情况适时适量地购进或卖出国际储备,不仅可以达到稳定币值和汇率、调节国际收支、保证国际收支平衡的作用,还能实现保值增值的目的。

5. 制定并监督执行国家金融管理法规

作为政府的金融业务管理部门,中央银行要制定一系列的法律、法规对商业银行等金融机构进行监督管理，包括对商业银行等金融机构的市场准入、市场运营、市场退出等各个方面进行管理监督，以确保金融市场的稳健、安全。

6. 代表政府参与国际经济活动

中央银行可以代表政府参加国际金融组织，出席各种国际金融会议，在国内外金融活动中，充当政府的金融顾问，提供经济、金融情报和决策建议。

> **思考与实践**
>
> 请登录中国人民银行官网，根据所学知识，总结中国人民银行在现实中如何执行各项职能，列举具体事件进行说明。

第三节 中央银行的主要业务

一、中央银行开展业务的原则

作为特殊的金融机构，中央银行开展业务活动有别于其他金融机构，要遵循以下五个基本原则：

（一）不经营一般银行业务

微课：中央银行的业务

从服务对象来看，普通商业银行和其他金融机构以企业、社会团体和个人为其主要的服务对象；而中央银行在一般情况下不与这些对象发生直接的业务关系。中央银行只与政府和商业银行等金融机构发生资金往来关系，并通过与这些机构的业务往来，贯彻和执行政府的经济政策，履行其管理金融的职责。

（二）开展业务不以营利为目的

中央银行开展业务是为了实现特定的社会经济目标，而非营利，如防止通货膨胀、促进经济增长、保障充分就业等。

（三）不支付或只支付少量存款利息

中央银行的存款主要是财政存款、准备金存款和往来账户存款，财政存款属于保管性质，准备金存款和往来账户存款属于调节和服务性质，不支付或只支付少量利息。

（四）业务活动公开

中央银行为达到宏观调控的目的，使社会各界了解其所制定的金融政策和经营方针，必须定期向社会公布其资产负债情况和业务状况，并提供有关统计资料。

（五）资产流动性较强

中央银行资金必须能够灵活调度，及时运用，保持自身资产的较大流动性，不能投放长期性资产，不能从事不动产抵押贷款和不动产买卖业务。

二、中央银行的资产负债表

中央银行资产是其在某一时点所拥有的各种债权；中央银行负债则是其在某一时点对社会各经济主体的债务。各国中央银行资产负债表中项目的基本结构相近，见表8-1。

表8-1　简化的中央银行资产负债表

资产	负债
国外资产	现金发行
贴现与放款	商业银行等金融机构存款
政府债券和财政借款	财政和公共机构存款
外汇、黄金储备	对外负债
其他资产	其他负债和资本项目
合计	合计

三、资产业务

（一）贷款业务

贷款业务是中央银行的主要资产业务之一，该业务对象主要是商业银行和国家财政系统。在中央银行的资产负债表中，贷款是一个大项目，能充分体现中央银行作为"最后贷款人"的角色。中央银行对商业银行的贷款主要是解决其短期资金周转的困难，当然也包括在紧急情况下保证商业银行的最后清偿力，防止出现金融恐慌。贷款利率比较优惠，贷款期限比较短，一般不会超过一年。

中央银行的贷款业务是商业银行基础货币的重要来源，对于维护金融体系安全、抑制通货膨胀、调节经济具有非常重要的意义。

（二）再贴现业务

再贴现业务是一种特殊的放款形式，主要用于解决一般金融机构由于办理贴现业务而引起的暂时性资金困难，是商业银行和其他金融机构向中央银行融通资金的重要方式。作为中央银行执行货币政策的手段之一，再贴现业务能直接扩张或收缩社会信用，并及时将货币政策的意图传导至社会进而影响市场利率，引导人们的投资和消费行为。

（三）证券买卖业务

证券买卖业务是中央银行作为市场主体，在公开金融市场上进行证券买卖的业务。中央银行之所以拥有证券资产是为了调节货币流通。各国中央银行买卖有价证券的具体品种，都由法律规定，包括国库券、合格的贴现和承兑票据及政府机构的中长期债券等，但主要是政府债券，尤以国库券为主。

（四）黄金、外汇储备业务

目前各国政府都赋予中央银行掌管国际储备的职能。所谓国际储备，是指具有国际性购买能力的货币，主要有黄金（包括金币和金块）、白银（包括银币和银块）、外汇（包括外国货币、存放外国的存款余额和以外币计算的票据及其他流动资产）。此外，特别提款权和在国际货币基金组织的头寸等也属于国际储备。

四、负债业务

中央银行的资金来源主要是自有资本和负债业务。

中央银行和其他银行一样，为了保证正常的业务活动必须拥有一定数量的自有资本。不同国家的中央银行的自有资本不同，有的是由中央政府拨款形成自有资本，如中国、法国、英国等；有的是由地方政府、国有银行、公共部门出资形成自有资本，如瑞士、日本等；也有少部分是通过私人银行或企业出资形成自有资本，如美国、意大利等。

中央银行的负债业务主要包括货币发行与各类存款，这也是形成资产业务的基础。

（一）货币发行

货币发行是中央银行最主要的负债业务，是中央银行区别于一般商业银行的重要标志。流通中的货币都是由中央银行发行的。中央银行的货币通过再贴现、贷款、购买证券、收购金银外汇等渠道投入市场，形成流通中的货币，以满足经济发展对货币的需要。

> **思考与实践**
>
> 对于中央银行而言，发行的货币为什么是负债？是对谁的负债？

（二）各类存款

中央银行的各类存款业务一般可以分为商业银行等金融机构的存款准备金、政府存款、特种存款、其他存款等。

1. 存款准备金

存款准备金是中央银行存款业务中最大的存款项目，也是中央银行作为

"银行的银行"发挥作用的客观要求。在现代存款准备金制度下，中央银行集中商业银行和其他金融机构的存款准备金，这些存款准备金由两部分组成：一部分是法定存款准备金，它等于商业银行吸收存款余额乘以中央银行规定的法定存款准备金比率；另一部分是商业银行的超额准备金，是商业银行为保持资金清算和同业资金往来而存入中央银行的存款。

最初，中央银行集中存款准备金只是为了应付商业银行和其他金融机构的存款人大量挤兑存款的需要，以保证银行业的清偿能力和金融业的稳定。后来中央银行利用提高或降低存款准备金率来调节商业银行的放款能力，因此法定存款准备金率和法定准备金存款成为中央银行的货币政策工具。此外，商业银行和其他金融机构通过中央银行办理它们之间的债务、票据等清算，也需要把一定数量的存款存在中央银行以满足清算需要。

2. 政府存款

中央银行由政府赋予代理国库的职责，财政的收入和支出都由中央银行代理。国库是国家金库的简称，是专门负责办理国家预算资金收纳和支出的机关。国家的全部预算收入都由国库收纳入库，一切预算支出都由国库拨付。

政府存款是指由于中央银行代理国库，在各级财政预算执行过程中因先收后支或收大于支，而使财政资金暂时停留在中央银行账面上所形成的一种存款。政府存款一般是中央银行的短期资金来源，但当财政收支出现结余时，则可作为中央银行的长期性资金来源。

当今，世界各国的财政收支流量巨大，因此政府财政部门常年在中央银行存有一笔存款，其数额仅次于商业银行在中央银行的存款准备金。

3. 特种存款

特种存款是中央银行的直接控制方式之一，是指中央银行按商业银行和其他金融机构信贷资金的营运情况，根据银根松紧和资金调度的需要，以特定方式向这些金融机构集中一定数量的资金。

中央银行的特种存款都是在特定的经济形势下，为调整信用规模和结构、支持国家重点建设或其他特殊资金需要，从金融机构存款中集中的一部分资金。一般来说，特种存款的来源对象具有特定性，不像存款准备金是面向所有吸收存款的金融机构而吸收的，且期限较短，一般为一年。特种存款利率完全由中央银行确定，具有特殊的规定性，金融机构只能按规定利率及时足额地完成存款任务。

4. 其他存款

中央银行吸收的存款还包括邮政储蓄存款、非银行金融机构存款、外国政府或外国金融机构存款等。邮政储蓄存款是指邮政机构在办理函、电、汇、发等邮政业务的同时，还办理以个人为主要对象的储蓄存款业务。这项业务将伴随着邮政储蓄银行的出现而逐步减少。非银行金融机构在中央银行的存款,与商业银行在中央银行存款的性质和范围基本相同,也包括法定存款准备金和支付准备金(也称超额准备金)两部分,只是在具体的操作和缴存比例上略有不同。外国政府或外国金融银行的存款是属于外国政府的,它们持有这些债权构成本国的外汇,可以随时用于贸易结算和债务清偿。

五、清算业务

中央银行的支付清算业务是指中央银行作为一国支付清算体系的参与者和管理者,通过其支付清算系统,实现金融机构之间债权债务的清偿以及资金的顺利转移。由于各商业银行都有法定存款准备金存在中央银行,并在中央银行设有活期存款账户,这样就可以通过活期存款账户,在全国范围内划拨清算银行之间的债权债务关系。各国中央银行都设立专门的票据清算机构,处理各商业银行的票据并结清其差额。中央银行集中票据交换及办理全国资金清算的业务活动,实现了银行之间债权债务的非现金结算,免除了现款支付的麻烦,便利了异地间的资金转移。

中央银行的支付清算业务通常包括四个内容:票据交换与清算、异地资金转移清算、证券和金融衍生工具交易清算及跨国清算。我国现代支付体系可分为中国人民银行支付系统和其他机构支付系统,如图8-4所示。

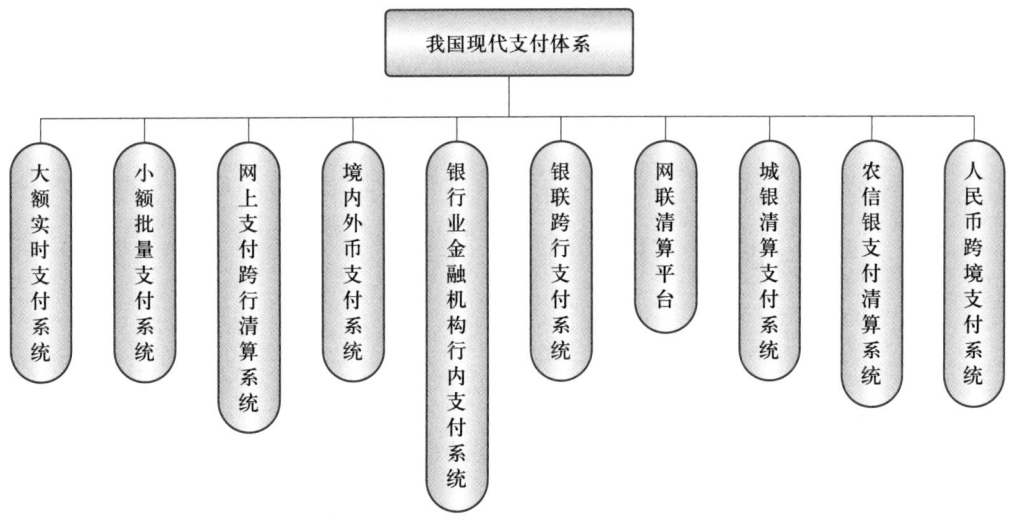

图8-4 我国现代支付体系构成

复习思考题

一、单项选择题

1. 中央银行在公开市场上出售政府债券被称为（　　）。
   A. 公开市场购买　　　　　　B. 公开市场出售
   C. 贴现贷款　　　　　　　　D. 再贴现

2. 中央银行的业务对象主要是（　　）。
   A. 工商企业　　　　　　　　B. 事业单位
   C. 城乡居民　　　　　　　　D. 金融机构

3. 在一个国家单独设立一家统一的中央银行机构，由该机构全面行使中央银行职能并对金融业进行管理和监督的银行制度称为（　　）。
   A. 一元式中央银行制度　　　B. 复合式中央银行制度
   C. 准中央银行制度　　　　　D. 二元式中央银行制度

4. 中央银行会贷款给商业银行，此时中央银行充当了（　　）。
   A. 一般贷款人　　　　　　　B. 最后贷款人
   C. 为政府提供融资的角色　　D. 直接融资的角色

5. 世界上最早的中央银行是（　　）。
   A. 英格兰银行　B. 法兰西银行　C. 美联储　　D. 德意志联邦银行

6. （　　）是中央银行发挥其作为银行的银行作用的客观要求。
   A. 向政府融通资金　　　　　B. 货币发行业务
   C. 集中存款准备金业务　　　D. 代理国库业务

7. 中央银行经营证券业务的目的是（　　）。
   A. 盈利　　　　　　　　　　B. 调剂资金供求
   C. 控制企业资金　　　　　　D. 管理政府收支

二、多项选择题

1. 中央银行的特点有（　　）。
   A. 分支机构最多，业务量最大
   B. 金融机构的领导和核心
   C. 唯一发行货币的银行，吸收各金融机构的存款准备金
   D. 办理个人贷款

2. 中央银行产生的原因包括（　　）。
   A. 统一货币发行权的需要
   B. 集中票据交换和清算的需要
   C. 发挥"最后贷款人"功能的需要
   D. 进行金融监管的需要

3.中央银行的职能包括（　　）。

A．发行的银行　　　　　　　B．独立的银行

C．银行的银行　　　　　　　D．政府的银行

4.中央银行作为"银行的银行"，其主要职责有（　　）。

A．充当最后贷款人　　　　　B．集中保管存款准备金

C．主持全国银行间清算业务　D．开展公开市场业务

5.中央银行作为政府的银行，其职责包括（　　）。

A．代理国库　　　　　　　　B．对政府融通资金

C．代理政府金融事务　　　　D．代表政府参加国际金融活动

三、判断题

1.中央银行是管理国家金融事业的机关，承担政府金融管理的职能。（　　）

2.中央银行在国家财政出现收不抵支的情况下，一般有提供信贷支持的义务。（　　）

3.在银行体系中处于核心地位的是政策性银行。（　　）

4.美国和德国的中央银行有中央和地方两级体系，因此被称为复合中央银行制。（　　）

5.中央银行的货币发行是指向社会投放现金的业务，属于其资产业务的范围。（　　）

四、简述题

1.简述中央银行的基本职能。

2.为什么目前各国政府都赋予中央银行掌管国际储备的职责？

3.中央银行的资产负债表包含哪些主要项目？

4.什么是再贴现业务？

5.简述中央银行作为"银行的银行"的职能主要体现在哪些方面。

五、调研与实践

调研主题：近十年中国人民银行的资产负债表变动情况。

调研目的：通过计算各项目比重来熟悉中国人民银行资产负债表构成，分析项目变化背后的政策意图，加深对中国人民银行职能的理解，同时提升办公软件基本技能及数据分析能力。

调研步骤：

（1）登录中国人民银行官方网站，收集整理近十年中国人民银行的资产负债表主要项目及数据。

（2）利用Excel计算各项目所占比重并绘制趋势图。

（3）分析中国人民银行资产负债表变化的原因，并结合经济形势分析资产

负债表变化折射的政策涵义。

调研成果:完成1 000字左右《近十年中国人民银行资产负债表分析报告》。

Chapter

09

第九章
货币供给与货币需求

- 货币流通规律
- 货币需求
- 货币供给
- 货币均衡

学习目标

素养目标
- 通过学习货币供求均衡的本质，培养正确的货币发展观和动态均衡观。
- 通过了解我国货币供求管理情况，树立制度自信，增强时代使命感。

知识目标
- 了解货币供给和货币需求的定义和基本原理。
- 熟悉不同经济学流派的货币需求理论。
- 掌握货币的创造过程及其影响因素，了解社会主体对货币供给量的影响。
- 掌握货币供求均衡的分析方法和非均衡时的表现和调节机制。

能力目标
- 能够通过数据观察当前货币流通的状况。
- 能够分析影响货币需求的各种因素。
- 能够解释银行货币创造的过程。
- 能够判断某一时期是否实现了货币均衡。
- 能够运用货币供求原理解释社会经济现象。

思维导图

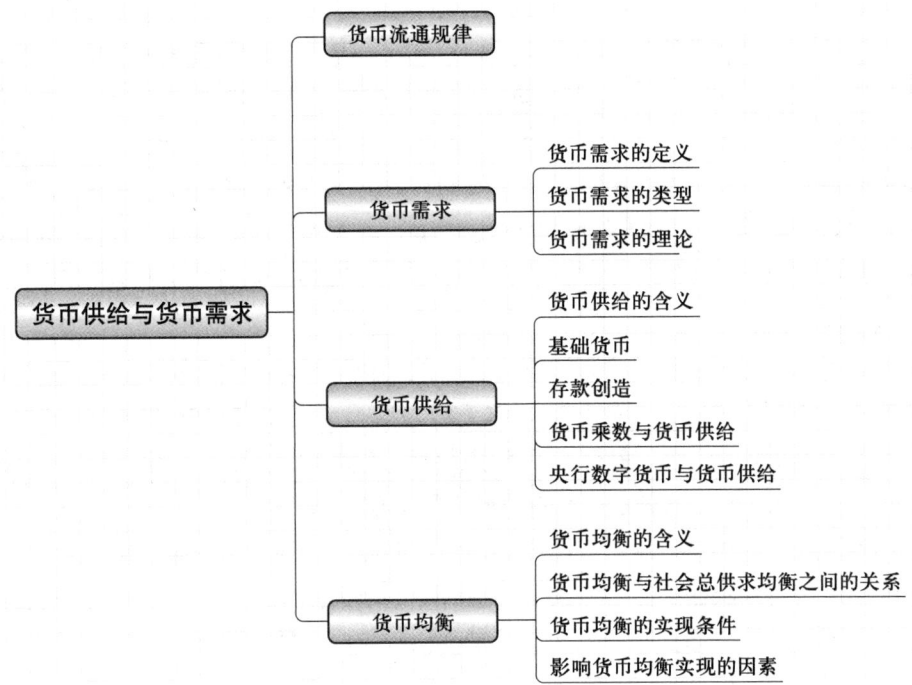

案例导入

我国货币需求稳步提升，提振经济薄弱环节

近年来，随着我国经济运行态势持续向好，基础设施建设进程加快、制造业转型升级步伐提速、消费潜力逐步释放，实体部门对货币资金的需求呈现出结构性回暖态势。2024年，全国固定资产投资同比增长3.2%，其中制造业投资增长9.2%，高技术制造业投资增长8%；社会融资规模存量同比增长8%。这一系列数据不仅反映出金融支持实体经济的力度在不断加大，更能体现出在重点领域已得到一定修复，在支持产业发展和薄弱环节补短板方面发挥了积极作用。

然而，从整体来看，中国宏观经济仍处于有效需求不足的状态，市场对流动性和货币的需求仍然不够强势，这无疑为我国宏观调控带来了严峻的挑战。党的二十大报告提出："充分发挥市场在资源配置中的决定性作用，更好发挥政府作用。"为此，一方面，中央银行需构建调节银行货币创造的流动性、资本和利率约束的长效机制，保持流动性合理充裕，确保货币供应量和社会融资规模增速与反映潜在产出的名义国内生产总值增速基本匹配；另一方面，政府也应逐步从单纯增加支出转向增支、减税和政府信用并举的模式，同时坚持以供给侧结构性改革为主线，实施更加积极的财政政策。通过上述"双向发力"，才能更有效地满足企业多元化融资需求，支持民营经济和中小微企业发展，强化经济薄弱环节。

> **问题：**
> 货币需求与货币供给如何影响宏观经济？

第一节　货币流通规律

货币的投放量不是随意规定的，而要遵循货币流通规律。货币流通规律是指在一定时期内流通中所需要的货币量规律。马克思的货币流通规律认为，货币流通是由商品流通引起的，货币流通的规模和速度也是由商品流通的规模和速度决定的。一定时期内流通中所需要的货币量，与商品价格总额成正比，与货币流通速度成反比。也就是说，流通中所需要的货币量取决于以下三个因素：① 参加流通的商品数量；② 商品的价格水平；③ 货币的流通速度，即一定时期内同一单位货币的平均周转次数。前两项的乘积就是商品的价格总额，可用以下公式表示：

$$货币必要量 = 商品价格总额 \div 货币流通速度$$

这一规律是在商品经济社会中不以人的意志为转移的客观经济规律，凡是有商品货币交换的地方，这一规律就必然存在并发挥作用。可以看出，物价水平和流通中的货币必要量成正比，而货币流通速度同流通中的货币必要量成反比。

不过，货币支付手段的职能使有些商品交换采取了赊购的方式，人们并不需要用现金参加交易，因此，此时的货币流通量应该减去这一部分。另外，有些前期赊购的商品在本期需要支付债务，因而应在货币流通量中加上这部分。还有一些交易的债权债务可以相互抵销，不需要现金，也应从货币流通量中减去。因此，流通中实际需要货币量的公式为：

$$货币必要量 = \frac{待售商品的价格总额 - 赊售商品的价格总额 + 到期支付商品总额 - 互相抵销的支付总额}{货币流通速度}$$

需要指出的是，马克思的货币流通规律是在金属货币流通的条件下提出的。纸币虽然本身没有内在价值，却是代表金属货币执行流通手段的工具，因此，纸币的流通必须以上述货币流通规律为基础。在纸币普遍使用的情况下，其流通规律可表述为：纸币的发行量必须与流通中所需要的金属货币量相一致。如果纸币的发行量超过了流通中所需要的金属货币量，就会引起纸币贬值和物价上涨，这种现象被马克思称为"通货膨胀"。

> **思考与实践**
>
> 根据货币流通规律，假设现有商品价格总额是100万亿元，每一元货币在一定时期内平均流通4次，要使商品全部成交，还需要发行100万亿元货币吗？

第二节 货币需求

一、货币需求的定义

经济学中的需求通常是指在一定的时期、在既定的价格水平下，消费者愿意并且能够购买的商品数量。需求显示了随着价格升降而其他因素不变的情况下，个体在每段时间内所愿意购买的某种货物的数量。可见，需求必须同时包括以下两个基本要素：一是人们希望得到或持有；二是人们有能力得到或持有，两者缺一不可。个人的欲望始终是无穷的，甚至是满足不了的，同欲望相比，一个人的货币财富总是有限的。人们虽然希望得到或持有的货币越多越好，但是对货币的需求必须限制在其财富限额内。

因此，货币需求是指社会各部门在既定的收入或财富范围内能够而且愿意以货币形式持有的资产数量。在现代高度货币化的经济社会里，社会各部门需要持有一定的货币作为媒介进行交换、支付费用、偿还债务、从事投资或保存价值，因此便产生了货币需求。

二、货币需求的类型

（一）微观货币需求与宏观货币需求

（1）微观货币需求，是指个体在一个时点上对货币有能力的意愿持有量。也就是说，微观货币需求是指微观经济主体（个人、家庭或企业）在既定的收入水平、利率水平和其他经济条件下，所形成的在机会成本最少、收益最大时的货币需求。

（2）宏观货币需求，是指一个社会或一个国家（地区）在一定时期，由于经济发展和商品流通所产生的对货币的需要。它是从宏观经济主体运行的角度进行界定的，讨论在一定的经济条件下（如资源约束、经济制度限制等）整个社会应该有多少货币来执行交易媒介、支付手段和价值储藏等功能。

从数量意义上来说，全部微观货币需求的总和即为相应的宏观货币需求。

（二）名义货币需求与实际货币需求

名义货币需求，是指经济主体不考虑价格变动的货币需要量，这种货币需求可以直接按照货币的面值来衡量和计算；实际货币需求，是指经济主体在扣除了物价上涨因素后对货币的需要量，它是用货币的实际购买力来衡量的。

两者的区别在于是否剔除了通货膨胀或通货紧缩所引起的物价变动的影响。例如，某年物价上涨了4%，经济增速为8%，则名义货币需求增长了12%。如果按照不变价格来计算，实际货币需求只需要增长8%。

三、货币需求的理论

什么是货币需求？决定货币需求的因素有哪些？不同的经济学流派也给予了不同的解释。

（一）马克思的货币需求理论

马克思的货币需求理论，又称为货币必要量理论，集中表现在其货币流通规律公式中，即有：

$$M=PT/V$$

其中，P 表示商品价格，T 表示商品交易量，V 表示货币流通的平均速度，M 表示货币需要量。这个公式说明货币需要量与商品数量、价格水平及商品价格总额成正比；货币需要量与货币流通速度成反比。

（二）现金交易数量说

现金交易数量说的主要代表是美国经济学家费雪。费雪在《货币的购买力》一书中提出了以费雪方程式著称的现金交易数量说。费雪认为，货币的唯一功能是充当交换媒介，人们需要货币仅仅是因为货币具有购买力，可以用来交换商品和劳务，除此之外，货币并不能满足人们的其他欲望。因此，一定时期内社会所需要的货币总额必定等于同期内参加交易的各种商品和劳务的价值总和。若用 M 表示流通中的货币量，V 表示货币的流通速度，T 表示商品的交易量，P 表示物价水平，则费雪的现金交易数量说可以用公式表示为：

$$MV=PT \text{ 或 } P=MV/T$$

从以上公式可以看出，MV 表示一定时期内的货币总量；PT 表示同一时期内商品和劳务的交易总额，两者必然相等。根据费雪的分析，V 受制于人们的支付习惯、信用发达程度、运输、通信等制度因素；T 则依存于一定时期的技术水平、资源供给等生产因素。由于短期内制度因素和生产因素变化不会很大，即使在长期内的变化也是可以预测的，所以 V 与 T 可以视为不变的常数。这样，方程式所列的变量只有 M 和 P，而且两者存在以下关系：流通中 M 增加，P 也同比例升高，P 升高后，PT 就越大，在 V 不变的情况下，为购买 PT 所需的 M 也就越多。

（三）现金余额说

现金余额说由剑桥学派创始人马歇尔提出，后经罗宾逊将其改进而使其成为著名的"剑桥方程式"，即有：

$$M=kPY \text{ 或 } P=M/kY$$

其中，M 表示人们对货币的需求数量，或人们手中持有的货币量；k 表示货币量与国民收入或国民生产总值之比率；P 表示商品的价格水平；Y 表示按固定价格计算的国民收入或国内生产总值。

现金余额说认为，货币不仅具有交易媒介职能，还具有价值储藏的职能；物价变动的原因就在于人们所欲保留的现金余额。这一余额的大小、留存时间的长短，都直接影响整个社会的货币数量。当人们手边保留的现金余额增加时，整个社会的货币需求量就会增加，货币流通速度就会减慢，物价就会下跌、币值就会上升。当人们手边保留的现金余额减少时，货币流通速度就会加快，物价就会上涨，币值就会下跌。

可见，一方面，剑桥学派赞同费雪的观点，认为货币需求与交易水平有关，交易量越多，人们愿意持有的货币余额越多，并且与交易价值保持着一个固定的比率；另一方面，他们又超越了费雪，认为人们的财富水平和持有货币的机会成本也影响货币需求。持有货币的机会成本就是市场利率，即货币需求受利率水平的影响，这与费雪的现金交易数量说大不相同。

（四）凯恩斯的货币需求理论

凯恩斯的货币需求理论称为流动性偏好理论，是指在一般条件下，人们更愿意持有可灵活周转的高流动性资产，如现金、活期存款等。在凯恩斯看来，货币的总需求决定于流动性偏好，而人们之所以要用货币形式来保持其资产，主要有以下三大动机：

1. 交易动机

交易动机是指人们为了日常经济交易的方便而持有的那部分货币，基于交易动机而产生的货币需求被称为货币的交易需求。这类支出显然受到收入水平的影响，以个人为例，收入越高，个人每月愿意付出的固定开支越高，从而可以得知，交易动机下货币需求函数是收入水平的增函数，这一点与费雪方程式和剑桥方程式是一致的。

2. 预防动机

预防动机是指人们会保留一部分货币以备不可预料的紧急需要的动机。预防动机缘于人们无法准确地预料到自己在未来一段时期内所需要的货币数量，同时也难以避免像疾病、失业、地震这样的天灾人祸。凯恩斯认为，人们因预防动机而产生的货币需求，也同收入成正比，因为人们拥有的货币越多，其预防意外事件的能力就越强，而拥有较多的货币是以较高的收入为基础的。

3. 投机动机

投机动机是指由于未来利率的不确定，人们为避免资本损失或增加资本收益，及时调整资产结构而形成的对货币的需求，因此投机性货币需求同利率成反比。投机动机的分析是凯恩斯货币需求理论中最有特色的部分。他认为人们保持货币除了为交易需求和应付意外支出，还有贮藏价值或财富的动机。在凯恩斯的分析中，盈利性金融资产主要是指债券。他把用于贮藏价值的资产分为两类：货币和债券。其中，货币是不能产生利息收入的资产，因此其收益为零，而债券是能产生利息收入的资产。当市场利率较高时，人们预测利率将要下降，债券价格就要上升，会带来资本收益，人们就会放弃货币而持有债券，此时对货币的需求就减少；当市场利率较低时，人们预测利率将要上升，债券价格就要下跌，当价格下跌超过债券的利息收入，则不但没有收益，反而要受到损失，这时持有债券就不如持有货币了，人们对货币的需求就会增加。

凯恩斯的货币需求理论认为，在货币需求的三个动机中，由交易动机和预防动机而产生的货币需求一般统称为交易性货币需求，用 L_1 表示，L_1 与收入水平有关，收入越多，L_1 越多，因此 L_1 是收入的递增函数，即 $L_1(Y)$，Y 表示收入。由投机动机而产生的货币需求称为投机性货币需求,用 L_2 表示,L_2 与利率有关,利率越低,L_2 越多,因此 L_2 是利率的递减函数,即 $L_2(r)$,r 表示利率。如果用 L 表示货币总需求,则凯恩斯货币需求理论公式如下:

$$L=L_1(Y)+L_2(r)$$

它表明了货币的总需求是由收入和利率两个因素决定的。凯恩斯货币需求理论在解释现实世界方面拥有着强大的生命力。例如,20世纪70年代末的高通货膨胀催生了真实商业周期理论,但理性人假设却导致该理论局限于那个时代背景。而凯恩斯货币需求理论则关注到了人的非理性和动物精神,其在行为金融学和行为经济学上的研究成果也更符合现实情况,因而得以在过去一百年时间里穿越经济的繁荣与萧条,展现出真正的通用性。

> **思考与实践**
> 运用流动性偏好理论来分析,经济衰退时期身边的人为什么更喜欢储蓄了?

第三节 货币供给

虽然中央银行在一国金融体系中处于核心地位,但事实上,中央银行并不能完全控制货币供应量,绝大部分的货币量其实是通过银行体系进行货币创造所形成的。

一、货币供给的含义

货币供给是指一定时期内一国或货币区的银行系统向经济体中投入、创造、扩张或收缩货币的过程。货币供给必然会在实体经济中形成一定的货币量,即货币供给量。货币供给量是指一国各经济主体(包括个人、企事业单位和政府部门等)持有的、由银行系统供应的债务总量。在纯粹的信用货币流通条件下,货币供给量主要包括现金和存款货币两个部分。其中,现金是由中央银行供给的,表现为中央银行的负债;存款货币则是由商业银行供给的,体现为商业银行的存款性负债。

 融观察

我国货币供应保持平稳增长，为经济发展提供资金支持

2024年以来，我国经济始终保持稳健增长态势，货币供应作为宏观经济运行的核心支撑，持续展现合理适度的增长特征。截至2025年5月末，三大货币供应量指标呈现以下情况：①广义货币(M_2)余额325.78万亿元，同比增长7.9%，增速比上月末降低0.1%，比上年同期高0.9%；②狭义货币(M_1)余额108.91万亿元，同比增长2.3%，增速比上月末高0.8%，比上年同期高3.1%；③流通中货币(M_0)余额13.13万亿元，同比增长12.1%，如图9-1所示。

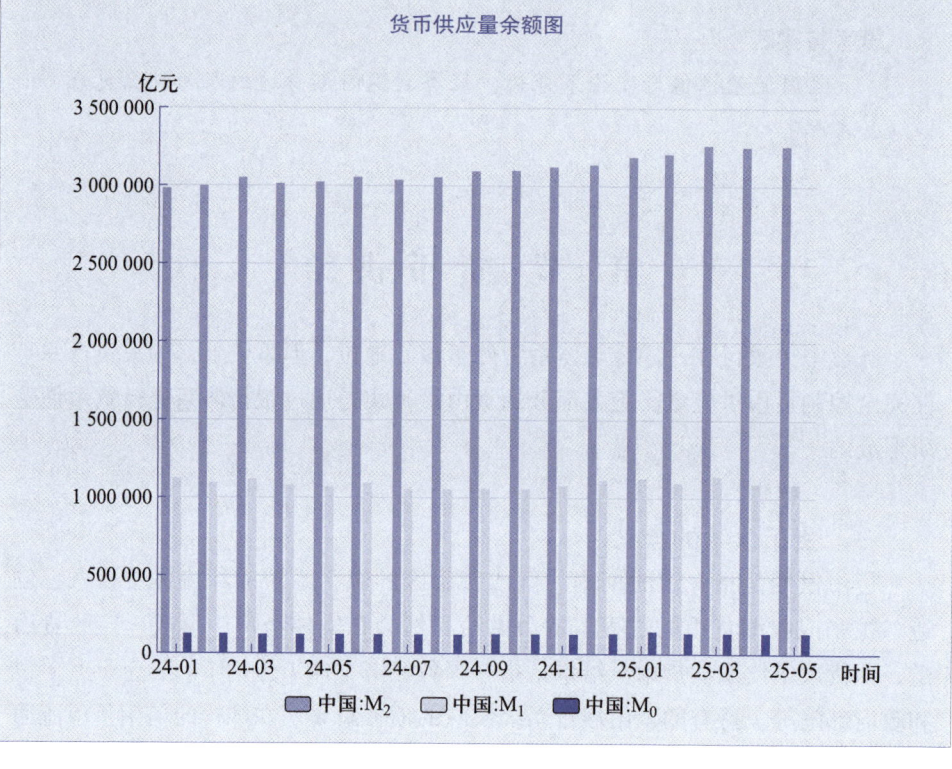

货币供应量余额图

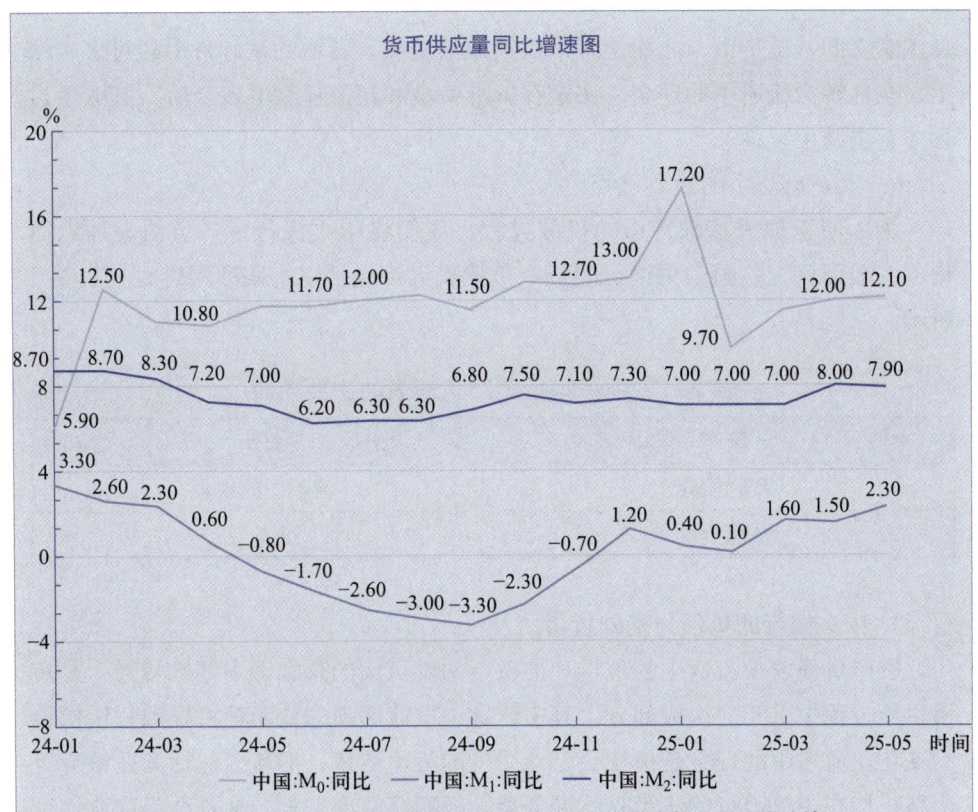

图 9-1　2024 年 1 月—2025 年 5 月我国货币供应量余额及同比增速情况

上述数据表明，当前我国的货币供应量保持了适度的增长态势，为经济高质量发展提供了坚实的资金保障。这一良好格局的形成，源于国家宏观经济政策的精准调控——通过灵活运用货币政策工具、适时推出针对性经济刺激措施，既稳定了市场预期，又有效提振了市场主体信心，为经济持续健康注入了强劲动力。

二、基础货币

（一）基础货币的概念

基础货币又称强力货币或高能货币，是指处于流通界，由社会公众所持有的现金及银行体系准备金（包括法定存款准备金和超额准备金）的总和。基础货币作为整个银行体系内存款扩张、货币创造的基础，其数额大小对货币供给总量具有决定性的作用。基础货币一般表示为：

基础货币 = 流通于商业银行体系外的现金 +
法定存款准备金 + 超额存款准备金

无论采取何种渠道投放的基础货币，进入到商业银行的派生领域才能算作

微课：基础货币

真正意义的基础货币，才能使货币供给成倍增加。新增的基础货币经过多次派生，全部转为流通中的现金、法定存款准备金和超额存款准备金后，其派生过程才宣告结束。

（二）基础货币的投放过程

为了便于理解基础货币的投放过程，我们将中央银行资产负债表加以简化，一般而言，各国中央银行的资产负债表大都包括以下四项内容，如表9-1所示。

表9-1　中央银行资产负债表的主要内容

资产	负债
政府债券	流通中的现金
贴现贷款	准备金

1. 中央银行的负债与基础货币

资产负债表中流通中的现金和准备金两类负债的总和即为基础货币，是货币供给过程中重要的组成部分，其中任意一项或两项的变动都将导致货币供给的变化。流通中的现金是指社会公众手持的货币数量；准备金包括商业银行等金融机构在中央银行的法定存款准备金及超额存款准备金。准备金是商业银行的资产，却是中央银行的负债，准备金的增加会导致存款的增加，进而增加货币供给。

2. 中央银行的资产与基础货币

中央银行的资产不仅能为其带来收益，也与负债项目的数额紧密相关。资产项目的变动会导致负债项下基础货币的变动，并最终引起货币供给的变化。其中，两类重要的资产项目，即政府债券和贴现贷款，是货币供给的两个重要渠道。

中央银行持有的政府发行的债券，是各国中央银行进行公开市场业务的主要标的物，中央银行采取购买银行持有的政府债券的方式向银行体系提供准备金，以达到增加基础货币、扩大货币供给的目的。

发放贴现贷款（或再贷款）是中央银行向银行体系提供准备金的另一种方式。对于获得贴现贷款（或再贷款）的商业银行而言，这部分资金是其本身的负债，它的增加也会导致货币供给的增加。

此外，中央银行购买黄金、外汇储备等，也是基础货币常见的投放渠道。若一国黄金储备增加，则因为购买这些黄金，中央银行投放的基础货币增加，货币供应量增加；反之，黄金储备减少，中央银行收回基础货币，货币供应量减少。外汇储备也遵循同样的机制。

三、存款创造

货币供给的形成主要有两个环节：一是中央银行的货币供给；二是商业银行的存款货币创造。绝大部分货币量是通过银行体系对基础货币进行存款创造所形成的。

（一）原始存款与派生存款

在分析存款货币创造过程之前，首先需要定义原始存款和派生存款。

原始存款，是整个银行体系最初吸收的存款，具体是指商业银行吸收的现金存款或中央银行对商业银行以再贴现、再贷款等方式而形成的存款，是商业银行从事资产业务的基础。这部分存款不会引起货币供给总量的变化，原始存款对于银行体系而言，是现金的初次注入，是商业银行进行信用扩张的基础。

派生存款，是指商业银行通过发放贷款、办理贴现或投资等业务活动引申而来的存款，是与原始存款相对应的存款货币，是现代银行制度的产物。

（二）商业银行派生存款创造的前提条件

派生存款是商业银行在一定制度条件下信用活动的产物，派生存款的产生离不开相应的制度条件。

1. 支票流通和转账结算

支票逐步代替现金作为结算工具，结算单位无须提取现金，只需办理银行转账即可实现资金划转。这是派生存款产生的最基本的条件。因为一旦以现金方式结算，这部分资金是否还会再次流回银行内部则完全取决于个体行为。只有进行转账结算，才可以使得资金在银行系统内流转，形成一轮又一轮的派生存款。

2. 部分存款准备金制度

商业银行在取得一笔存款后，只需缴纳一定比例的法定存款准备金，剩余资金可贷放出去，无须将全部资金存入中央银行。在这种制度下，商业银行可以自行支配扣除法定存款准备金后的余额，利用这部分超额准备金发放贷款，产生派生存款。

假设中央银行设定5%的法定存款准备金率，则意味着，如果客户甲存款为100 000元，商业银行将必须保留5%的现金作为存款准备，即应保留5 000元。客户甲的账户上贷记100 000元，此时银行向客户乙贷出95 000元，并把95 000元贷记到该客户的账户中，由此，银行缴存至中央银行准备金账户的金额为5 000元，所有客户在银行相应的存款总额为195 000元（95 000元+100 000元），如图9-2所示。

图 9-2 部分存款准备金制度的运作原理

(三)商业银行派生存款的创造过程

为了简单清晰地描述存款货币的多倍创造过程,下面举例说明。

假定:商业银行不持有任何超额存款准备金;没有现金从银行系统中漏出;没有从支票存款向定期存款或储蓄存款的转化。

现假设 A 银行简化的资产负债表如表 9-2 所示。

动画:商业银行是如何派生存款的?

表 9-2　A 银行资产负债表　　　　　　单位:亿元

资产		负债及所有者权益	
存款准备金	11.5	吸收存款	115.0
贷款	85.5	其他负债	20.0
其他资产	48.0	所有者权益	10.0
总资产	145.0	总负债及所有者权益	145.0

为计算简便,假设法定存款准备金率是金融机构吸收存款总额的 10%。则初始情况下,A 银行的法定存款准备金 = 115×10%=11.5(亿元)。因为这个数字刚好等于其存款准备金,所以 A 银行目前没有超额存款准备金。

假设 A 银行吸收了 1 亿元活期存款,按照规定提取存款准备金 0.1 亿元(1×10%=0.1 亿元),其余的 0.9 亿元全部贷款给客户甲,此时,A 银行的资产负债变动状况将变为如表 9-3 所示的情况。

表 9-3　A 银行资产负债表　　　　　　单位:亿元

资产		负债及所有者权益	
存款准备金	11.6	吸收存款	116.0
贷款	86.4	其他负债	20.0
其他资产	48.0	所有者权益	10.0
总资产	146.0	总负债及所有者权益	146.0

假定客户甲将这 0.9 亿元贷款存入其往来行 B 银行，假设 B 银行最初的资产负债表如表 9-4 所示。

表 9-4　B 银行资产负债表　　　　　单位：亿元

资产		负债及所有者权益	
存款准备金	20.0	吸收存款	200.0
贷款	130.0	其他负债	25.0
其他资产	90.0	所有者权益	15.0
总资产	240.0	总负债及所有者权益	240.0

当客户甲存入 0.9 亿元后，银行按照规定提取 0.09 亿元法定存款准备金，再将其余的 0.81 亿元全部贷款给客户乙，此时，B 银行的资产负债变动状况如表 9-5 所示。

表 9-5　B 银行资产负债表　　　　　单位：亿元

资产		负债及所有者权益	
存款准备金	20.09	吸收存款	200.9
贷款	130.81	其他负债	25.0
其他资产	90.0	所有者权益	15.0
总资产	240.9	总负债及所有者权益	240.9

假定客户乙再将 0.81 亿元的贷款存入 C 银行，当客户乙存入 0.81 亿元后，C 银行按照规定提取 0.081 亿元法定存款准备金，再将其余的 0.729 亿元全部贷款给客户丙。此时，银行活期存款已经由最初的 A 银行吸收的 1 亿元，加上 B 银行的 0.9 亿元派生存款，再加上 C 银行的 0.81 亿元派生存款，达到了 2.71 亿元，但此时，银行存款的增加远未停止，还会照此发展下去，这个过程直至新增的基础货币全部转化为金融机构的法定存款准备金后宣告结束。

经过商业银行体系的运作，在最初原始存款为 1 亿元，法定存款准备金率为 10% 的情况下，商业银行派生存款过程如表 9-6 所示。

表 9-6　商业银行派生存款过程　　　　　单位：亿元

商业银行	存款增加	贷款增加	派生存款增加	准备金增加
A	1	0.9	0	0.1
B	0.9	0.81	0.9	0.09
C	0.81	0.729	0.81	0.081

续表

商业银行	存款增加	贷款增加	派生存款增加	准备金增加
D	0.729	0.656 1	0.729	0.072 9
E	0.656 1	0.590 49	0.656 1	0.065 61
……	……	……	……	……
所有银行合计	10	9	9	1

经过这个派生过程，1亿元的原始存款，使得银行存款总额增加到10亿元，派生存款增加9亿元。观察上述过程，各家银行的存款额依序表现为一个无穷递减等比序列：1亿元、0.9亿元、0.81亿元、0.729亿元……该数列的求和可用以下公式：

$$S=a_1/(1-q)$$

所以，存款总额为 $1/(1-0.9)=10$ 亿元。这表明，在10%的法定存款准备率下，商业银行吸收1亿元原始存款后，经银行系统的资产业务，最终可以变成10亿元的存款总额，存款总额放大了10倍。以上过程中，如果以 R 表示原始存款，D 表示存款总额，r_d 表示法定存款准备金比率，则有以下公式：

$$D=R/r_d$$

即，

$$D/R=1/r_d$$

其中，D/R 表示存款总额与原始存款之间的倍数，它表示单位原始存款的变动可能引起的存款总额的最大扩张倍数。该倍数被称为存款创造乘数，一般用 k 表示，它是法定存款准备金的倒数。

降低法定存款准备金率后，存款创造乘数就变大，将提高商业银行存款创造的能力，从而提高其信用扩张能力；反之，提高法定存款准备金率后，存款创造乘数就变小，将降低商业银行存款扩张的能力。正因为如此，中央银行可以通过调节法定存款准备金率来调控货币供应量。

商业银行存款货币多倍创造的整个过程是商业银行系统整体运作的结果，其中每一笔资金的转移都有实实在在的资金在银行与客户之间运动，没有凭空创造的意味。客户到银行存款，如果用现金，则存款的增加有等额的现金收入与之相对等，如果用支票，则清算系统的结算将使得商业银行在中央银行的存款准备等额增加。同样，客户得到贷款后，可以提现，也可以用支票转账。这些行为都是建立在真实资金存在的前提下。然而，从总体来看，货币供给确实增加了，新的货币被创造出来了。

> **思考与实践**
>
> 假定商业银行法定存款准备金率为15%，某商业银行吸收了一笔500万元的存款，那么最终可以派生出多少存款？

（四）影响商业银行存款创造能力的因素

商业银行存款货币的多倍创造过程存在一定假定条件。在现实生活中，商业银行增加的存款需要扣除法定存款准备金后才可用于放贷。同时，还有三个非常重要的因素会影响存款派生的系数：一是商业银行新增的用于清算的超额存款准备金；二是商业银行的现金漏损率；三是商业银行活期存款与定期存款的比例。

1. 超额存款准备金

为审慎经营起见，商业银行除了按照规定保留法定存款准备金，还需要保持一定比例的超额存款准备金。这部分超额存款准备金的存在，使得商业银行在原始存款增加后，能够用于发放贷款的资金相应减少。如果各家银行都持有一定的超额存款准备金，则存款的派生能力下降。如果用 e 表示超额存款准备金与存款总额之比，即超额存款准备金率，那么存款创造乘数为：

$$k=\frac{1}{r_d+e}$$

假定在上例中，各银行都需要持有5%的超额存款准备金，则银行系统的存款创造能力就达不到10倍，而是6.67倍了。

2. 现金漏损率

现金漏损率，也称为提现率，是指客户从银行提取的现金与存款总额之比。在实际生活中，客户会从银行提取或多或少的现金，从而使一部分现金流出银行系统，不再参与存款货币的创造，银行存款货币创造的能力也就降低了。若以 c 为现金漏损率，此时存款创造乘数为：

$$k=\frac{1}{r_d+e+c}$$

假定在上例中，超额存款准备金率为5%，银行体系的现金漏损率为10%，那么，此时存款创造乘数将下降到4。

3. 活期存款与定期存款的比例

在中央银行对活期、定期存款分别规定不同的存款准备金比率的情况下，有必要区别活期存款、定期存款分别占存款总额的比例。因为定期存款的准备金比率比活期存款的准备金率低，因而定期存款占存款总额的比例越高，商业银行能用于发放贷款的资金就越多，创造的派生存款就越多；反之则相反。

存款货币的创造会受到多种因素的制约与影响，中央银行能直接影响的只是法定存款准备金率，这也加大了中央银行货币调控的难度。

> **思考与实践**
> 1. 如果是在100%全额准备制度下，银行有没有创造存款的能力？相反，如果是0准备金制度呢？
> 2. 假定法定存款准备金率为12%，现金漏损率为60%，超额存款准备金比率为3%，那么存款创造乘数为多少？

动画：神奇的货币乘数

四、货币乘数与货币供给

货币乘数也称货币扩张系数或货币扩张乘数，是货币供应量 M 对基础货币量 MB 的比率，表示货币供应量相对于基础货币的伸缩倍数，即基础货币每增加或减少一个单位所引起的货币供应量增加或减少的倍数。

货币供给 M、基础货币 MB 和货币乘数 m 之间的关系可以表示为：

$$M = m \times \text{MB}$$

假设货币供应量 M 由狭义货币供应量 M_1 表示，根据 M_1 的内部构成，$M_1 = C + D$，其中，C 代表流通中的现金，D 代表活期存款。又有 $\text{MB} = C + R_d + R_e$，其中，$R_d$ 代表活期存款的法定存款准备金，R_e 代表超额存款准备金。进而 M_1 的货币乘数可以表示为：

$$m_1 = \frac{M_1}{\text{MB}} = \frac{C+D}{C+R_d+R_e}$$

将上式中的分子、分母均除以 D，得

$$m_1 = \frac{\frac{C+D}{D}}{\frac{C+R_d+R_e}{D}} = \frac{\frac{C}{D}+1}{\frac{C}{D}+\frac{R_d}{D}+\frac{R_e}{D}}$$

令 $c = \frac{C}{D}$，$r_d = \frac{R_d}{D}$，$r_e = \frac{R_e}{D}$，代入上式得

$$m_1 = \frac{c+1}{c+r_d+r_e}$$

该式表明，M_1 的乘数主要由现金漏损率 c、活期存款法定存款准备金率 r_d、超额存款准备金率 r_e 三个因素共同决定。

同理，可以得出 M_2 层次上的货币乘数为：

$$m_2 = \frac{c+t+1}{c+r_d+r_t \times t+r_e}$$

可以看出，M_2层次上的货币乘数主要取决于现金漏损率c、活期存款法定存款准备金率r_d、定期存款法定准备金率r_t、定期存款与活期存款的比率以及超额存款准备金率r_e五个因素。

> **思考与实践**
>
> 假定活期存款法定存款准备金率为15%，现金漏损率为50%，超额存款准备金率为4%，定期存款准备金率为7%，活期存款转定期存款的比例为15%，请分析：
>
> （1）如果中央银行增加100亿元基础货币，货币供给会发生什么变化？
>
> （2）如果中央银行减少50亿元基础货币，货币供给会发生什么变化？

五、央行数字货币与货币供给

（一）中央银行数字货币的投放渠道

中央银行数字货币投放模式和传统基础货币的投放并没有本质区别。传统的基础货币投放主要包括购买政府债券、发放贴现贷款（或再贷款）、购买黄金和外汇储备等。中央银行数字货币的投放则类似于纸币的投放，采用"中央银行－商业银行"双层运营体系，即由中央银行向商业银行投放，商业银行再向社会公众投放。中央银行不直接面向公众和企业，不参与商业银行之间的竞争。该种投放模式是既适合我国国情，又能够充分利用现有资源、调动商业银行积极性的选择。

这种双层运营体系意味着中央银行数字货币下的货币体系符合传统的信用货币派生机制，货币创造主体依然是银行和实体部门，中央银行只是起到调控作用。此外，中央银行数字货币投放模式对法定存款准备金、超额存款准备金等方面产生的影响，与传统基础货币的投放也没有本质区别。

（二）中央银行数字货币对货币派生机制的影响

中央银行数字货币属于流通中现金M_0，而非银行存款。从这点来看，中央银行数字货币在延续传统货币派生机制的同时，将在基础货币和货币乘数两个方面对其产生影响。

1. 中央银行数字货币将重构基础货币结构

（1）基于中央银行数字货币M_0的本质，中央银行或将开设新的细分科目记录中央银行数字货币。从中央银行资产负债表来看，传统模式下中央银行基础货币结构分为两部分：一部分是货币发行，即央行印制的现钞；另一部分是金融机构在中央银行的存款准备金。2017 年，中国人民银行增加了"非金融机构存款"科目，该科目体现为支付机构交存中国人民银行的客户备付金存款。如今，中国人民银行数字货币作为 M_0，既可以作为现金使用，也可作为存款准备金或者第三方支付机构缴存的备付金。

（2）中央银行数字货币或将对货币流通模式产生一定影响，从而影响基础货币构成。首先，对于银行市场而言，中央银行数字货币的支付便利性意味着金融机构同业结算选择使用传统支付方式的倾向下降，而使用中央银行数字货币进行同业清算/结算的倾向提高。其次，对于企业和零售业务而言，由于中央银行数字货币保存便利的特性，大量中央银行数字货币将以现金的形式保存在企业和个人手中，因此流通中现金将增加，而商业银行存款、第三方支付机构结存资金将减少。

2. 中央银行数字货币将从正反两方面影响货币乘数

（1）中央银行数字货币将使得银行持有超额准备金的动机下降，从而推高货币乘数。中央银行数字货币支付便利、清算速度快，减少了在途资金量，用中央银行数字货币进行清算可以降低对清算账户资金的依赖，加速了存款货币扩张过程，从而导致货币乘数提高。

（2）中央银行数字货币将提高现金漏损率，进而导致货币乘数降低。中央银行数字货币便于保存的特性或将提高企业和个人持有现金的可能性，从而提高现金漏损率，现金漏损的扩大会减小银行创造派生存款的能力，导致货币乘数减小。

中央银行数字货币大规模推广后，货币乘数到底是提高还是下降取决于上述两种力量的对比。

第四节 货币均衡

一、货币均衡的含义

货币均衡是指货币供给与货币需求的一种对比关系。从宏观角度来看，整个经济运行可以简化为两个方面：货币运行和商品运行。货币运行是为了保证商品正常运行。因此，我们在考虑货币均衡的时候，还应该同时考虑社会总供求均衡。货币均衡和社会总供求均衡相互联系、相互影响，这也是制定货币政策的意义所在。

所谓货币均衡，是指从某一时期来看，货币供给量（Ms）与货币需求量（Md）在动态上保持一致的状态，经济上表现为市场繁荣，物价稳定，社会再生产过程中的物质替换和价值补偿都能正常、顺利地进行；相反，则表现为货币失衡状态。

货币均衡是一种状态，是货币供给与货币需求的基本适应，而不是指货币供给与货币需求在数量上的相等。货币均衡是一个动态过程，它并不要求在某一个时点上货币供给与货币需求完全相适应，它承认短期内货币供求不一致的状态，但长期内货币供求之间应大体上是相互适应的。货币均衡在一定程度上反映了国民经济的平衡状况，货币收支的运动制约或反映着社会生产的全过程，货币收支把整个经济过程有机地联系在一起，一定时期内的国民经济状况必然要通过货币的均衡状况反映出来。

货币失衡大致表现为三种类型：一是货币供给大于货币需求，即通货膨胀；二是货币供给小于货币需求，即通货紧缩；三是货币供求的结构失衡，即货币供给与货币需求在总量上大体保持均衡状态，却由于货币供给的结构与货币需求的结构不相适应，造成货币市场上货币短缺与局部货币供应过剩并存，主要表现为商品市场上部分商品和生产要素供过于求，另一部分商品和生产要素则供不应求。

二、货币均衡与社会总供求均衡之间的关系

（一）社会总供求的含义

社会总供求是社会总供给和社会总需求的合称。所谓社会总需求，通常是指在一定时期内，一国社会各方面实际占用或使用的全部产品之和。由于在商品经济条件下，一切需求都表现为有货币支付能力的购买需求，所以社会总需求也就是一定时期社会的全部购买支出。

所谓社会总供给，通常是指在一定时期内，一国生产部门按一定价格提供给市场的全部产品和劳务的价值之和，以及在市场上出售的其他金融资产总量。由于这些产品都是在市场上实现其价值的，因此社会总供给也就是一定时期内社会的全部收入或总收入。

（二）货币供求与社会总供求的关系

在现代商品经济条件下，任何需求都表现为货币支付能力的需求，任何需求的实现，都必须支付货币，如果没有货币的支付，没有实际的购买，社会基本的消费需求和投资需求就不能实现。因此，在一定时期内，社会的货币收支流量就构成了当期社会总需求。社会总需求的变动，一般说来，首先源于货币供应量的变动。但是，货币供应量变动后，能在多大程度上引起社会总需求的相应变动，则取决于货币持有者的资产偏好和行为。

由上述分析可知，社会总需求和总供给的状态取决于货币市场和商品市场的状况。因此，社会总需求与总供给的平衡也就是货币市场和商品市场的统一平衡。

商品供求和货币供求的关系如图 9-3 所示，包含了四层含义：一是商品的供给决定了一定时期的货币需求，因为在商品货币经济条件下，任何商品都需要用货币来表现或衡量价值量的大小，并通过货币的交换实现其价值，有多少商品供给必然就需要相应的货币量与之对应；二是货币需求决定了货币供给，客观经济过程的货币需求是最基本的前提条件，货币供给必须以货币需求为基础，中央银行控制货币供应量的目的是要使货币供给与货币需求相适应，以维持货币的均衡；三是货币的供给形成对商品的需求，因为任何需求都是有货币支付能力的需求，只有通过货币的支付，需求才得以实现，在货币周转速度不变的情况下，一定时期的货币供给水平，实际上就决定了当期的社会需求水平；四是商品的需求必须与商品的供应保持平衡，这是宏观经济平衡的出发点和复归点。

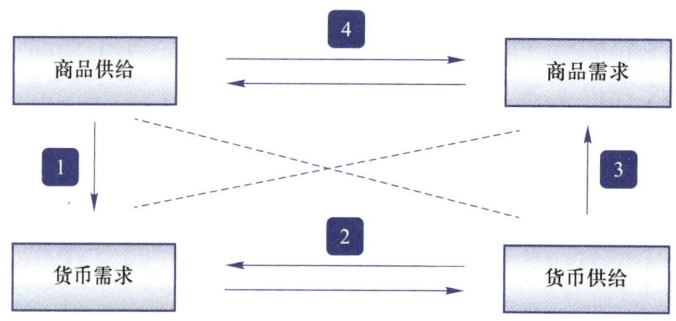

图 9-3 社会总供求与货币均衡之间的关系

可见，货币均衡是整个宏观经济平衡的关键。货币均衡体现的社会总供求的均衡，在商品市场中表现为货币流通与商品流通相适应，商品劳务和货币之间能够迅速相互转化，既不存在购买力不足所引起的商品积压现象，也不存在购买力过剩所引起的商品供应不足、物价上涨的现象。如果货币供求不平衡，整个宏观经济的均衡就不可能实现。

三、货币均衡的实现条件

1. 均衡的利率水平

所谓均衡的利率水平是指在货币供给既定的条件下，货币需求正好等于货币供给时的利息率。均衡利率是货币均衡的重要条件。均衡利率水平的形成是由货币供求的条件决定的。货币供不应求，利率上升；货币供过于求，利率下降。同样的道理，适当调节利率水平，就可以有效地调节货币供求，使其处于均衡状态。例如，当货币需求大于货币供给时，适当提高利率水平，可减少货币需求。当货币需求小于货币供给时，适当降低利率水平，以刺激投资并增加国民收入。而收入水平的提高，将增加对货币的需求，从而使货币供求处于均衡状态。其条件是要有健全的利率机制和发达的金融市场。

2. 国民收入等于国民支出

一定时期内的国民收入经过企业的初次分配之后，还要经过财政和银行的再分配，最终形成积累基金和消费基金。只要这两部分基金形成的国民支出与同期国民收入均衡，货币供求就处于均衡状态。

四、影响货币均衡实现的因素

（一）中央银行对市场的干预与宏观调控

货币供求均衡虽然可以通过利率机制来实现，但是也离不开中央银行对市场的干预和宏观调控。中央银行通过货币政策的操作，有助于实现货币均衡。

（二）财政收支平衡

国家财政收支要保持基本平衡。如果以向中央银行借款的方式来弥补大量财政赤字，则会引起货币投放增加，就难以实现货币均衡。保持财政收支平衡有利于实现货币均衡。

（三）生产部门结构合理

当生产部门比例严重失调时，必然引起商品供求结构不合理，商品供给与商品需求发生矛盾，社会供求失衡，最终会引起货币供求失衡。因此，调整生产结构，按照社会需求安排生产，使商品供求实现平衡，才有利于实现货币均衡。

（四）国际收支平衡

国际收支如果不平衡，就可能出现大量顺差或是大量逆差，引起汇率波动，直接影响国内市场价格的稳定，使货币供求关系发生变化。

> **思考与实践**
>
> 货币不均衡可能会导致哪些后果？

复习思考题

一、单项选择题

1. 超额存款准备金等于（　　）。

A. 库存现金 + 商业银行在中央银行的存款

B. 法定存款准备金率 × 库存现金

C. 法定存款准备金率 × 存款总额

D. 存款准备金 − 法定存款准备金

2. 当商业银行（　　）时，可以创造货币。
A. 向中央银行出售债券　　　　B. 发放贷款
C. 向中央银行借入资金　　　　D. 持有超额准备金

3. 各国中央银行确定货币供给口径的依据是（　　）。
A. 流动性　　　B. 安全性　　　C. 收益性　　　D. 周期性

4. 在存款总额一定的情况下，法定存款准备金率越高，商业银行可以用于放款的份额（　　）。
A. 不变　　　B. 越少　　　C. 越多　　　D. 为零

5. 人们根据对市场利率变动的预测，需要持有一定数量的货币，伺机进行投资并从中获利的动机是（　　）。
A. 交易性动机　　B. 预防性动机　　C. 投机性动机　　D. 预测性动机

6. 商业银行派生存款的能力（　　）。
A. 与原始存款成正比，与法定存款准备金率成正比
B. 与原始存款成正比，与法定存款准备金率成反比
C. 与原始存款成反比，与法定存款准备金率成正比
D. 与原始存款成反比，与法定存款准备金率成反比

7. 1万元的贷款转为1万元的存款，通过存款的派生，形成5万元的存款，这里，派生存款数为（　　）万元，存款创造乘数是（　　）。
A. 5, 4　　　B. 5, 5　　　C. 4, 5　　　D. 4, 4

8. 流动性陷阱是指（　　）。
A. 人们普遍预期利率将上升时，愿意持有货币而不愿持有债券
B. 人们普遍预期利率将上升时，愿意持有债券而不愿持有货币
C. 人们普遍预期利率将下降时，愿意持有货币而不愿持有债券
D. 人们普遍预期利率将下降时，愿意持有债券而不愿持有货币

二、多项选择题

1. 商业银行创造存款货币要受（　　）因素限制。
A. 法定存款准备金率　　　　B. 超额存款准备金率
C. 现金漏损率　　　　　　　D. 定期存款准备金率
E. 货币流通速度

2. 基础货币由（　　）构成。
A. 银行活期存款　　B. 法定存款准备金　　C. 超额存款准备金
D. 银行定期存款　　E. 流通中的现金

3. 凯恩斯货币需求理论认为（　　）。
A. 交易性货币需求是收入的增函数　　B. 交易性货币需求是收入的减函数
C. 投机性货币需求是利率的减函数　　D. 投机性货币需求是利率的增函数

E.谨慎性货币需求是利率的增函数

4.以下关于基础货币的论述,正确的有(　　)。

A.基础货币是存款货币得以数倍扩张的源泉所在

B.基础货币是由中央银行、金融机构和社会公众的行为共同决定的

C.基础货币指的是流通在银行体系内的资金,因此不包括现金漏损的数量

D.存款创造乘数是货币供给和基础货币之比

E.基础货币指的是参加存款创造的货币

三、判断题

1.大萧条和次贷危机期间,超额存款准备金比率会下降。(　　)

2.银行创造派生存款的过程就是创造实际价值量的过程。(　　)

3.若中央银行售出价值100万元的外汇,同时增加对商业银行100万元再贴现贷款,货币乘数为3,在其他条件不变时,货币供应量增加600万元。(　　)

4.按照费雪交易方程式,货币数量变动引起价格水平同方向同比例的变动。(　　)

5.剑桥方程式与费雪交易方程式一样,研究的都是交易性货币需求。(　　)

四、简述题

1.什么是货币需求?

2.基础货币的投放过程是怎样的?

3.影响货币乘数的主要因素是什么?其作用机制如何?

4.简述商业银行派生存款的主要过程。

5.货币均衡是如何实现的?

五、调研与实践

调研主题:收集整理近十年我国货币流通速度数据。

调研目的:理解货币流通速度对经济的影响,提升数据处理、分析能力。

调研步骤:

(1)通过中国人民银行、国家统计局等网站查阅相关统计数据,收集整理近十年我国货币流通速度(计算公式:$V=GDP/M_2$);

(2)并利用Excel绘制增长曲线。

(3)结合经济形势分析近十年我国货币流通速度变化的原因及对经济的影响。

调研成果:完成1 000字左右的《中国近十年货币流通速度变动分析报告》。

Chapter 10

第十章
通货膨胀与通货紧缩

- ·)) 通货膨胀与通货紧缩概述
- ·)) 通货膨胀与通货紧缩的成因
- ·)) 通货膨胀与通货紧缩的影响
- ·)) 通货膨胀与通货紧缩的治理

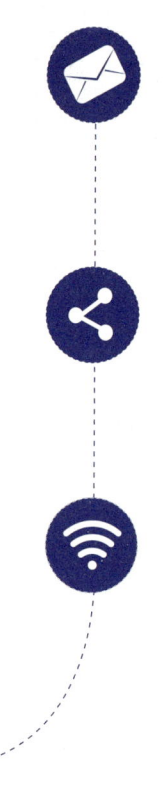

学习目标

素养目标
- 通过学习通货膨胀与通货紧缩的含义,树立马克思主义货币观。
- 通过学习通货膨胀的成因,树立科学发展观理念。
- 通过学习国家治理通货膨胀的措施,增强制度自信,培育爱国情怀。

知识目标
- 明确通货膨胀和通货紧缩的含义。
- 掌握通货膨胀和通货紧缩的成因。
- 掌握通货膨胀与通货紧缩的影响。
- 掌握治理通货膨胀和通货紧缩的主要措施。

能力目标
- 能够运用物价指数等指标描述通货膨胀和通货紧缩现象。
- 能够分析特定时期通货膨胀和通货紧缩的成因。
- 能够合理地提出通货膨胀的治理措施。

思维导图

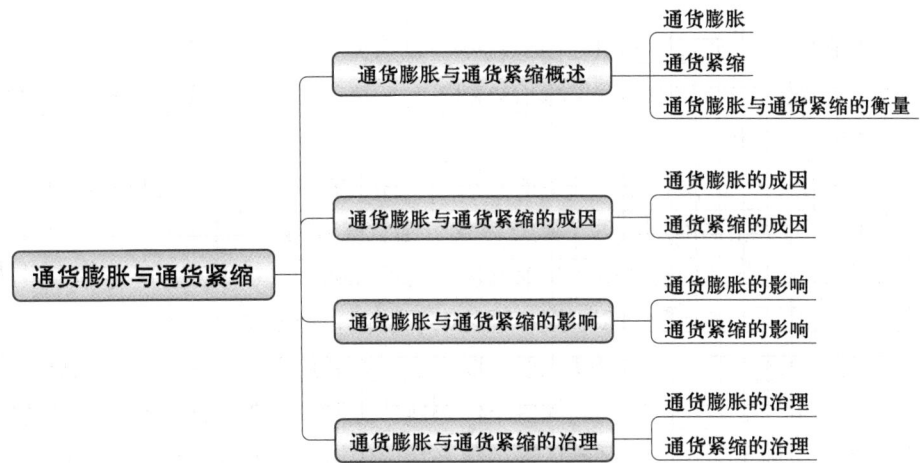

案例导入

发挥制度优势，构建中国特色市场保供稳价体制机制

稳物价是宏观调控的重要目标之一，我国充分发挥中国特色社会主义制度优势，构建中国特色市场保供稳价体制机制，有效做好保供稳价，满足人民群众美好生活需要。

坚持全国一盘棋，建立央地协同机制。在重要民生商品、能源资源等保供稳价中，国家加强顶层设计，建立粮食安全党政同责、"菜篮子"市长负责制等重要基础性制度；各地按照国家部署，全面加强粮食、蔬菜、能源等产供储销体系建设，完善储备调节制度，强化市场监管，形成调控合力。

强化跨区域互济互助，建立联保联供机制。聚焦重要民生商品、能源，加强产销衔接，推动做好区域间保供稳价协作。主产区和主销区之间深化产销合作，促进产需平衡。部分区域积极组建联合保供机制，一些省份将省内城市划分为若干片区实行联保联供，许多大中城市主动与主产区签订定向保供合作协议。

加强上下游行业协调，创新价格区间调控机制。坚持有效市场和有为政府更好结合，在充分发挥市场决定性作用基础上，统筹考虑上下游关系，创新重点品种价格区间调控机制，避免价格大起大落。

强化困难群众兜底保障，健全价补联动机制。各地不断健全社会救助和保障标准与物价上涨挂钩联动机制，达到启动条件后，及时向困难群众足额发放价格临时补贴，必要时阶段性扩大保障范围、降低启动条件，有力缓解物价上涨对困难群众基本生活的影响。

> **问题：**
> 中国特色市场保供稳价体制机制是如何构建的？

无论是购买房产还是生活用品，人们都希望物美价廉。物价不仅会影响每一个人的购买计划，也会影响整个社会的福利水平，对个人消费、企业投融资乃至整个国家的经济运行都具有重要影响。

第一节　通货膨胀与通货紧缩概述

什么是通货膨胀或通货紧缩呢？在理解这两个概念之前，我们要先清楚另一个基本概念——一般物价水平（或价格总水平）。一般物价水平就是全社会所有商品和劳务的价格总水平，在实际的经济生活中，我们通常按一般价格水平的变动方向来描述两个相反的概念：通货膨胀和通货紧缩。

金融观察

人民币的购买力保持相对平稳

如果以 1987 年 6 月份的 100 元为基准，那么 2019 年 6 月的 100 元相当于 1987 年的 22.6 元。从图 10-1 可以看出，人民币贬值、一般物价水平显著上涨主要是 1997 年以前的阶段，之后的购买力相对是比较平稳的。以这些年来经济的发展，还有货币的超发程度，保持这样的通货膨胀率属实不易。

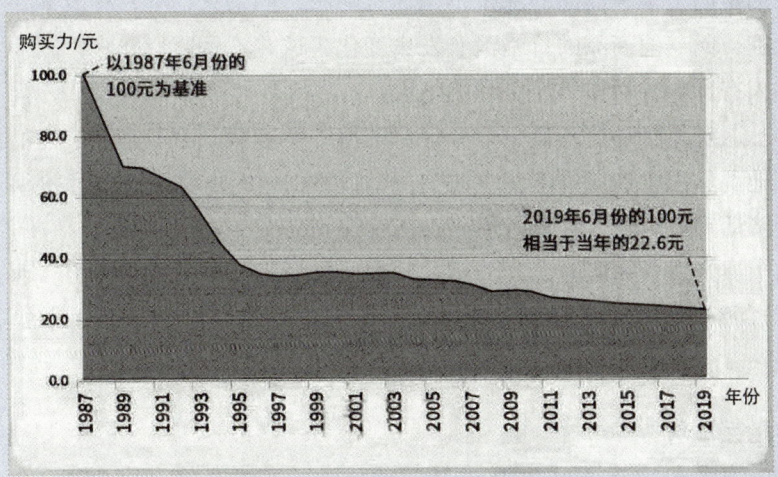

图 10-1　人民币购买力趋势图

人民币购买力保持相对平稳得益于我国政府合理的内外政策及经济的健康发展。我国政府实施稳健的宏观经济政策和灵活的汇率管理制度，确保人民币汇率在合理均衡水平上基本稳定。同时，中国经济长期保持健康发展，国际收支平衡与充足的外汇储备为人民币币值提供了坚实的支撑。加上政府对关键领域的有效调控，如房地产行业，以及对外部经济环境变化的预期管理策略，共同作用于维护人民币在国内市场的购买力，并减缓其在国际市场上的波动，从而实现人民币购买力的整体稳定性。

一、通货膨胀

（一）通货膨胀的含义

通货膨胀（Inflation）就是一定时期内一般物价水平的持续上涨过程，通俗而言，即由于货币过多而引发的商品和劳务的货币价格总水平持续上涨、货币贬值的现象。

动画：通货膨胀是否包含房价？

大体上，经济学家是以物价水平上涨对整体经济活动的影响程度来界定是不是出现了通货膨胀的现象。界定通货膨胀时，需要注意理解以下四点：

（1）通货膨胀是指商品、劳务价格的上涨，即实体经济中资产价格的上涨，而不是指虚拟经济中资产价格的上涨。比如，有价证券等价格的上涨并不包括在通货膨胀范畴之中。

（2）通货膨胀反映的是整个社会商品、劳务价格的上升，衡量的是平均价格水平的走向，单一商品的涨价不是通货膨胀，如果只是某一种或某一类商品价格上涨，而其他商品的价格没有发生变化，这并不是通货膨胀，因为它只对某一些人有影响，对整体经济影响不大。

（3）通货膨胀是指商品、劳务价格的持续性上涨，而不是季节性的价格调整或其他偶然因素造成供不应求时出现的价格的暂时上涨。持续性价格上涨才会对经济活动产生较大冲击。

（4）界定通货膨胀时，要分析一国对通货膨胀水平的承受能力。西方国家一般难以承受物价水平上涨3%～5%，而发展中国家则能承受更高的通货膨胀水平。

> **思考与实践**
>
> 法币是1935年至1948年国民党统治区的流通货币的名称。如表10-1所示的是1937—1948年国民党统治区100元法币购买力的变化情况，试着判断这一变化反映了当时怎样的社会经济状况。

表10-1　1937—1948年国民党统治区100元法币购买力变动情况

年份	100元法币购买力
1937年	可买两头牛
1945年	可买两个鸡蛋
1946年	可买六分之一块肥皂
1947年	可买一只煤球
1948年	可买五百分之一两大米

（二）通货膨胀的类型

1. 按通货膨胀的表现形式划分

按通货膨胀的表现形式划分，通货膨胀可分为开放型通货膨胀和隐蔽型通货膨胀。

（1）开放型通货膨胀是指在市场机制充分运行下，政府对物价并不严加控制，对物价的上涨也不直接干预，货币的多少直接影响着物价水平的升降，通货膨胀状况可以灵敏地通过物价变动反映出来。一般来讲，市场经济国家的通货膨胀就属于开放型通货膨胀，它们的通货膨胀率往往用物价指数的变动来衡量。如图 10-2 所示中的通货膨胀在经济市场上反映得非常及时，因此它属于开放型通货膨胀。

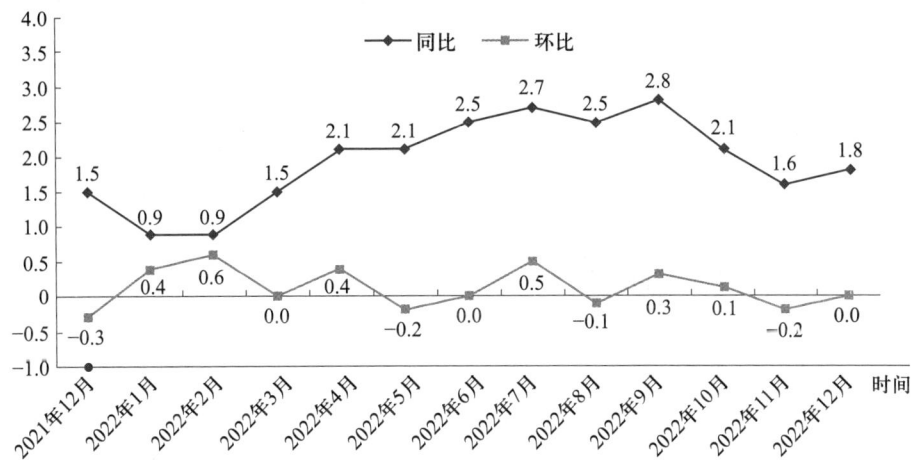

图 10-2　全国居民消费物价涨幅

（2）隐蔽型通货膨胀是指不以价格总水平公开上涨，而以物资供给短缺、配售面扩大等形式表现的一种通货膨胀，又称抑制型通货膨胀。当一国政府以计划统制、资金控制、物资配给、票证配售、价格管制等经济措施压制价格波动时，就会出现这种情况。

> **思考与实践**
>
> 隐蔽型通货膨胀对经济有哪些不利影响？

2. 按通货膨胀的程度划分

按照通货膨胀的程度划分，通货膨胀可分为爬行式通货膨胀、温和式通货膨胀、奔腾式通货膨胀和恶性通货膨胀四种类型。

（1）爬行式通货膨胀是指一般物价水平缓慢持续地上升，但其上升幅度一般不超过3%。现在世界上许多国家都经常存在着这种低通货膨胀。由于在这种通货膨胀情况下，货币贬值的幅度不大，速度不快，对经济运行的影响也不严重，所以人们对此并不担心，甚至有些人还认为这种通货膨胀对经济和国民收入的增长有积极的刺激作用。

（2）温和式通货膨胀是指一般物价水平明显持续上升，其上升幅度介于4%~9%之间，但不会到达两位数。这种通货膨胀下，虽然人们能感觉得到物价的持续上涨，但不会造成对货币失去信心，仍然愿意持有货币。

（3）奔腾式通货膨胀也称急剧的通货膨胀，其通货膨胀率在10%到100%之间。这种通货膨胀会影响到经济的运行，因为在这种通货膨胀情况下，货币贬值的幅度较大，货币流通速度有所提高，人们的预期价格会进一步上涨，从而使通货膨胀进一步加剧。在现实中，有些国家在急剧通货膨胀时期，仍保持了较高的经济增长率，如20世纪70年代的一些拉美国家。

（4）恶性通货膨胀也称为超级式通货膨胀，是指年通货膨胀率在100%以上。此时价格总水平完全失去控制。在这种通货膨胀情况下，价格无限制地迅速上升，人们都想尽快地将货币变为实物，货币的流通速度加快，交易中大多采用物物交换的形式，货币购买力极低，甚至出现了货币替代现象，即用一种新的硬通货代替原有的货币。各种商品的相对价格变得不稳定，实际工资收入下降，人们不再签订和执行长期合同，各种正常的经济联系遭到破坏。

二、通货紧缩

通货紧缩（Deflation）是与通货膨胀相对应的另一概念，是货币供求非均衡的另一种形式。通货紧缩是指社会价格总水平（商品和劳务价格）持续下降、货币不断升值的过程。通货紧缩除了表现为物价水平降低，还可以表现为以下四点：

（1）商品有效需求不足。通货紧缩往往在通货膨胀得到抑制后发生。在通货膨胀下，市场需求较旺，刺激了企业投资和生产的发展。在通货膨胀得到抑制之后，一种可能是市场供求趋于正常，另一种可能是在通货膨胀刺激下已经扩大的商品供给与萎缩了的有效需求发生矛盾，以货币计量的商品总需求连续减少。

（2）生产减少，经济衰退。随着市场萎缩，价格下降，企业订单减少，利润降低甚至发生亏损，生产性投资规模显著缩小。

（3）投资风险加大。企业由于市场萎缩，商品滞销，订单减少，发展前景不明，而市场无热点，投资无热项，因而投资风险加大，投资者对新项目持谨慎态度。

(4)失业增加,工资收入下降,进一步制约着对商品的有效需求。

在迄今为止的人类经济史上,曾经出现过三次影响力较大的通货紧缩,分别是1866—1896年美国的通货紧缩,1929—1933年世界范围的通货紧缩和20世纪90年代后日本发生的通货紧缩。现实中,我们更关注通货膨胀,这是因为通货膨胀的发生更常见,而通货紧缩相对来说较少,但也不能因此而忽视通货紧缩的存在及其影响。

三、通货膨胀与通货紧缩的衡量

一般来讲,物价水平持续的上涨或下跌是判断通货膨胀或通货紧缩的标准,那又该用什么来衡量一般物价水平呢?在实际中,一国常常编制价格指数,即通过观察价格指数的变动来衡量一般物价水平的变动程度。

(一)价格指数的含义

所谓价格指数,是反映不同时期一组商品(或服务项目)价格水平的变化方向、趋势和程度的经济指标,是经济指数的一种,通过比较报告期与基期价格水平,计算相对数加以表示。价格指数是研究价格动态变化的一种工具。我们先来看一种简单的商品价格变化情况:以某地2024年两类大米农产品和两类猪肉农产品的价格变动行情为例,如表10-2所示。

表10-2　某地2024年主要农产品的价格变动行情　　　单位:元/千克

农产品	籼米	粳米	生猪	猪白条肉
2024.09	3.03	3.57	23.71	30.38
2024.10	3.12	3.68	25.74	32.82

如果分别以9月份为基期,四种农产品在9月的价格指数就是100%,那么10月份的价格相对于9月份价格的变动率就是10月份的价格指数。依此,籼米10月份的价格指数是:

$$P_1 = \frac{3.12}{3.03} \times 100\% = 102.97\%$$

粳米10月份的价格指数是:

$$P_2 = \frac{3.68}{3.57} \times 100\% = 103.08\%$$

通过价格指数的表述,我们可看出价格变动的特点为:大米价格微涨。价格指数可以使我们既了解大米的价格水平,又掌握了其价格的变动程度。

> **思考与实践**
>
> 根据表 10-2 的数据，试计算 2024 年 10 月生猪和猪白条肉的价格指数，并分析在此期间生猪和猪白条肉的价格变化趋势。

（二）反映一般物价水平的价格指数

通货膨胀或通货紧缩需要考虑社会商品总体价格的变化，在衡量通货膨胀或通货紧缩水平时，我们必须了解一个很大的商品集合，甚至是整个经济生产的所有商品的价格如何变化。因此，要将许多商品的价格综合为一个价格指数，这就需要对商品集合内不同商品价格的变化进行加权平均。其中，以每种商品的经济重要性（量的整体占比）反映该商品价格在平均价格中的权重。

下面介绍三种常见的价格指数，即消费者价格指数、生产者价格指数和国内生产总值物价平减指数。

1. 消费者价格指数

消费者价格指数（Consumer Price Index，CPI），又称为居民消费价格指数，反映了一定时期内城乡居民所购买的生活消费品和服务项目价格的变动趋势和程度，是目前用以衡量一般物价水平最常用的指标。

消费者价格指数统计社会产品和服务项目的最终价格，是根据各国若干的主要食品、衣服及其他日用消费品的零售价格，以及水、电、住房、交通、医疗、娱乐等服务费用而编制计算出来的，比如我国的 CPI 涵盖了全国城乡居民生活消费的食品烟酒、衣着、居住、生活用品及服务、交通和通信、教育文化和娱乐、医疗保健、其他用品和服务等 8 大类、262 个基本分类的商品与服务价格。因此，消费者价格指数既与人民群众的生活密切相关，又在整个国民经济价格体系中具有重要的地位，是进行经济分析和决策、价格总水平监测和调控及国民经济核算的重要指标，其变动率在一定程度上反映了通货膨胀或通货紧缩的程度。

消费者价格指数能及时反映消费品供给与需求的对比关系，资料容易搜集，公布次数较为频繁，因此能够迅速直接地反映影响居民生活的价格趋势。但是，CPI 包含的范围较窄，只包括社会最终产品中的居民消费品这一部分，不包括公共部门的消费、生产资料和资本产品以及进出口商品，从而不足以说明全面的情况，因此 CPI 有夸大物价上涨幅度的可能。

知识链接

核心消费价格指数

核心消费价格指数（即核心 CPI），一般指剔除食品和能源消费价格之后的居民消费价格指数，被认为是更真实地反映宏观经济运行情况和衡量通货膨胀的最佳指标。

经济学家对核心 CPI 的使用主要包含两种含义：一种是指消费价格的上升趋势，或是指消费价格中变化较为稳定的成分；另一种是指受需求拉动而发生的消费价格上涨的幅度。其核心思想是：那些受供给原因暂时上涨的商品价格，并不影响价格上涨的长期趋势，因此为了准确判断价格上涨的长期趋势，需扣除其影响。在消费价格的构成中，食品和能源价格会受到一些异常因素的影响，变动幅度远高于其他部分，还会模糊消费价格的真实变动趋势。因此，目前计算核心 CPI 的常用方法是从 CPI 中扣除食品和能源价格的变化。

当前，我国对核心 CPI 尚未作出明确界定，而美国将燃料和仪器价格剔除后的居民消费物价指数界定为核心 CPI。

2. 生产者价格指数

生产者价格指数（Producer Price Index，PPI），也称为工业品出厂价格指数，简称 PPI，是衡量工业企业产品出厂价格变动趋势和变动程度的指数，反映生产者在生产过程中所需采购品的物价状况，包括原料、半成品和最终产品处于三个生产阶段的产品的价格。PPI 是反映某一时期生产领域价格变动情况的重要经济指标，也是制定有关经济政策和国民经济核算的重要依据。

从理论上来说，生产过程中所面临的物价波动将反映至最终产品的价格上，因此观察 PPI 的变动情形将有助于预测未来物价的变化状况。根据价格传导规律，PPI 对 CPI 有一定的影响。PPI 反映生产环节的价格水平，CPI 反映消费环节的价格水平。整体价格水平的波动一般先出现在生产领域，然后通过产业链向下游产业扩散，最后波及流通领域消费品。用批发物价指数来度量通货膨胀，能在最终产品价格变动之前获得工业投入品及非零售消费品的价格变动信号，因而可以预先判断其对最后进入流通的零售商品价格变动可能带来的影响。

如果对 PPI 与 CPI 进行对比，可以发现，PPI 反映包括生产资料和消费品在内的全部商品批发价格，劳务价格并不包括在内，而 CPI 不仅包括消费品价格，还包括服务价格，两者在统计口径上并非严格的对应关系。因此，CPI 与 PPI 的变化在某一时期出现不一致的情况是有可能的。但由于价格传导规律的存在，二者也不会长期持续处于背离状态。

> **思考与实践**
> 为什么说生产者价格指数是通货膨胀的一个先行指标？

3. 国内生产总值物价平减指数

国内生产总值物价平减指数（GDP Deflator），也被称为国内生产总值缩减指数，是指没有剔除物价变动前的GDP（名义GDP）增长与剔除了物价变动后的GDP（不变价GDP或实际GDP）增长之比。国内生产总值物价平减指数衡量一国经济在不同时期内所生产和提供的最终产品和劳务的价格总水平变化程度，用公式表示为：

$$国内生产总值物价平减指数 = \frac{名义GDP}{实际GDP} \times 100\%$$

国内生产总值物价平减指数的计算基础比CPI更广泛，涉及全部商品和服务，除消费品外，还包括生产资料和资本、进出口商品和劳务等。因此，这一指数能够更加准确地反映一般物价水平走向，是对价格水平最宏观的测量。但是这一指数的资料搜集比较难，因此公布次数不如消费者价格指数频繁，有时只能用CPI与PPI变动程度加总来大致反映。

以上三种价格指数是衡量通货膨胀的主要指标。由于这三种价格指数涉及的商品和劳务不同，计算口径也不同，因此，即使在同一国家的同一时期，各种价格指数所反映的通货膨胀程度也是不同的。一般说来，在衡量通货膨胀时，用得最多的是消费者价格指数。

第二节 通货膨胀与通货紧缩的成因

通货膨胀和通货紧缩表现为一般物价水平的持续上涨或持续下跌，如果根据供求原理来解释一般物价水平的这种变化现象，我们可以得出一个结论：当社会总需求大于社会总供给时，或者货币的供给量大于货币需求量时（即货币的发行量超出了流通中实际需要的货币量），就会发生一般物价水平的上涨；反之，则会出现一般物价水平的下跌。那么，通货膨胀与通货紧缩具体的成因是什么呢？

一、通货膨胀的成因

在众多解释通货膨胀成因的理论中主要有四种，分别是需求拉上说、成本推动说、供求混合推进说和结构失衡说。

（一）需求拉上说

需求拉上说的基本观点是，当对商品和服务的总需求超过了按现行价格可达到的总供给时，就会引起物价上涨，导致通货膨胀，即供不应求引起的物价上涨。

之所以会出现需求拉上的通货膨胀，可能的情形主要有：① 政府财政支出超过财政收入而形成财政赤字，并主要依靠财政透支来弥补；② 国内投资总需求超过国内总储蓄和国外资本流入之和，形成所谓的"投资膨胀"；③ 国内消费总需求超过消费品供给和进口消费品之和，形成所谓的"消费膨胀"。上述三种情形出现一种时，在其他条件不变的情况下都会导致总需求与总供给的缺口，这种缺口只能通过物价上涨才能弥合，这就引起了通货膨胀。

需要注意的是，需求拉上的通货膨胀需要有货币因素的支撑。这是因为，经济学意义上的需求都是指有支付能力的需求，也就是说，过度的需求一定是以货币量增长为基础的，在货币需求量不变时，货币供应增加过多，为商品劳务总需求的增长提供货币支持，就会造成需求拉上的通货膨胀。

需求拉上说通常认为，当经济中实现了充分就业时，资源已得到充分利用，此时如果总需求继续增加，过度的需求不仅无法促使产量增加，反而会引起物价上涨，产生通货膨胀。如果经济中未实现充分就业，即社会资源并未得到充分利用，需求增加后，总供给无法迅速增加以满足总需求的要求，便产生了暂时的供给短缺，从而推动了价格水平上涨，但由于经济尚未达到充分就业，价格水平的上涨仍会刺激总供给逐渐增加，从而也使国民收入随之增加。

（二）成本推动说

成本推动说提出，通货膨胀的根源在总供给方面，是生产成本的增加引起物价的上涨，并被迫增发通货来推动这一上涨。换句话说，在社会总需求不变的情况下，产品成本提高会推动物价上涨，从而导致通货膨胀。

成本推动说是在20世纪50年代以后，特别是在20世纪70年代以后出现的。那时，一些西方国家在失业率居高不下、存在大量闲置资源的情况下，却出现了很高的通货膨胀率，即呈现出"滞胀"的局面，对此，需求拉上说显然无法解释。因此，许多经济学家转而从供给方面寻找原因，提出了成本推动的通货膨胀理论。

成本推动的通货膨胀可分为工资推动说、利润推动说和进口成本推动说三种理论解释。

1. 工资推动说

工资推动说认为，工会垄断力量的存在，操纵了劳动力市场的价格，即使没有出现对劳动力的过度需求，甚至在严重失业存在的条件下，也迫使企业让工资增长超过劳动生产率的增长，从而使商品成本增加，物价上涨；而物价上涨以后，工人又要求提高工资，从而再度引起物价上涨。如此循环往复，形成一个"工资——物价螺旋"。

2. 利润推动说

利润推动说认为，在不完全竞争市场上，垄断企业凭借其垄断地位，通过提高价格来增加利润，当这种行为的作用大到一定程度时，就可引起通货膨胀。最典型的是，1973年至1974年间石油输出国组织将石油价格提高了四倍，1979年又再一次提高，这两次石油提价，导致了当时西方国家的通货膨胀。

3. 进口成本推动说

进口成本推动说认为，通货膨胀是可以进行国际传递的。在开放经济中，进口的原材料价格上升，导致依赖进口原材料生产的企业成本上升，进而引起本国国内一般物价水平上涨。此时，一国的通货膨胀通过国际贸易渠道影响到其他国家，物价的上升会导致生产减少，从而引起萧条。与这种通货膨胀相对应的是出口型通货膨胀，即出口需求迅速增加使出口生产企业增加生产，从而增加了原材料与劳动需求，导致生产成本上升，引起通货膨胀。

（三）供求混合推进说

供求混合推进说认为，尽管理论上可以将通货膨胀的成因分为需求拉上和成本推进，但在现实经济中，需求因素和供给因素往往是混合着一起共同发生作用的，这类通货膨胀就被称为供求混合推进型通货膨胀。

通货膨胀的成因究竟是需求拉上还是成本推进很难分清，通货膨胀既有来自需求方面的因素，又有来自供给方面的因素，即"拉中有推，推中有拉"。例如，通货膨胀从过度需求开始，但需求过度引起的物价上涨会促使工会要求提高工资，从而转化为成本推进的因素；或者通货膨胀从成本方面开始，比如原材料价格上涨、工资提高等，但如果不存在需求和货币供给的增加，生产成本的增加会使产量减少或失业增加，最终导致通货膨胀过程终止。总之，持续的通货膨胀是由需求因素和供给因素共同作用而产生的。

（四）结构失衡说

结构失衡说认为，生产结构的变化导致总供求结构失衡或者部分供求失衡，可能引发结构型通货膨胀。具体而言，落后的、不合理的经济结构，不适应经济发展的需要，尤其是农业、外贸和政府部门的制度，造成部分产品价格上涨。这种上涨往往会通过部门之间的相互看齐的过程而影响其他部门，从而导致一般物价水平的上升。如果结构型通货膨胀没能得到有效抑制，就会变成成本推动型通货膨胀，进而造成全面通货膨胀。例如，在2008年，我国房地产投资的过快增长、出口贸易的大量顺差是导致当时物价上涨的重要原因，这很大程度上是出口部门传递到其他部门的，与结构型通货膨胀密切相关。

二、通货紧缩的成因

在经济学中，CPI 连续 3 个月下跌，就认为是发生了通货紧缩。例如，我国 2008 年 4 月、5 月、6 月和 7 月的 CPI 分别是 8.5%、7.7%、7.1% 和 6.3%，CPI 已经连续 3 个月下跌，这说明我国从 2008 年 7 月份开始就进入通货紧缩阶段。其实，不同于持续长时间或多或少的通货膨胀，通货紧缩发生的频率并不是很高。到了 20 世纪 90 年代中期时，通货紧缩发生的频率才开始增多。那么，为什么会发生通货紧缩呢？一般来说有以下五个原因。

（一）货币政策和财政政策的影响

宏观经济政策的实施对一般物价水平的影响很大。如果某国采取紧缩性的货币财政政策，就会使商品市场和货币市场出现不平衡。财政收入大于财政支出，商品供过于求，货币需求大于货币供给，货币供不应求，也就是说会出现商品多而货币少的现象，过多的商品会追逐数量有限的货币，其结果只能是物价水平下降，出现通货紧缩。

在 20 世纪 30 年代大危机时期，美联储在应该采取扩张性货币政策的时候，却采用了紧缩性的货币政策，结果造成货币供给量的大幅度下降，信贷总量急剧萎缩，使美国的经济危机大大加剧，1929—1933 年，美国的一般物价水平下降了 22.58%。

（二）有效需求不足

过度需求会造成需求拉动型的通货膨胀，反过来，有效需求不足则会造成通货紧缩。对于一个开放的经济来说，社会总需求包括四部分：消费需求、投资需求、政府支出、出口需求。这四种需求的大幅度减少都有可能形成通货紧缩。

1. 消费需求减少

在收入水平不变的情况下，消费需求的减少会导致商品供过于求，价格持续下降。消费需求减少受到两个因素的影响：其一，在有消费需求时，即居民有货币购买力时，生产结构与消费结构不吻合，往往会造成一部分需求得不到满足；其二，预期因素造成的消费需求不足，如果对未来预期不佳，居民通常会增加储蓄，减少消费，导致消费需求下降。

2. 投资需求不足

社会投资水平降低，也会引起物价持续下降。通常情况下，影响投资变动的因素有两个，即利率和边际资本收益率。实际利率上升和预期边际资本收益率下降都可能造成投资需求不足。在当期边际资本收益率较低时，企业对未来的边际资本收益率的预期也会较低，形成对经济形势走弱的判断，因而投资动力不足，造成投资需求不足。在这种情况下，各种投资品的价格会下降，进而影响到消费品。当物价水平整体下降后，即使名义利率不变，实际利率也会因为物价水平的下降而上升,进一步抑制投资需求。

3. 政府支出减少

在居民消费需求和私人投资需求不足时,利用扩张性财政政策直接增加政府支出来带动有效需求的增加是重要的政策措施。但是在很多时候,由于社会经济的变化,政府支出也可能从原来较高的水平降下来。如果政府支出减少的这一部分能够被居民消费需求、私人投资需求或出口增加弥补,则不会出现有效需求的下降,反之,在其他需求不变的情况下,就有可能出现因政府支出减少而造成有效需求的下降,严重时甚至引起通货紧缩。

4. 出口需求减少

对于依赖国外市场的国家来说,出口减少将直接造成对本国产品需求的减少,使本国的生产出现供过于求的矛盾,进而造成某些出口产品价格的下降,其影响进一步扩散,就有可能导致一般物价水平的下降。

（三）生产力的提高

由于分工的发展、技术的进步、交易费用的降低和交易效率的提高,生产力水平大幅提升,从而带来商品成本的降低,商品价格下降,如果这种生产力带来的发展能够持续较长一段时期的话,则价格水平就会出现长期走低的形势。从20世纪90年代开始,计算机技术和网络技术在全世界的范围内得到广泛的运用,导致电子产品和商务成本的大幅度下降,并极大地提高了劳动生产率,使得在全球范围的价格水平出现下跌,中国和美国都出现了通货紧缩。

（四）金融体系的低效率

如果金融体系的经营环境不理想,不良资产较多,它们就会压缩贷款的规模或者提高贷款的利率,从而形成信贷紧缩,这种紧缩将会使社会的信用体制受到危害,投资和消费都会因缺乏信贷的支持而受到抑制,导致价格的下跌,形成通货紧缩。

这种情况在20世纪90年代的日本表现得非常明显。日本银行业在20世纪80年代的盲目贷款,在经济泡沫破灭以后,形成了大量的不良贷款,到了20世纪90年代,日本银行业资本金不足,需要增加新的资本,就不愿意向企业发放贷款,或者将贷款的标准提得很高,抑制了社会投资需求,导致通货紧缩,并造成经济衰退。

（五）汇率的高估

如果一国货币的汇率出现高估,国外的需求就会降低,出口就会下降,企业的生产能力就会受到制约,国内居民的收入会随之下降,消费便会减少,预期也会下降,物价便会下跌。日本20世纪90年代的通货紧缩最初始的原因就是在签订广场协议和卢浮宫协议之后,日元大幅升值,导致出口急剧减少,从而引发了长达十余年的通货紧缩。

第三节 通货膨胀与通货紧缩的影响

一、通货膨胀的影响

（一）通货膨胀对社会经济的影响

关于通货膨胀对经济的影响问题，经济学界存在着激烈的争论，主要观点大致可分为以下三种：通货膨胀可以促进经济发展的"促进论"，通货膨胀会损害经济发展的"促退论"和通货膨胀不影响经济发展的"中性论"。

1. 促进论

促进论认为，通货膨胀具有促进产出增加、实现经济增长的作用。其理由如下：

（1）在通货膨胀中，政府作为最大的债务人可以减轻一定的债务负担。此外，通过大量发行货币，政府也可以获得追加的财政收入。如果政府将通过通货膨胀获得的收入全部用于实际投资，并采取相应措施保证民间投资不因政府投资的增加而减少，那么这种通货膨胀性的政策就会因增加了投资而增加产出，促进经济增长。

（2）在通货膨胀的情况下，产品价格的上涨速度一般总是快于名义工资的提高速度，因此，企业的利润就会增加。而这又会刺激企业扩大投资，从而促进经济增长。

（3）通货膨胀通常是一种有利于富裕阶层的收入再分配。富裕阶层的边际储蓄率比较高，因此，通货膨胀会通过提高储蓄率来促进经济增长。

（4）通货膨胀有利于产业结构的调整。通货膨胀引起的价格上涨在各地区、各部门、各行业和各企业之间是不平衡的。长线产品的价格和短线产品的价格都上升，但短线产品价格上升的幅度更大，因此，两类部门的投资都可能增加，但短线产业的投资规模增加比长线产业大，从而使全社会的产业结构可以得到局部调整。

2. 促退论

促退论与促进论观点恰恰相反，认为通货膨胀会导致低效率并损害经济增长。其理由如下：

（1）通货膨胀导致价格信号失真，无法发挥资源配置的指导作用，使企业盲目生产，造成资源浪费，扭曲了市场机制的有效秩序，降低了经济效益，并且使经济陷于不稳定状态。

（2）在通货膨胀条件下，持有货币会遭受购买力下降的损失。为此，企业和居民都会尽力把现金转化为实物资产或增加目前的消费，致使社会储蓄率下降，从而使投资率下降和经济增长率下降。

（3）在持续性通货膨胀过程中，市场价格机制将遭受严重破坏，企业和居民面对不断变化的价格将感到无所适从，甚至做出错误的决策，出现资源误配置现象，从而影响经济增长。

（4）在恶性通货膨胀期间，利率的上升通常滞后于物价的上涨。债权人为了避免损失，不愿意提供商业信用，不愿意储蓄或提供贷款，于是引起信用规模骤减，导致经济衰退。

（5）许多国家实行累计税。在发生通货膨胀时，企业和个人将因为名义收入的提高而承担较高的税赋，这会影响生产和消费的积极性，从而不利于经济增长。

（6）如果通货膨胀超过一定时间，企业和居民便会产生预期，造成物价与生产成本的螺旋式上升，形成恶性通货膨胀，彼时商品流通秩序将会变得极为混乱，如发生商品抢购、囤积居奇、商品倒流等，并有可能导致经济的崩溃。

3. 中性论

中性论者认为，由于公众预期，在一段时间内他们会对物价上涨做出合理的行为调整，从而使通货膨胀各种效益的作用相互抵销，因此通货膨胀对产出、对经济增长既不会促进，也不会损害。

大部分经济学家认为，通货膨胀对经济的促进作用只是在开始阶段的极短时间内，而且需具备一定的条件。就长期来看，通货膨胀对经济只有危害，而没有促进作用。

> **思考与实践**
> 上述关于通货膨胀影响经济的观点，你更赞同哪一种呢？为什么？

（二）通货膨胀对分配的影响

通货膨胀时期，名义货币收入和实际货币收入之间产生差距，只有剔除物价影响，才能看出人们实际收入的变化。由物价上涨所造成的所得再分配，就是通货膨胀的所得分配效应。

1. 债务人得利，债权人吃亏

债务人在债务到期时按债务的名义价值进行偿还，当通货膨胀发生时，同等数量货币的实际购买力已经下降，所以债权人的利益受到损害。

2. 国家得利，居民受损

国家可以通过发行国债，成为债务人。通货膨胀的直接表现是货币供应过多，而货币供应是由政府通过中央银行来控制的，过多的货币供应引起货币贬值、物价上涨，这实质上是政府对所有货币持有人的一种隐性征税，即通货膨胀税。同时，政府通过发行公债和采取累进税制，来降低实际债务、增加收入。

3. 浮动收入者得利，固定收入者吃亏

对固定收入阶层来说，实际收入因为通货膨胀而减少，生活水平必然降低。最为明显的是那些领救济金或退休金的人、白领阶层、公共雇员等，因为他们在相当长的时期内所获得的收入是固定不变的。而对于浮动收入者来说，收入上涨如果发生在企业价格水平和生活费用上涨之前，则会从通货膨胀中得到好处。如果产品价格上升速度比工资和原材料上升速度快，企业也会因利润增加而从通货膨胀中获得好处。

4. 实际财富持有者得利，货币财富持有者受损

实际财富包括不动产、珠宝、古董、艺术品等。股票则代表实际财富的所有权，有时和实际财富一样，在通货膨胀时期价格上涨；而包括现金、银行存款、债券等金融资产的货币财富的实际价值会因物价上涨而下降。因此，通货膨胀有降低储蓄率的倾向。

（三）通货膨胀与对外经济的关系

一国的通货膨胀对其进出口、汇率等对外经济关系都会产生影响。具体表现在，通货膨胀会抬高企业的经营成本，原材料、劳动力、能源等成本都会增加，降低本国产品的出口竞争能力。

二、通货紧缩的影响

物价疲软趋势的存在，将对消费者、企业和银行业三方面产生影响。

（一）对消费者的影响

物价下跌对消费需求有两种效应：一是价格效应，物价的下跌使消费者可以用较低的价格得到同等数量和质量的商品及服务，而将来价格还会下跌的预期促使他们推迟消费；二是收入效应，就业预期和工资收入因经济增幅下降而趋于下降，收入的减少将使消费者缩减消费支出。因此，在通缩时期，人们预期未来的价格下降，会持币观望，推迟购买。这样就会使个人消费支出受到抑制，致使总需求下降，加剧经济衰退。

（二）对企业的影响

对于企业而言，物价的持续下降会使利润显著减少，引起部分企业亏损，甚至破产。市场低迷，失业率增长，进一步降低消费和投资，使经济陷入衰退之中。

（三）对银行业的影响

一般而言，通货紧缩有可能会引发银行危机。首先，通货紧缩使实际利率上升，从而增加债务人的负担，债务人因经营困难不能按时还贷，会使银行不良资产比率上升；其次，通货紧缩会降低资产抵押和担保品的价值，银行被迫

要求客户尽快偿还贷款，而这将会导致资产价格的进一步下跌、贷款者净资产的进一步减少；最后，如果预期通货紧缩还将持续，那么在任何名义利率下借款者都会愿意借款，而如果预期资产和商品价格会下降，则银行在任何名义利率下都不会借贷，从而造成信贷供给和需求的极度不平衡。

第四节 通货膨胀与通货紧缩的治理

一、通货膨胀的治理

总的来看，通货膨胀对一国或地区经济乃至社会、政治生活各个方面都会产生严重影响，带来明显的破坏性作用，因此，尽管各国遭遇通货膨胀的成因不同，对通货膨胀判别标准各有差异，但各国政府都有治理通货膨胀的政策，都会从本国实际出发提出各种治理通货膨胀的对策措施。保证币值稳定、降低通货膨胀率，已经成为各国政府的宏观经济目标之一。鉴于通货膨胀本质上是社会总供求的不平衡或者货币供求的不平衡，因此，调节供求关系是有效的通货膨胀治理措施。一般来说，治理通货膨胀的政策措施主要有以下四种：宏观紧缩政策、供给政策、收入与价格政策、指数化政策。

（一）宏观紧缩政策

宏观紧缩政策是各国对付通货膨胀的传统政策调节手段，也是迄今为止在抑制和治理通货膨胀中运用得最多、最为有效的政策措施。其基本思路是通过采取紧缩的货币政策和财政政策，从需求方面加强管理，抑制社会总需求，从而降低物价，达到治理通货膨胀的目的。在20世纪60年代中期以前，一些国家根据经济学家菲利普斯揭示的通货膨胀与失业的关系制定需求管理政策，用以治理需求拉动型通货膨胀，取得了显著的成效。

如图10-3所示，在采取紧缩性的货币政策或财政政策时，社会总需求减少，总需求曲线向左移动，相应的物价水平下降（从 $P1$ 下降至 $P2$）。但同时，总产出也相应减少（从 $Y1$ 减少到 $Y2$），从而使失业率提高，经济增长减缓，宏观经济达不到充分就业的状态。可见，宏观紧缩政策对通货膨胀的治理有显著的效果，但要以经济增长速度放慢、失业增加作为代价。

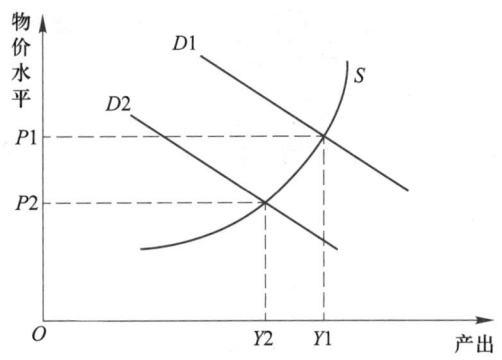

图 10-3　宏观紧缩政策的通货膨胀治理效果

1. 紧缩性货币政策

紧缩性货币政策，也叫作收紧银根，也就是中央银行通过限制商业银行信贷规模，减少货币供给量，从而抑制投资和消费需求，使总需求降低至与总供给相应的水平，达到治理通货膨胀的目的。

2. 紧缩性财政政策

紧缩性财政政策主要是通过削减财政支出和增加税收的方法，降低社会总需求、抑制通货膨胀的政策。政府支出是总需求的直接组成部分，削减政府支出等同于直接减少了总需求；而增加税收将减少个人和企业的可支配收入，进而减少其消费需求和投资需求。

> **金融观察**
>
> **部分新兴市场通货膨胀"爆表"，中国治理经验值得借鉴**
>
> 近年来，受各种因素影响，国际能源、粮食供应持续紧张，全球发达经济体和发展中经济体通货膨胀率均大幅攀升。尤其是部分新兴市场和发展中国家通货膨胀爆表，出现了恶性通货膨胀。2022年前5个月的数据显示，委内瑞拉、黎巴嫩、苏丹、叙利亚和津巴布韦的CPI同比涨幅超过100%，分别达到222.3%、206.2%、192.2%、139.5%和131.7%；CPI同比涨幅在10%～20%的新兴市场和发展中国家有45个，涨幅在20%至50%的国家有10个。部分经济规模较大的国家也遭遇了较为严重的通货膨胀，金砖国家中，除中国外，巴西、俄罗斯、印度和南非的CPI同比涨幅分别达到11.7%、17.1%、7.0%和5.9%。
>
> 形成鲜明对比的是，同为发展中国家的中国在国际能源、粮食价格高涨、供应链瓶颈未完全缓解的情况下，实施了行之有效的保供稳价政策，价格总水平持续平稳运行，为新兴市场国家通货膨胀治理提供了可供借鉴的"中国经

验"。在近两年的宏观调控中,我国坚持稳健的货币政策,科学把握政策力度、节奏和重点,坚决不搞"大水漫灌"式的强刺激,奠定了物价稳定的货币基础;在保供稳价工作中,我国注重采取市场化、法治化政策手段,综合运用供需双向调节、区间调控、精准调控等政策工具,采取加强市场监管、加强预期管理等举措,有效稳定了市场价格。

（二）供给政策

供给政策即增加商品有效供给、抑制通货膨胀的政策。这一政策同宏观紧缩政策一样,都是立足于消除总需求与总供给之间的缺口的政策,两者所不同的是：宏观紧缩政策试图通过减少总需求来消除缺口,而供给政策则试图通过增加供给来达到平衡的目的。增加有效供给应该说是治理通货膨胀最根本的手段,但它要受到生产力发展水平和供给弹性的限制。具体而言,供给政策包括减少税收以提高劳动者的劳动生产率、增加企业投资信心；减少政府对企业的限制；鼓励企业技术创新等。

如图10-4所示,在采取了供给政策时,总供给曲线向右移动,新的均衡点上,产量增加的同时实现了价格水平的下降,达到遏制通货膨胀的目的,也避免了紧缩性宏观政策带来经济衰退的后果。

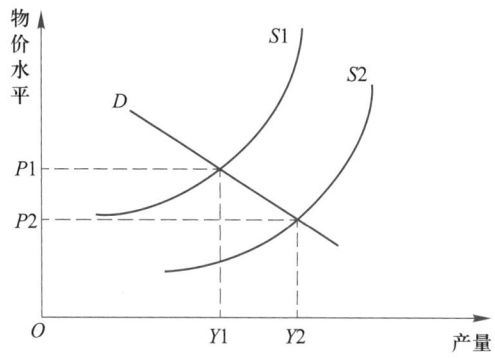

图10-4 供给政策的通货膨胀治理效果

（三）收入与价格政策

收入与价格政策,也叫作紧缩的物价与所得政策,包括两方面的政策措施：一是收入政策,即通过控制工资的增长来控制收入和产品成本的增长,进而控制物价水平；二是价格政策,即直接作用于价格、抑制通货膨胀的各项政策。这两项政策都是主要针对成本推进型通货膨胀的。

具体而言,根据收入与价格控制的手段不同,收入与价格控制可以分为直接控制和间接控制两类。直接控制采用行政或法律手段对工资和价格进行强行控制,比如将工资总额或其增长率固定在一定水平上、直接限定商品最高价等，容易产生立竿见影的效果，但很显然是治标不治本的措施，很难长期执行下去。间接控制通常是政府采用道义劝告等方式非正式地控制工资和物价，比如政府编制工资指导线或价格指导线，劝告工会和企业遵守，但并非强制性的。间接控制的作用并不可靠，这一措施的效果取决于社会对通货膨胀的预期，如果人们相信政府的反通货膨胀行动能取得成功，就会形成对未来物价水平向好的预期，这种预期本身就是有助于抑制通货膨胀的，从而达到政策目的。

（四）指数化政策

指数化政策，是一种旨在与通货膨胀"和平共处"的适应性政策。指数化政策主要适用于开放经济条件下面临世界性通货膨胀的小国，当外围通货膨胀难以得到控制时，小国很难摆脱输入性通货膨胀的影响，只能选择与通货膨胀共处的手段。一般而言，指数化政策包括收入指数化政策和税收指数化政策两类。

1. 收入指数化政策

收入指数化政策是指利用物价指数对包括工资、利息收入在内的所有货币性收入进行调整的方法。具体来说，收入指数化政策将工资、储蓄和债券利息、租金、养老金等各种名义收入与物价指数紧密联系起来，使其自动随物价指数的升降而升降，从而避免或减少通货膨胀所带来的损失，并解决由通货膨胀所带来的分配不均问题。

采取收入指数化政策的初衷非常清晰，一是借此剥夺政府从通货膨胀中可能获得的收益，杜绝政府制造通货膨胀的动机；二是克服由通货膨胀造成的分配不公，避免出现抢购商品、储物保值等加剧通货膨胀的行为。但是，收入指数化政策是一种工资和物价交替上升的机制，因而往往使物价越发不稳定，是一种消极对付通货膨胀的政策，并不能对通胀起到抑制作用，甚至有可能进一步加剧通货膨胀。

2. 税收指数化政策

税收指数化政策是指利用价格指数对税基进行调整，以确保对实际收入征税而不是对名义收入征税。这一政策是对名义收入大幅上涨的应对措施，但实际操作中容易造成税收制度更加复杂化，并加剧政府预算的不平衡，从而引发更严重的通货膨胀。

二、通货紧缩的治理

通货紧缩与通货膨胀相反，是因为市场货币供应量小于必要量，总需求小于总供给引起的，应采取措施扩大总需求，改善供给结构，使总需求与总供给趋于平衡，因此，可以分别从总需求和总供给的角度治理通货紧缩。

(一)扩大国内外需求

扩大国内外需求即采取扩张性的需求管理政策,包括拉动内需和促进出口两个方面。

对国内,拉动内需可通过扩张的货币政策和财政政策来实现。具体的做法跟通货膨胀的治理手段相反,即降低再贴现率,降低法定存款准备金,增加货币供给量,增加政府支出,降低税率,刺激投资需求,增加消费需求。

对国外,要促进出口,将外部需求引入国内市场,即采用税收优惠、补贴等财政政策手段,同时采取本币贬值策略,刺激出口,增加外需,消化相对过剩的供给。

防止出现持续性通货紧缩最根本的手段是要努力激发国内市场活力。要研究制定有利于提高居民消费倾向的政策措施,进一步扩大消费信用,增加居民住房贷款、耐用消费品贷款和汽车贷款等。同时,为了解决企业投资不足,商业银行要增加对产品有市场、有发展潜力的企业的贷款支持,促进这些企业增加投资,建立新型的银企关系,为实现国民经济的可持续发展创造良好的环境。

(二)优化供给结构

通货紧缩表现为总供给水平高于总需求水平,导致物价总体水平下降。除总需求不足的原因外,在供给方面的原因主要就是供给结构不合理。产业结构和产品结构与需求结构不匹配,会造成供给的相对过剩。实际上,真正导致市场供过于求、物价水平下降的是那些技术水平落后、无法满足市场需求的低端产品。政府应实行积极的财政政策,发挥政府的税收杠杆作用,优化财政收支结构,支持具有增长潜力的高新技术产业和民生类产业,调整供给结构。

复习思考题

一、单项选择题

1.下列关于通货膨胀的表述中,不正确的是(   )。
A.通货膨胀是物价持续上涨   B.通货膨胀是物价总水平的上涨
C.通货膨胀是指物价的上涨   D.通货膨胀是纸币流通所特有的

2.导致通货膨胀的直接原因是(   )。
A.货币贬值   B.纸币流通   C.物价上涨   D.货币供应过多

3.一般物价水平年平均上涨率在1%~3%的通货膨胀属于(   )通货膨胀。
A.爬行式   B.温和式   C.奔腾式   D.恶性

4. 通货膨胀时期,债权人将( )。
A. 增加收益　　B. 损失严重　　C. 不受影响　　D. 短期损失长期收益更大

5. 我国目前主要以( )反映通货膨胀的程度。
A. 居民消费价格指数　　　　B. GDP 平减指数
C. 批发物价指数　　　　　　D. GNP 平减指数

6. 成本推动说解释通货膨胀时的前提是( )。
A. 总需求给定　　　　　　　B. 总供给给定
C. 货币需求给定　　　　　　D. 货币供给给定

7. 对于需求拉上型通货膨胀,调节和控制( )是关键。
A. 社会总需求　　B. 收入分配　　C. 财政收支　　D. 经济结构

8. 通货膨胀对策中,压缩财政支出属于( )。
A. 改善供给　　　　　　　　B. 紧缩性收入政策
C. 收入指数化政策　　　　　D. 紧缩性财政政策

9. 下列各项政策中,( )可以解决通货膨胀中收入分配不公的问题。
A. 限价政策　　B. 指数化政策　　C. 减税政策　　D. 增加供给的政策

二、多项选择题

1. 有关通货膨胀描述正确的有( )。
A. 在纸币流通条件下的经济现象　　B. 货币流通量超过货币必要量
C. 物价普遍上涨　　D. 货币贬值　　E. 生产过剩

2. 度量通货膨胀的程度时,各国主要采用的指标有( )。
A. CPI　　B. GDP 平减指数　　C. PPI　　D. 生活费用指数

3. 按照表现形式的不同,通货膨胀可以分为( )。
A. 开放型通货膨胀　　　　　B. 预期型通货膨胀
C. 温和型通货膨胀　　　　　D. 隐蔽型通货膨胀

4. 治理通货膨胀的对策包括( )。
A. 宏观扩张政策　　　　　　B. 宏观紧缩政策
C. 增加有效供给　　　　　　D. 增加收入政策
E. 指数化方案

三、判断题

(1) 物价上涨就是通货膨胀。( )

(2) 工资—价格螺旋上涨引发的通货膨胀是需求拉上型通货膨胀。( )

(3) 一般来讲,通货膨胀有利于债权人而不利于债务人。( )

(4) 通货膨胀对经济有害,通货紧缩对经济有利。( )

(5) 普遍、持续的物价下降意味着单位货币购买力的不断上升,对投资者来说意味着投资成本降低,对经济发展是有利的。( )

四、简述题

1. 什么是通货膨胀？简述通货膨胀的类型。
2. 判定通货膨胀的指标有哪些？
3. 在通货膨胀的治理中，指数化政策起什么作用？
4. 通货膨胀会对分配产生什么样的影响？
5. 分析通货紧缩有何影响？为什么物价下跌也有不利影响？

五、调研与实践

调研主题：根据我国近十年的CPI变化情况，分析我国通货膨胀的变化情况和分析出现此种变化趋势的原因。

调研目的：了解我国CPI和通货膨胀的变动情况，运用通货膨胀基本理论与知识分析我国发生通货膨胀的原因及其治理通货膨胀的措施。以此提升金融数据的收集处理和分析能力。

调研步骤：

（1）通过国家统计局等网站查阅我国近十年的CPI数据。

（2）根据CPI数据计算近十年的通货膨胀率。

（3）利用Excel软件绘制CPI和通货膨胀率变动趋势曲线。

（4）分析近十年出现此种通货膨胀趋势的原因和国家所采取的治理通货膨胀的措施。

调研成果：完成1 000字左右的《中国近十年通货膨胀分析报告》。

Chapter 11

第十一章
货币政策

- 货币政策概述
- 货币政策目标与传导机制
- 货币政策工具

学习目标

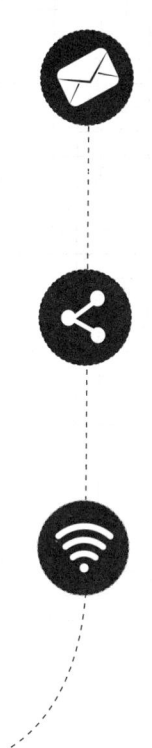

素养目标
- 通过学习货币政策目标,树立金融服务实体经济的基本理念。
- 通过学习创新型货币政策工具,提升金融创新能力。

知识目标
- 掌握货币政策的含义。
- 熟悉货币政策的类型。
- 理解货币政策的最终目标、中介目标和操作目标。
- 理解货币政策的主要传导机制。
- 熟悉货币政策工具的相关内容。

能力目标
- 能够描述不同货币政策目标之间的关系。
- 能够比较各类货币政策工具的特点和适用性。
- 能够理解各类货币政策工具进行宏观调控的本质。

思维导图

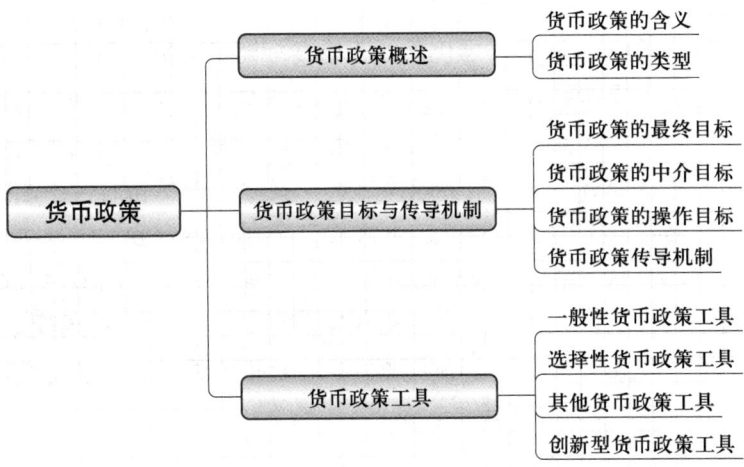

案例导入

聚焦新时代的货币政策实践

"十四五"时期,我国发展仍然处于重要战略机遇期,机遇和挑战都有新的变化,我们既要看到我国经济长期向好的基本面,也要看到当前世界百年未有之大变局加速演变、诸多矛盾叠加的复杂环境。在这样的大背景下,货币政策作为宏观经济治理的主要政策之一,要以习近平新时代中国特色社会主义思想为指导,贯彻落实党的二十大和二十届三中全会,以及中央经济工作会议精神,根据党中央、国务院部署,坚持科学决策和创造性应对的根本方法,健全现代货币政策框架,保持正常货币政策,搞好跨周期政策设计,完善货币供应调控机制,健全市场化利率形成和传导机制,推动构建新发展格局迈好第一步,呈现新气象。

> **问题:**
> "十四五"时期我国健全现代货币政策框架的主要举措有哪些?

第一节 货币政策概述

一、货币政策的含义

货币政策是一国宏观经济政策的重要组成部分,是与其他经济政策相互配合协调、达成宏观经济目标的重要举措。我们可以从四个方面来理解货币政策的含义。

(1)货币政策属于宏观经济政策,涉及整个国家的货币供应量、信贷规模、利率等宏观总量指标,而不是单个银行或某一经济部门的微观经济政策。

(2)货币政策主要通过调整社会总需求实现宏观调控目标。

(3)货币政策是间接调节经济的政策,主要利用市场机制的作用,通过调节货币供应量及其他金融变量影响经济活动主体的行为,从而达到调节经济变量、影响经济活动的目的。

(4)货币政策是长期目标与短期措施的动态结合,其目标往往是长期性的政策目标,所采取的措施具有短期性、时效性的特点。

> > > > > > > > > > 第十一章 货币政策

知识链接

货币政策与财政政策的区别

货币政策和财政政策是一国宏观经济政策的重要两翼。货币政策是国家指定中央银行为实现其特定的经济目标而采用的各种控制和调节货币供应量或信用量的方针和措施的总称,包括信贷政策、利率政策和外汇政策等。财政政策是国家财政部门根据不同时期的政治、经济,以及社会动态,以税收和财政支出的形式来影响和调节国民经济状态和收入的政策措施。货币政策和财政政策的区别如表11-1所示。

表11-1 货币政策和财政政策的区别

不同点	货币政策	财政政策
部门分工不同	中央银行	国家财政部门
实施途径不同	以调节货币供给促进国家经济增长	以调节国民收入促进国家经济增长
政策工具不同	存款准备金、再贴现率等	税收、政府支出和转移支付等
政策手段不同	间接政策传导	直接政策管控

二、货币政策的类型

（一）扩张型和紧缩型货币政策

根据货币政策对货币供应量的影响,货币政策可以分为扩张型货币政策和紧缩型货币政策。这是最常见的货币政策类型。

1. 扩张型货币政策

扩张型货币政策通过提高货币供给增长率,使货币供应量大于货币需求量,从而带动社会总需求、刺激经济增长。这种政策之下,利率通常较低,取得信贷较容易,适合在经济衰退和萧条时期、有效需求不足、失业较为严重的情况下实施。

2. 紧缩型货币政策

紧缩型货币政策通过降低货币供给增长率,减少货币供应量,降低社会总需求使社会总需求与总供给平衡,从而实现稳定币值的目的。这种政策之下,利率通常会上升,取得信贷较难,适合总需求过大、经济过热时期、开始出现投资过热、通货膨胀等问题出现的情况下实施。

此外,在社会总需求与总供给基本平衡的前提下,一国可以采取均衡型货币政策,保持货币供应量和货币实际需要量基本一致,以经济增长为货币供应量增长的制约标准来管理货币。均衡型货币政策通常适用于物价稳定、经济增速适中的经济环境。

（二）数量型货币政策和价格型货币政策

根据货币政策工具的作用机制和传导路径差异，可将货币政策划分为数量型与价格型两类。

1. 数量型货币政策

数量型货币政策工具侧重直接调控货币供应量来调控宏观经济，主要包括公开市场操作、法定存款准备金率的调整和直接信贷控制等。例如，上调法定存款准备金率可以冻结部分流通中的货币，降低货币供应量；反之则增加流通中的货币，增加货币供应量。

2. 价格型货币政策

价格型货币政策工具侧重通过资产价格的变化来影响微观主体的财务成本和收入预期，改变企业和居民的资产结构以及财富价值，再根据微观经济活动主体自身的投资消费行为调整来影响宏观经济变量，主要有利率类政策（如存贷款基准利率、再贷款利率以及再贴现利率等）和汇率类政策等。

数量型货币政策与价格型货币政策在调控工具、调控目标、调控方式和观测重点等方面具有显著的区别，如表 11-2 所示。

表 11-2　数量型货币政策与价格型货币政策的区别

不同点	数量型货币政策	价格型货币政策
调控工具	法定存款准备金率、公开市场、再贴现及再贷款	价格变量（如利率、汇率等）
调控目标	货币数量（基础货币、货币供应量等）	资产价格变化
调控方式	直接调整宏观经济变量 中央银行主导，居民被动	间接调整宏观经济变量 中央银行与居民互动
观测重点	观测宏观经济变量	观测微观经济主体预期及其经济行为调整

（三）总量型货币政策和结构型货币政策

根据货币政策的作用范围和调控目标的差异性，可将货币政策划分为总量型与结构型两类。

1. 总量型货币政策

总量型货币政策是指排除各部门、各行业对社会资金的特殊需求和用途，对资金供求进行一般或总量的调节政策，也称为一般性货币政策。

2. 结构型货币政策

结构型货币政策是产业结构政策的重要组成部分，是有选择地对某些特殊的信用加以调节和影响并追求结构性调节效果的货币政策，其特点是在调节中有特定的资金流向和用途，所以也被称为选择性货币政策。

> **思考与实践**
> 2018年至2024年9月，中国人民银行18次下调存款准备金率，共释放长期资金约14.4万亿元，满足了银行体系的流动需求，加大了对中小微企业的支持力度，降低了社会融资成本。按照不同货币政策分类标准，上述货币政策属于哪种类型？

第二节　货币政策目标与传导机制

货币政策目标是涵盖了操作目标、中介目标和最终目标的一个系统完整的目标体系，如图11-1所示。其中，操作目标是中央银行货币政策的直接调控对象；中介目标连接了操作目标和最终目标，调控操作目标影响了中介目标的变化；最终目标是货币政策要达成的宏观调控目标，是通过中央银行控制中介目标间接达成的。但在具体制定政策时，还是要以最终目标为指引，所以本节内容先介绍最终目标。

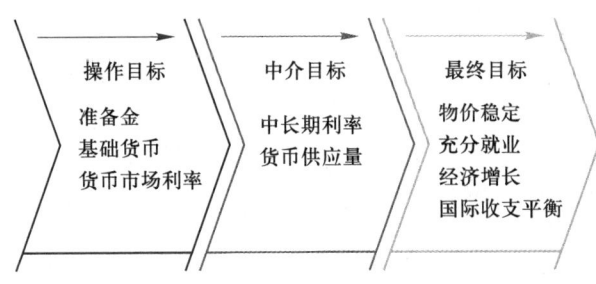

图11-1　货币政策的目标体系

一、货币政策的最终目标

货币政策的最终目标是中央银行组织和调节货币流通的出发点和最终方向，必须服务于国家宏观经济政策的总体目标。就大多数国家而言，货币政策的最终目标是一个综合目标体系，主要包括以下四大目标：

（一）物价稳定

物价稳定，是指一般物价水平在短期内不发生显著的或急剧的波动，把物价控制在一个可承受的限度内，避免出现通货膨胀或通货紧缩。不同国家对可承受的物价波动限度的理解各有不同。一般来说，以消费物价指数衡量通货膨胀水平时，CPI上涨幅度在3%以内比较合理，超过5%则需要采取措施进行调控，以避免通货膨胀损害经济可持续增长。同时，通货膨胀率并非越低越好，因为价格总水平的持续普遍下降虽然意味着单位货币的购买力提高，但也将带来通货紧缩，严重影响经济增长。

（二）充分就业

充分就业是指凡是有劳动能力并自愿从事劳动的人都能在合理条件下随时找到适当的工作。充分就业并非社会劳动力的100%就业，而是失业率保持在合理范围内。失业率即社会的失业人数占社会有意愿就业的劳动力的比率，是衡量资源充分利用程度的重要指标。一方面，高失业率表明整个社会大量闲置资源未被充分利用；另一方面，高失业率使居民收入骤减，危及社会稳定，甚至引发严重的社会问题。一般认为，失业率控制在4%以下是比较适当的，各国政府都会在此基础上力图将失业率降到最低水平。

> **知识链接**
>
> **充分就业条件下的失业率有可能降至零吗？**
>
> 充分就业条件下的失业率被称为自然失业率，这是由劳动力就业市场中普遍存在的摩擦性失业和结构性失业所造成的。摩擦性失业是劳动者想要工作与得到工作之间的时间消耗造成的失业状态，是劳动者在寻找最适合自己的工作期间的临时性失业。
>
> 结构性失业是劳动力市场上的供求结构性矛盾所造成的失业，是社会劳动力在技能、经验、工种、主观意愿、地区等方面的供给结构与需求结构不相一致时导致的失业，如劳动力供求的区域性失衡、季节性失衡等。
>
> 自然失业率随着人口结构的变化、技术进步、产业升级而变化。由于摩擦性失业和结构性失业的存在，充分就业条件下的自然失业率不可能为零。

（三）经济增长

经济增长是指一国社会经济活动中所生产的商品和劳务总量或人均总量的增加，是由总供给变动引起的国民收入的长期增长。经济增长之所以成为货币政策的一个重要目标，是因为经济增速下降不仅使人们收入、消费和福利减少，还会造成严重的社会心理负担，给社会造成很多危害。经济增速要与不同时期的经济环境相协调、与一国国力相适应，过快或者过慢的经济增速都是不适当的。发达国家的经济增速目标在1%~3%，新兴工业化国家的经济增速目标则可达到5%以上。同时，经济增长的背后可能隐藏着社会资源的浪费和环境的污染等成本问题。能够提高社会福利水平并使社会资源得到充分合理利用的经济增长速度才是合理的。

(四)国际收支平衡

国际收支平衡是指在一定时期内一国对其他国家或地区全部经济活动往来的货币收入和货币支出基本平衡,保持略有顺差或逆差。保持国际收支平衡是保证国民经济持续稳定健康发展和国家经济安全稳定的重要条件。长期顺差或逆差都会给一国经济运行带来负面影响,不利于经济发展。

国际收支平衡的货币政策目标是通过调节利率和汇率水平来实现本外币政策的协调和国际收支平衡。当然,并不是每个国家都将国际收支平衡作为货币政策的目标。例如,美国存在贸易逆差,而日本存在贸易顺差,且两国的国际收支失衡在不断扩大,但美国联邦储备银行和日本央行并没有采取措施来纠正它们的国际收支失衡。

各国政府在执行货币政策时,都希望能同时实现以上四个目标,但理论分析和政策实践都表明,这些目标有些是可以兼容协调、相互促进的,如高质量充分就业与经济增长,有些是不能同时兼顾,互相矛盾的,如物价稳定与充分就业等。因此,中央银行制定货币政策的最终目标时,必须在这种矛盾中有所侧重、找到协调统一的目标。

> **知识链接**
>
> **物价稳定与充分就业的矛盾——菲利普斯曲线**
>
> 菲利普斯曲线由统计学家威廉·菲利普斯提出。根据英国在1861—1957年失业率和货币工资变动率的经验统计资料,菲利普斯得出一条用以表示失业率和货币工资变动率之间交替关系的曲线,如图11-2所示。该曲线表明:当失业率较低时,货币工资增长率较高;反之,则货币工资增长率较低,甚至是负数。根据成本推动的通货膨胀理论,货币工资增长率可以表示通货膨胀率,因此,这条曲线就可以表示失业率与通货膨胀率之间的交替关系:失业率和通货膨胀率之间存在着反方向变动的关系。
>
>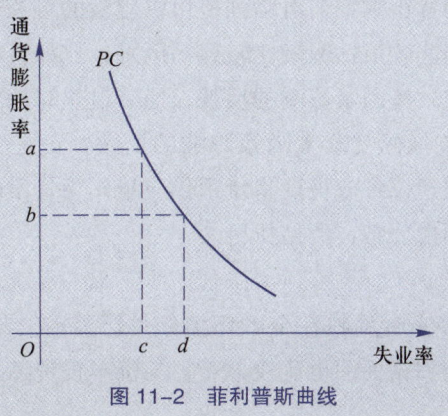
>
> 图11-2 菲利普斯曲线

1995年3月18日，第八届全国人民代表大会第三次会议通过了《中华人民共和国中国人民银行法》，以法律的形式将我国中央银行货币政策的最终目标确定为"保持货币币值的稳定，并以此促进经济增长"。这一最终目标明确了我国货币政策的首要目标是保持币值稳定，而币值稳定的最终目的是促进经济增长。

二、货币政策的中介目标

（一）货币政策中介目标的选择标准

货币政策中介目标也称为中介指标，是指中央银行为实现其货币政策的最终目标而设置的可供观察和调整的指标，通常为可量化的、能用于日常操纵的指标，是货币政策最终目标实现的中介或桥梁。一般认为，货币政策中介目标的选取应符合以下四个标准：

（1）相关性。中央银行选择的中介目标既要与其政策工具密切相关，又要与货币政策的最终目标紧密相连。

（2）可控性。中介目标要易于被中央银行控制。通过运用货币政策工具，中央银行能对中介目标的变动趋势和程度实施有效的调节和控制。

（3）可测性。中央银行所选择的中介目标必须具有明确而合理的内涵和外延，能够被准确界定并量化，还要进行实时观测、定量分析和科学预测。

（4）抗干扰性。中央银行选择中介目标时必须考虑目标受非政策因素影响的程度，应选择受干扰程度较低的中介目标，以提高信息分析和预测的准确性。

（二）主要的货币政策中介目标

主要的货币政策中介目标包括货币供应量和中长期利率。

1. 货币供应量

货币供应量即一国在一定时点上的货币存量。作为中介目标，货币供应量的可测性很好，能随时反映在中央银行和金融机构的资产负债表中；一国货币制度及其相对稳定的货币乘数，可增强货币供应量的可控性。同时，对货币供应量的政策性影响和非政策性影响比较容易区别，比如，经济景气时的货币供应量增加，是其受非政策因素影响的反映；经济过热时期紧缩性政策导致的货币供应量减少，是该指标受政策因素影响的反映。正是因为上述原因，1975年国际货币基金组织建议各成员国将货币供应量作为货币政策的中介目标，并要求各国政府每年预先公布，严格执行。

2. 中长期利率

中长期利率能够实时反映在金融市场相关产品的交易价格上，可测性较强；该目标的可控性和相关性也比较显著，与资本投资息息相关，中央银行货币政策可以对其实施间接控制,并通过影响社会总投资的变化,形成相应的政策效果;但由于中长期利率指标的运行受到市场心理预期、投资者行为偏好等各类非政策性因素影响,抗干扰能力较差,一般只作为货币政策中介目标的参考性变量。

三、货币政策的操作目标

货币政策的操作目标是中央银行的货币政策工具可以直接控制并影响的目标变量。相对于中介目标,操作指标有两个特点:一是直接性,即货币政策工具可以直接引起其变化;二是灵敏性,运用货币政策工具使其迅速反映,效果更显著。主要的货币政策操作目标包括以下三个:

(一)存款准备金

商业银行的存款准备金由其库存现金和在中央银行的准备金存款构成。中央银行三大货币政策工具都是通过影响存款准备金的水平而发挥作用的,因此这一指标的可测性和可控性都比较强。存款准备金的变化可以很好地反映经济运行状况。但存款准备金的多少很大程度上受到商业银行意愿和财务状况的影响,其主动权掌握在商业银行手里,中央银行调节存款准备金的能力是有限的,预测功能也比较弱。

(二)基础货币

基础货币经过商业银行的信用创造可以扩张为数倍于自身的货币供应量,因此它构成了社会货币供应量扩张和收缩的基础。中央银行可以通过控制现金发行、买卖政府债券、再贴现等方式来调节基础货币,进而影响总需求。基础货币完全满足了可测性和可控性条件,是一个比较理想的操作指标。但货币供应量还受到货币乘数的影响,因此基础货币对预测最终目标的实现具有不确定性。

(三)短期利率

短期利率通常是指市场利率,是影响货币供求和银行信贷总量的一个重要指标,也是中央银行用以控制货币供应量、调节货币需求、实现货币政策目标的一个重要的政策性指标。市场利率是影响社会投资和消费的重要因素,与社会总供求密切相关;中央银行可以随时观测市场利率水平和利率结构;即便是在利率市场化程度较高的环境下,中央银行虽然不能直接控制市场利率,但是可以通过公开市场业务调节市场资金供求,或通过再贴现政策影响市场利率。可见,短期利率指标的相关性、可测性和可控性非常强,也能够很好地传递货币政策的意愿,是众多国家普遍采用的操作目标。

但是,市场利率的影响因素多且复杂,抗干扰性较差,很难分辨其受到的是政策性因素还是非政策性因素的影响。例如,在经济繁荣时期的市场利率为

6%，中央银行为抑制经济过热，将利率作为政策性变量提高至 8%，同时经济过程本身也带来了利率水平的上升，此时中央银行就很难判定自己的政策操作能否达到预期目标。

四、货币政策传导机制

货币政策传导机制就是中央银行执行货币政策后，通过某种途径达到货币政策最终目标的过程。其一般过程为：货币政策工具→操作目标→中介目标→最终目标。中央银行通过货币政策工具的运作，影响商业银行等金融机构的活动，进而影响货币供应量，最终影响宏观经济指标。归纳起来，货币政策的传导机制主要有以下四种：

（一）利率传导机制

以利率为渠道进行货币政策传导是传统凯恩斯主义学派货币政策传导机制的核心观点。其基本思路为：货币供应量↑ → 实际利率↓ → 投资↑ → 总产出↑；或反之：货币供应量↓ → 实际利率↑ → 投资↓ → 总产出↓。即货币供应量增加后，会使实际利率下降，实际利率的降低拉低了投资成本，促使投资支出增加，从而促进总产出和国民收入增加；反之，货币供应量减少会使实际利率上升，进而导致投资成本增加，投资减少，使总产出和国民收入减少。总之，货币供应量变动会影响实际利率水平，再通过实际利率变动改变投资活动水平，最后导致收入和产出水平的变动。

（二）信用传导机制

货币政策信用传导机制包括银行借贷渠道和资产负债渠道两种传导渠道。

1. 银行信贷渠道

当扩张型的货币政策引起货币（准备金和存款）增加时，银行的可贷资金也会相应增加，企业可以从银行贷出的用以投资的资金也会扩大，最终扩大社会总产出，即货币供应量↑ → 银行存款和贷款↑ → 投资↑ → 总产出↑。

2. 资产负债渠道

货币供应量的增加，会带来企业股票价格上升，从而提升了企业净值。净值越大，意味着借款人的贷款能提供更多担保品，这会缓解信息不对称带来的逆向选择和道德风险问题，银行方面更加愿意放出更多的贷款，企业拿到更多资金后会扩大自身投资，社会总需求会因为企业的投资支出的增加而增加，即货币供应量↑ → 股价↑ → 净值↑ → 逆向选择和道德风险↓ → 贷款↑ → 投资↑ → 总产出↑。

（三）资产价格传导机制

货币政策通过其他相关资产价格及真实财富效应作用于经济，实现政策传导。

1. 托宾 q 理论

货币学派的托宾提出了一个股票价格与投资支出之间关系的 q 理论。该理论认为，货币政策可以通过股票价值影响经济活动。q 值的定义为企业市场价值与资本重置成本之比。当 q 大于 1 时，企业市场价值高于资本重置成本，建立新厂房和购买新设备的资本成本就要低于收购同等规模的企业的价值。比如，如果 A 企业的市值为 10 亿元，而该企业的资本重置成本只有 8 亿元，即 q 值为 1.25。此时，B 企业要进入 A 企业所在的行业有两条途径：一是收购 A 企业，二是自己建立新的厂房和购买设备，很显然后者更划算，能节省 2 亿元。此时，B 企业做出新建厂房和购买设备的选择，就增加了投资支出。反之，当 q 小于 1 时，企业市场价值低于资本重置成本，建立新厂房和购买设备的资本成本就要高于收购同等规模的企业的价值，上例中的情况变为 A 企业的市值为 8 亿元，资本重置成本 10 亿元，即 q 值为 0.8。此时，B 企业收购 A 企业的成本会比它建立新厂房和购置设备的成本少 2 亿元。

当实行扩张型货币政策时，货币供应量增加，居民会将更多货币投入到股票中，使得股价上涨，引起 q 值上升。q 提高至 1 以上时，企业市场价值大于资本重置成本，会促进投资增加，最终提高社会总需求和总产出，即货币供应量↑ → 股价↑ → 托宾 q ↑ → 投资↑ → 总产出↑。反之，如果实行紧缩型货币政策，货币供应量减少，则货币供应量↓ → 股价↓ → 托宾 q ↓ → 投资↓ → 总产出↓。

2. 财富效应

莫迪利安尼的储蓄生命周期理论认为，决定消费者支出的不仅仅是当期的收入水平，更重要的是他们的毕生财富。消费者毕生财富包括所有的金融资产，如股票、债券等。当扩张型政策引起股价上升时，消费者的金融资产价值将会上升，会刺激消费者购买耐用品和住宅，社会总需求和总产出随之增加，即货币供应量↑→ 股价↑→毕生财富↑→消费↑→ 总产出↑。反之，如果实行紧缩型货币政策，货币供应量减少，则货币供应量↓→ 股价↓→毕生财富↓→消费↓→ 总产出↓。

（四）汇率传导机制

汇率是外汇资产的价格，当外汇汇率上升、本币汇率下跌时，本国商品在国际市场上的价格会相应降低，此时出口可能会增加，进口会减少，净出口增加。反之，当外汇汇率下跌、本币汇率上升时，本国商品在国际市场上的竞争力会相应减弱，净出口减少。

扩张型货币政策会引起实际利率水平下降，本币存款相对于外汇资产的预期收益率降低，资本总是从利率相对较低的国家流向利率相对较高的国家，这将导致本币贬值。本币贬值促进本国商品出口，抑制进口，从而使净出口增加,最终导致社会总需求和总产出增加。即货币供应量↑→实际利率↓→汇率↓→净出口↑→总产出↑。反之,如果实行紧缩的货币政策,货币供给量减少,则货币供应量↓→实际利率↑→汇率↑→净出口↓→总产出↓。

第三节 货币政策工具

中央银行为进行金融调控、达成货币政策目标所采取的手段就是货币政策工具。货币政策工具可分为一般性货币政策工具、选择性货币政策工具和其他货币政策工具三大类。为适应经济宏观调控的变化,中国人民银行也陆续运用了一系列创新型货币政策工具。

一、一般性货币政策工具

一般性货币政策工具也称为总量调控工具,是中央银行调控货币和经济的最常规手段,主要是针对社会信用总量和货币供应总量进行控制,是对货币和经济具有全局影响的政策工具,包括法定存款准备金政策、再贴现政策和公开市场业务三大工具,这三大工具通常被称为"三大法宝"。

(一)法定存款准备金政策

法定存款准备金政策是指中央银行在法律赋予的权利范围内,通过规定或调整商业银行缴存中央银行的存款准备金比率,影响商业银行的准备金数额,控制商业银行的信用创造能力,间接调控社会货币供应量的一种政策手段。

法定存款准备金是金融机构为保证客户提取存款和资金清算需要,按法律规定向中央银行缴纳的存款准备金,最初是为保障客户存款和银行自身安全所设立的,但由于法定存款准备金率对货币乘数的影响可以改变商业银行的信用创造能力,这一政策逐渐成为中央银行调节社会信用总量和货币供应量的政策工具。如图11-3所示,中央银行可以通过调整法定存款准备金率影响金融机构的信贷资金供应能力,从而间接调控货币供应量。

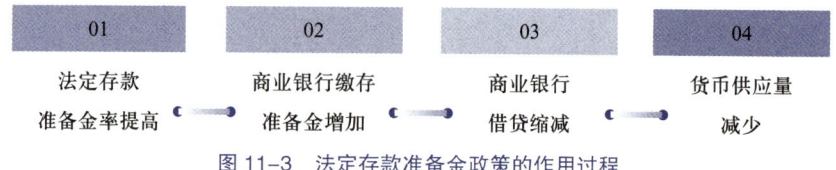

图11-3 法定存款准备金政策的作用过程

> **金融观察**

> **实施法定存款准备金政策，落实巩固经济回稳向上**
>
> 中国人民银行始终坚持以习近平新时代中国特色社会主义思想为指导，坚决贯彻落实党的二十大和二十届三中全会，以及中央经济工作会议精神，按照党中央、国务院决策部署，精准有力实施好稳健货币政策，稳固支持实体经济持续恢复向好，推动经济实现质的有效提升和量的合理增长。为巩固经济回升向好基础，保持流动性合理充裕，中国人民银行决定于2025年5月15日下调金融机构存款准备金率0.5个百分点（不含已执行5%存款准备金率的金融机构）。本次下调后，金融机构加权平均存款准备金率约为6.2%。
>
> 目前我国根据银行规模大小划分了三档存款准备金率，工、农、中、建、交和邮储六大商业银行实行9%的存款准备金率，股份制商业银行、城市商业银行、外资银行和部分规模较大的农村商业银行实行6%的存款准备金率，农村信用社、农村合作社、村镇银行、服务县域的农村商业银行实行5%的存款准备金率。

作为一种货币政策工具，法定存款准备金政策的优势在于其影响力。法定存款准备金率通过货币乘数影响货币供给，力度大、速度快、效果明显，对银行体系内所有商业银行的影响方向、程度都保持一致，而且中央银行的其他所有货币政策工具都要以法定存款准备金政策为前提。

但该政策强大影响力的优势背面，是其不可忽视的局限性：它作用力猛烈，容易引起经济大震荡，难以进行微调，即使调整幅度很小，也会引起货币供应量的巨大波动，不适合用作中央银行的日常操作工具；它对银行体系的影响面过大，没有考虑银行间的规模差异和区域差异，不具备针对性，频繁调整将扰乱金融机构财务计划和管理；会造成社会大众心理预期的强烈变化，影响金融市场稳定，不利于中央银行的短期利率控制。因此，不仅不宜经常使用法定存款准备金政策来调控货币供应量，也不宜进行大幅度调整。

（二）再贴现政策

再贴现政策是中央银行通过制订或调整再贴现率来干预和影响商业银行从中央银行获取再贴现贷款的能力，影响市场利率及货币供求，从而达到调节货币供应量、实现货币政策目标的一种政策手段。

再贴现是指商业银行将其持有的未到期已贴现的商业票据拿到中央银行进行贴现的行为，其实质是商业银行以商业票据为抵押向中央银行取得的贷款。再贴现率则是中央银行在商业银行进行再贴现时向其收取的利率，是商业银行进行再贴现所必须支付的成本。中央银行通过变动再贴现率，影响商业银行进行再贴现的意愿，进而影响其准备金和基础货币。如图11-4所示，中央银行提高再贴现率后，商业银行就会减少再贴现的数量，从而减少其准备金和基础货币；反之，商业银行就会增加再贴现的数量。

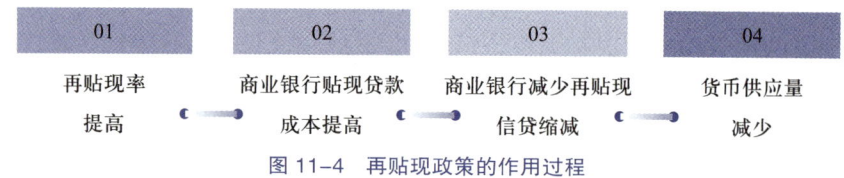

图11-4 再贴现政策的作用过程

再贴现政策的优点在于中央银行既可利用它来履行最后贷款人的职能，又能在一定程度上体现中央银行的政策意图，达到调节货币总量和信贷结构的目标。但是在再贴现政策控制货币供应量的过程中，中央银行始终处于被动地位，是否申请再贴现、何时申请再贴现、贴现多少的主动权在商业银行手里，决策权都取决于商业银行的意愿。

（三）公开市场业务

公开市场业务是指中央银行通过在证券市场上买卖有价证券，影响商业银行的准备金，进而影响货币供应量的行为。它是货币政策"三大法宝"中最为重要和有效的政策工具，也是各国执行货币政策的主要工具。

公开市场业务对货币供应量的调节，就是通过在公开市场上买进和卖出有价证券来完成的。当金融市场上资金匮乏、经济衰退时，中央银行可以在公开市场上买入政府债券，向社会投入一笔基础货币，这笔基础货币如果流向社会居民和企业，则会直接增加货币供应量；如果流向商业银行，就会增加银行体系的准备金，从而增加银行体系的基础货币，引起信用扩张和货币供应量增加，如图11-5所示；反之，当金融市场资金过多、投资过度时，中央银行可以在公开市场上卖出政府债券，就会减少银行体系的准备金，从而减少银行体系的基础货币，引起信用规模收缩和货币供应量减少。

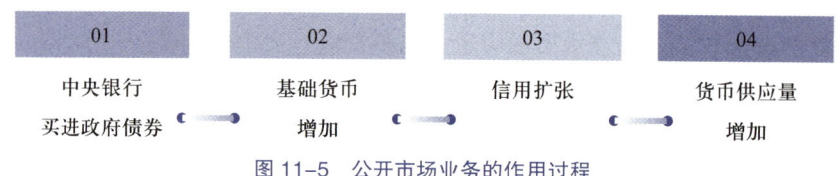

图11-5 公开市场业务的作用过程

公开市场业务通常以正回购或逆回购的方式进行。正回购是中央银行向金融机构卖出有价证券，并约定在未来特定日期按协商好的价格买回有价证券的交易行为；逆回购是中央银行向金融机构购买有价证券，并约定在未来特定日期按协商好的价格将有价证券卖回原来金融机构的交易行为。站在中央银行的角度，逆回购是先买后卖，是中央银行主动借钱给商业银行；正回购是先卖后买，是中央银行把钱从商业银行那里回笼。

公开市场业务调节宏观经济具有明显的优越性：第一，中央银行处于主动地位，买卖证券的数量和时机完全由中央银行控制；第二，业务灵活多变，富有弹性，可以进行经常性、连续性的操作，并且易于反向纠正；第三，可对货币供应量进行微调，不会产生过于猛烈的影响。

作为货币政策工具的公开市场业务也不可避免地存在一些缺点：公开市场业务较为细微，政策意图的"告示作用"较弱；需要以较为发达完善的证券市场保证各种金融工具的流通；需要足够数量和种类的有价证券，以便中央银行有选择地进行操作。

二、选择性货币政策工具

选择性货币政策工具是中央银行针对某些特殊经济领域或特殊信贷所采用的信用调节工具，其经济影响只是局部的。

（一）消费信用控制

消费信用控制是指中央银行为控制不动产以外的各种耐用消费品的销售融资而采用的一种政策措施，其控制的主要内容包括：消费信贷首付款的最低金额、借款的最长期限、购买耐用消费品的种类等。

（二）不动产信用控制

不动产信用控制是指中央银行对商业银行等金融机构办理不动产抵押贷款的管理和限制措施，其主要内容包括：贷款的最高限额、贷款的最长期限、首付款的最低金额、分期还款的最低金额等。不动产信用控制的应用逻辑与上述消费信用控制类似，主要目的在于调控房地产市场。

（三）证券市场信用控制

证券市场信用控制是指中央银行对有关证券交易的各种贷款进行限制，旨在控制证券市场的放款规模，从而抑制证券交易中的过度投机。证券市场信用控制主要针对证券保证金比率，即证券购买者在买入证券时必须支付保证金。证券保证金比率越高，人们在证券交易时取得的贷款较少，受自有资金的约束就越大，可以更加有效地抑制证券市场的投机。

三、其他货币政策工具

（一）直接信用控制

直接信用控制是指中央银行为达到货币政策目标，对商业银行信用、货币供应量及利率进行直接干预，主要的措施有直接干预、信用分配、利率管制和流动性比率限制等。

1. 直接干预

直接干预是指中央银行直接对商业银行的信贷业务、放款政策等施加合理的干预，如直接限制放款额度、直接干预商业银行吸收存款、直接规定商业银行放款或投资的范围及放款政策、对业务经营不当的商业银行拒绝再贴现或实行惩罚性利率等。

2. 信用分配

信用分配是指中央银行根据国家经济形势和金融市场状况，权衡信贷资金需求的轻重缓急之后，对商业银行的信贷规模和信贷投向加以合理分配和限制的措施。此类政策的目的是将有限的信贷资金投放至最亟需的地方去，避免信用过度扩张。

3. 利率管制

利率管制是指中央银行直接规定商业银行的存贷款利率水平，对商业银行存贷款利率进行管制，是最常用的直接信用控制工具，如规定存款利率上限等。其根本目的是防止商业银行竞争性提高利率、争夺存款或竞争性降低利率、争夺贷款，形成恶性竞争而威胁银行体系的稳定。

4. 流动性比率限制

流动性比率也称流动资产准备比率，是商业银行流动性资产占全部资产的比重。为控制商业银行的信用能力，中央银行会规定商业银行的流动性比率，限制商业银行将流动性资产过多投放于长期性贷款和投资，防止商业银行过度信用扩张。

（二）间接信用指引

间接信用指引是中央银行为促进货币政策目标的实现，利用各种间接措施影响商业银行的信用活动。

1. 道义劝告

道义劝告是指中央银行为达到控制和调节商业银行信用的目的，利用自己在金融体系中的特殊地位和威望，通过对商业银行及其他金融机构的劝告，影响其放款的数量和投资方向。例如，在通货膨胀较严重时期，中央银行劝告各金融机构自动约束放款；在房地产与股票市场投机过度时，中央银行劝告各金融机构收缩这两个市场的信贷规模等。道义劝告不具有强制性，有助于中央银行与商业银行及其他金融机构保持密切友好的合作关系，且由于中央银行的权威性，道义劝告通常是比较有效的。但道义劝告对商业银行而言不具备法律约束力，其有效性取决于商业银行的合作态度。

2. 窗口指导

窗口指导是指中央银行根据产业行情、物价变动趋势和金融市场动向，建议商业银行的贷款重点投向和贷款变动数量，以保证经济中优先发展部门的资金需要。为保证货币政策顺利实现，窗口指导这种信用控制手段逐渐转化为强制性的手段。近年来，我国频繁使用窗口指导，并侧重与其他宏观调控政策相配合，具有行政指令的特征。

四、创新性货币政策工具

为应对经济新常态发展和后危机时期的结构性调整需要，在持续改进运用传统货币政策工具的同时，中国人民银行进行了一系列货币政策创新。

动画：坚持可持续性，设立碳减排货币政策工具

实施碳减排货币政策工具

《中共中央 国务院关于完整准确全面贯彻新发展理念做好碳达峰碳中和工作的意见》中提出，实现碳达峰、碳中和目标，要完善政策机制，要积极发展绿色金融。金融支持绿色低碳发展，要以可持续为前提，切忌"一阵风"，可通过创设政策工具撬动更多社会资金，设立碳减排货币政策工具；国务院常务会议也提出，设立支持碳减排货币政策工具。

这是一项结构性货币政策工具，它具有精准性、直达性两大特征，由中国人民银行提供低成本资金，支持金融机构为具有显著碳减排效应的重点项目提供优惠利率融资。为保证"精准性"，该政策工具明确支持3个重点领域：清洁能源、节能环保、碳减排技术。为保证"直达性"，该政策工具采取"先贷后借"机制。首先，金融机构自主决策，向碳减排重点领域的企业发放贷款，自担风险；其次，金融机构可向央行申请碳减排支持工具的资金支持，并按照中国人民银行要求，披露碳减排信息，接受社会监督。

（一）短期流动性调节

2013年，中国人民银行立足传统货币政策操作框架并借鉴国际经验，创设了短期流动性调节（Short-term Liquidity Operations，SLO）。这一工具是一种超短期的公开市场业务，期限在7天以内，原则上在公开市场业务常规操作的间歇期使用。绝大部分SLO的操作方向都是投放流动性的，即逆回购。中国人民银行根据货币调控需要，综合考虑银行体系流动性供求状况、货币市场利率水平等因素，灵活决定该工具的操作时机、操作规模及期限品种等。

动画：一分钟了解SLF

（二）常备借贷便利

2013年，中国人民银行为满足金融机构期限较长的大额流动性需求，创设常备借贷便利（Standing Lending Facility，SLF），通过抵押贷款的方式提供给金融机构流动性供给渠道。SLF的期限比短期流动性调节的期限长，最长为

3个月，以 1~3 个月期操作为主；其利率水平根据货币调控需要、发放方式等综合确定。SLF 一般是由存在较长期限流动性需求的金融机构主动向中国人民银行发起申请，如政策性银行、全国性商业银行和相当一部分中小金融机构等。中国人民银行要求的抵押品主要包括高信用评级的债券类资产和优质信贷资产等。

（三）中期借贷便利

动画：一分钟了解 MLF

中期借贷便利（Mid-term Lending Facility，MLF）是中国人民银行于 2014 年 9 月创设的为金融机构提供中期基础货币的货币政策工具。MLF 通过向金融机构提供质押贷款，满足其中期流动性需求。本质上讲，MLF 的借贷对象为符合宏观审慎管理要求的商业银行和政策性银行，可通过招标方式开展，采取质押方式发放，金融机构提供国债、中央银行票据、政策性金融债、高等级信用债等优质债券作为合格质押品。

MLF 与 SLF 的区别不大，只是期限更长一些，一般为 3 个月或 6 个月，作为中期流动性管理工具，更能稳定市场的预期。同时，MLF 的利率发挥了中期政策利率的作用，通过调节向金融机构中期融资的成本，引导金融机构降低贷款利率，支持实体经济增长，支持机构加大对小微企业和"三农"等国民经济重点领域和薄弱环节的支持力度。

（四）抵押补充贷款

抵押补充贷款（Pledged Supplementary Lending，PSL）是中国人民银行于 2014 年 4 月创设的长期基础货币投放工具，以抵押方式向商业银行等金融机构发放贷款，以满足其长期信贷资金需要，同时实现社会基础货币投放。PSL 的创设初衷是为开发性金融机构（国家开发银行）支持"棚户区改造"重点项目提供长期稳定、成本适当的信贷资金来源。这一政策工具的主要功能是为金融机构提供期限较长的大额融资，从而支持国民经济重点领域、薄弱环节和社会事业发展，同时，可以调节向金融机构融资的成本，引导其向需要提供支持的实体经济部门注入低成本流动性，以降低特定实体经济部门的融资成本。PSL 采取质押方式发放，合格质押品包括高等级债券资产和优质信贷资产。

复习思考题

一、单项选择题

1. 货币政策的主要制定者和执行者是（　　）。
A. 财政部　　B. 中央银行　　C. 政策性银行　　D. 商业银行

2.下列货币政策操作中,引起货币供应量增加的是(   )。

A.提高法定存款准备金率　　　　B.提高再贴现率

C.降低再贴现率　　　　　　　　D.中央银行卖出债

3.下面适合作为货币政策的中介目标远期指标变量的是(   )。

A.基础货币　　B.超额准备金　　C.短期利率　　D.货币供应量

4.一般性货币政策工具是对货币供应量或信用总量进行调节和控制的政策工具,属于一般性货币政策工具的是(   )。

A.窗口指导　　B.优惠利率　　C.再贴现政策　D.基础货币

5.中央银行直接控制并能够通过金融途径影响经济单位的经济活动,进而影响货币政策目标的经济手段被称为(   )。

A.货币政策工具　　　　　　　　B.货币政策中介目标

C.货币政策传导机制　　　　　　D.货币政策最终目标

6.作为货币政策目标的充分就业是指消除(   )。

A.自愿失业　　B.非自愿失业　　C.摩擦性失业　D.季节性失业

7.作为货币政策目标的物价稳定是指(   )。

A.个别商品价格固定不变　　　　B.商品相对价格稳定

C.一般物价水平固定不变　　　　D.一般物价水平相对稳定

二、多项选择题

1.从世界各国来看,货币政策的最终目标主要包括(   )。

A.稳定物价　　　　　　　　　　B.促进经济增长

C.充分就业　　　　　　　　　　D.社会稳定

E.没有失业

2.存款准备金政策力度大、见效快,但是有很多缺点,下列关于存款准备金政策的缺点描述正确的有(   )。

A.存款准备金政策不能作为日常的货币政策操作工具

B.如果商业银行超额准备金很低,会引起流动性问题

C.如果法定存款准备金率经常调整,不利于中央银行对短期利率的控制

D.存款准备金政策缺乏弹性

E.存款准备金政策具有弹性

3.当经济发生衰退时,可采取的宏观调控措施有(   )。

A.增加税收　　　　　　　　　　B.减少税收

C.中央银行购进有价证券　　　　D.扩大政府公共支出

E.中央银行卖出有价证券

4.中央银行选择操作目标和中介目标时,应当遵循的原则有(   )。

A.可控性　　B.可测性　　C.相关性　　D.风险性　　E.可得性

5.相对于中介目标,操作指标有两个(　　)特点。

A.可测性　B.灵敏性　C.直接性　D.抗干扰性　E.可控性

三、判断题

1.对货币政策目标而言,稳定物价与充分就业通常是一致的。(　　)

2.各国中央银行在进行宏观经济调控时,主要凭借行政手段。(　　)

3.在经济紧缩时期,保持物价稳定和充分就业是货币政策的首要目标。(　　)

4.在经济萧条时应采取扩张型货币政策,在经济膨胀时应采取紧缩型货币政策。(　　)

四、简述题

1.简述货币政策的特点。

2.简述货币政策目标体系的构成。

3.分析一般性货币政策工具各自的优势和局限性。

4.简述货币政策主要有哪些传导机制。

五、调研与实践

调研主题:我国自2000年以来货币政策实施情况调研。

调研目的:按货币政策工具的类型,了解我国自2000年以来的货币政策措施,提升对货币政策目标及效果的理解。

调研步骤:

(1)通过中国人民银行官方网站查阅相关资料和统计数据,收集整理自2000年以来中国人民银行采取了哪些货币政策措施,并进行分类。

(2)分析各货币政策工具的主要政策目标。

(3)选取其中一个货币政策工具,调查分析其政策实施效果如何。

调研成果:完成1 000字左右的《中国2000年以来货币政策实施情况调研报告》。

Chapter 12

第十二章
金融风险与金融监管

- 金融风险概述
- 金融风险管理
- 金融监管
- 金融监管体制

学习目标

素养目标
- 通过学习金融风险管理策略,坚持和发展马克思主义金融观。
- 通过学习我国金融监管体制的内容和模式,培育爱国情怀。

知识目标
- 了解金融风险的定义和成因。
- 掌握金融风险的分类和特征。
- 理解金融风险对经济的影响。
- 掌握金融风险的管理流程和策略。
- 了解金融监管的目标和原则。
- 掌握金融监管的内容和手段。
- 熟悉我国金融监管体制,了解各国金融监管模式。

能力目标
- 能够准确识别金融风险并提出相应的管理策略。
- 能够对金融风险的成因和影响进行分析,判断金融风险的危害。
- 能够通过金融监管的目标和原则评价我国现行金融监管体制。
- 能够运用金融监管知识对各国金融监管模式进行比较。

思维导图

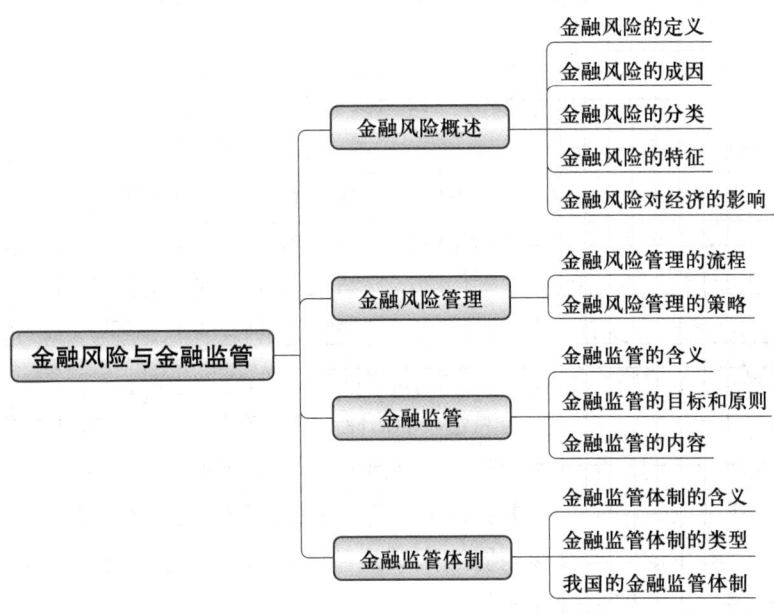

案例导入

完善金融监管体系，依法将所有金融活动纳入监管

金融是国民经济的血脉，与人民群众利益密切联系，关系中国式现代化建设全局。金融自带风险基因，且风险隐蔽性、复杂性、突发性、传染性、危害性强，必须切实强化金融监管。可以说，金融监管是金融安全网第一道防线，是金融体系稳健运行的重要保障。国际上金融危机的爆发，都与放松金融监管、监管失效和不足密切相关。《中共中央关于进一步全面深化改革 推进中国式现代化的决定》提出："完善金融监管体系，依法将所有金融活动纳入监管"。这是加强和完善金融监管、提升金融风险防控能力的重要部署，是促进金融高质量发展、建设金融强国的关键举措。

党的十八大以来，金融监管体制机制改革持续推进，中国人民银行、金融监管部门、地方金融管理机构分工协作架构逐步形成，金融监管法律法规制度不断健全，金融法治体系逐步完善，金融监管能力和水平持续提升，"风险为本"的审慎监管理念明显加强。但目前我国的金融监管仍然存在一些问题，要进一步完善金融监管体系，依法将所有金融活动纳入监管，实现金融监管全覆盖，强化监管责任和问责制度，加强中央和地方监管协同。

> 问题：
> 1. 如何理解金融自带风险基因？
> 2. 一个国家的金融监管体系和手段如何能发挥有效作用？

第一节　金融风险概述

一、金融风险的定义

金融风险是指经济主体在金融活动中遭受损失的不确定性或可能性，是从事资金的借贷、资金经营等金融活动所产生的风险。区别于一般的风险，金融风险带来的结果具有双重性，即带来经济损失的同时，也可能获得超额收益，既有消极影响，也有积极影响。

与金融风险相关的术语

一、金融危机

金融危机表现为全部或大部分金融指标——短期利率、资产（证券、房地产、土地）价格、商业破产数和金融机构倒闭数急剧、短暂和超周期的恶化。金融危机主要涉及银行危机、货币危机、债务危机、证券市场危机、保险危机。金融风险与金融危机是一对本质相同、程度不同的概念：金融危机是金融风险大面积、高强度的爆发；金融风险累积到一定限度就会演变成金融危机。

二、金融安全

金融安全是指保持金融体系稳定、维护正常金融秩序、抵御外部金融冲击。金融安全状态下，金融活动的参与者特别是存款人、投资者、被保险人的利益不会遭受巨大的损害，可以有效遏制来自外部的冲击引起金融动荡，保护国民财富不被大量的流失。

三、金融稳定

金融稳定包括通货稳定、金融机构稳定、金融市场稳定、汇率稳定、利率稳定等多重目标。金融稳定多重目标之间一般存在矛盾，如汇率稳定与通货稳定之间往往是矛盾的，为了维护汇率稳定，中央银行可能被迫从外汇市场上买入外汇，由此必然增加央行的基础货币投放，从而可能引起通货膨胀。金融稳定是相对的，金融不稳定是绝对的。

二、金融风险的成因

（一）信用货币和虚拟经济繁荣盛行

布雷顿森林体系崩溃后，纸币与黄金彻底断绝了关系，纸币不再以黄金为基础，货币自身不再含有价值量，而只是价值的符号，货币所代表的价值量的变动也完全失去了制约，其变动幅度可能非常惊人。纸币所代表的价值量发生变动，必然导致利率、汇率等金融市场指标变动，从而引起连锁性反应，触发金融风险。

20世纪70年代以来，国际金融领域出现了虚拟资本数量急剧增长、虚拟资本表现形式增多、虚拟资本交易量扩大和经济虚拟化加强的情况。虚拟经济的存在，在一定时期内是有利于经济发展的，但是经济虚拟化会经常引发过度投机、大量资本在博弈中浪费等问题。泡沫经济的破灭往往会造成巨额财产损失，并可能引发连锁反应，对信用流通和生产造成伤害。

> **思考与实践**
> 以下属于虚拟资本的有哪些?
> ① 纸币;② 黄金;③ 股票;④ 债券;⑤ 存货;⑥ 机器设备;⑦ 商业票据;⑧ 专利技术;⑨ 银行存款。

(二)货币资金运动与商品运动脱节

随着市场经济的不断发展,社会货币资金的规模急剧扩大,资金运动形式多样化,货币资金运动逐渐与商品运动相脱节。如外汇市场、证券市场、期货市场等金融市场形成、新型金融商品和金融机构迅速发展,使得货币金融资产的价值量及其增长速度远远高于商品市场的价值量及其增长速度,金融资产的交易额远远大于商品市场的交易额。由于金融资产虚拟的价值不受现实商品价值量的约束,金融资产价值量的变动幅度巨大,从而产生了金融风险。

(三)全球经济的一体化

第二次世界大战后,各国之间的商品关系进一步发展,各国在经济上更加相互依存,商品、服务、资本、技术、知识在国际上频繁流动,经济的全球化趋势表现得更加鲜明。世界经济和金融市场的一体化使各国市场的依赖性和传导性增强,以金融活动高度发达为特征的现代市场经济本身是高风险经济,蕴含着金融危机的可能性。同时,国际信贷、投资大爆炸式发展,国际游资规模以惊人的速度扩大,这种投机性极强的短期资本在国际范围内的频繁流动严重影响了各国金融市场。行情的急涨急落极易加剧金融市场动荡,金融危机在那些制度不健全的、最薄弱的环节爆发。

三、金融风险的分类

(一)按金融风险能否分散分类

1. 系统性风险

系统性风险(Systematic Risk),是指对整个金融市场各类金融资产都会产生影响的风险,主要源于宏观经济形势的变动、财政政策和货币政策的调整、政局的变化、汇率的波动、资金供求关系的变动等因素。这些风险来自外部,是单一市场或资产无法抗拒和回避的,不能通过多样化投资而分散,因此又称为"不可分散风险"。

2. 非系统性风险

非系统性风险(Unsystematic Risk),是指由仅影响个别经济主体的因素所导致的风险,这类风险只与个别经济主体有关,它来自企业内部的微观因素,与整个市场没有必然关联,如单个股票价格同上市公司的经营业绩和重大事件密切相关,企业的股价走势会受到企业的经营管理、财务状况、市场销售、重大投资等因素变动的影响。非系统性风险主要影响某一种金融资产，与市场的其他金融资产没有直接联系，投资者可以通过分散投资的方法有效抵销这种风险，因此也可称为"可分散风险"。

> **思考与实践**
> 下列风险属于系统性风险还是非系统性风险？
> ① 政策风险；② 财务风险；③ 利率风险；④ 经营风险；⑤ 信用风险；⑥ 购买力风险；⑦ 汇率风险；⑧ 道德风险。

（二）按诱发风险的原因分类

1. 市场风险

市场风险（Market Risk），是指因股市价格、利率、汇率等的变动而导致价值遭受未预料到的潜在损失的风险。根据引发市场风险的市场因素不同，市场风险又可以具体划分为以下四种：

（1）利率风险，是指各种利率水平的不确定性变动所带来的风险。目前，大部分国家都已实行了利率市场化，这就导致利率水平容易受到本国资金供求状况、国际金融市场资金供求状况、货币政策、经济活动水平、市场主体心理预期以及其他国家或地区利率水平等各种因素的影响。

（2）汇率风险，是指经济实体或个人在从事国际经济、贸易、金融等活动中，以外币计价的资产或负债因外汇汇率的变动而引起的价值上升或下跌所造成损益的可能性。例如，应收账款等资产会因为计价货币的贬值而造成价值贬损。

（3）股市风险，是指由于证券市场的价格波动给投资者带来损益的可能性。企业经营状况、宏观经济环境、投资者心理等众多因素都会影响股票市场，其变动方向变幻莫测，投资者的利益容易受到影响。

（4）购买力风险，也称为"通货膨胀风险"，是指由一般物价水平的不确定变动而使人们遭受损失的可能性。由于通货膨胀，每单位货币购买力下降所带来的债权债务的实际价值发生变化，也会影响投资者的实际持有收益率，在名义收益率一定的情况下，通货膨胀率越高，实际收益率越低。

2. 信用风险

信用风险（Credit Risk），也称"违约风险"，是指金融市场主体未能履行契约中的义务而造成经济损失的风险，即受信人不能履行还本付息的责任而使授信人的预期收益与实际收益发生偏离的可能性。不管在什么情况下，信用风险都不可能产生意外的收益，它的后果只能是损失。交易对手的财务状况和风险状况是信用风险的主要决定因素。

3. 流动性风险

流动性风险（Liquidity Risk），是指由于金融市场缺乏充足的流动性或金融交易者的资金流动性不足而产生的风险，主要包括两种形式：市场流动性风险和现金流动性风险。前者是指无法在一般条件下对所持有金融商品进行变现以及对金融交易的余额进行清算时的风险；后者是指现金流不能满足债务支出的需求，导致提前清算，使账面上的潜在损失转化为实际损失，这些机构就有可能因此破产。

4. 操作风险

操作风险（Operational Risk），是指金融机构因缺乏健全的管理和内部控制制度或这些制度没有落到实处，而进行违规经营甚至诈骗等，从而造成意外损失的风险。在金融机构经营管理过程中，操作人员没有及时收到相关信息，在信息传递过程中出现偏差，操作人员业务技能不高或出现偶然失误、道德风险等情况，都有可能导致损失。

5. 法律风险

法律风险（Legal Risk），是指在金融交易中，因合同不健全、法律解释的差异以及交易对象是否具备正当的法律行为能力等法律方面的因素所形成的风险，其主要包括合约的签署是否具有可执行性方面的风险和能否将自己的法律和监管责任以适当的方式转移出去的风险。

四、金融风险的特征

（一）客观性

只要有金融业务活动存在，金融风险就不会以人的意志为转移。它的存在是必然的，现实金融活动中不存在百分之百无风险的金融业务。这是因为：首先，市场经济主体做出的决策缺乏及时性和全面性，有时甚至是错误的，客观上导致经济运行中的风险产生；其次，人类的天性存在冒险精神和趋利避害动机，在运作的过程中会出现一些失信行为，如说谎、欺骗、违背承诺等，利用制度、政策漏洞为自己谋取私利，导致金融风险发生的可能性增强；最后，信用经济把各种储蓄和实际投资分离成两个社会职能部门，这就导致信用关系演变为互相交织、互相影响的关系，金融领域和实际经济领域分离。

（二）可控性

金融风险可控性是指市场经济主体可以通过制定一定方法、制度实现对风险进行识别、预测、防范和化解。首先，金融风险能够被识别、分析和预测，人们可以根据金融风险的性质、产生条件，辨别金融业务经营和管理过程产生损失的不利因素，为可控性提供前提；其次，人们可以借助概率统计以及现代化技术手段，为金融风险防范创造技术手段；最后，现代金融制度可以有效地约束金融行为主体的操作，金融风险理论研究和相关管理工具的发展为管理金融风险提供了手段。

（三）扩散性

金融机构的风险损失或失败，不仅影响自身的生存和发展，还会导致众多储蓄者和投资者的损失或失败。主要原因有两点：一是金融机构作为储蓄与投资的中介机构，它一头连接着成千上万的储蓄者，另一头连接着众多的投资者，是储蓄者和投资者的总代表，金融经营管理的失败，势必会导致诸多储蓄者和投资的利益受到损失；二是金融业不仅向社会提供信用中介服务，还在很大程度上进行信用创造，金融风险对原生存款和初始投资都会产生影响，而且具有数量倍数扩散的效应。

（四）潜在性

潜在性，是指金融风险在不爆发金融危机或存款支付危机时，存在导致金融危机爆发的因素，可以在短期内为金融机构提供一些缓冲和弥补的机会，但终究不是控制和防范金融风险的有效机制。

（五）加速性

加速性，是指金融风险一旦爆发，会加速引爆信用风险，直到金融危机产生。这是因为，一旦某些情况出现导致某笔或某几笔存款不能兑付时，存款越是兑付不了，去存款的人就会越来越少，反而会有更多的人去挤兑。挤兑的人越多，存款的人就越少，兑付更加困难。同时，越是贷款难以收回，贷款周转就越困难，越是周转困难，贷款越是难以收回，越是信用萎缩，由此形成一个恶性循环。

（六）收益与风险的双重性

金融市场上，收益与风险通常都是并存，两者呈正相关。在风险存在的条件下，获取额外的收益对投资者来说就是一种激励机制，刺激人们勇于承担风险。

五、金融风险对经济的影响

（一）金融风险对微观经济的影响

1. 带来直接经济损失

例如，投资者在认购股票后股价大跌；进行股价指数期货的炒作，股价指数的走势与预期相反；买进外汇进行套汇或套利时，汇率下滑。这些情况都势必会给行为人的财产造成损失。

2. 带来潜在经济损失

例如，一家银行存在严重的信用风险时，消费者势必会对存款的安全产生担忧，从而导致银行资金持续减少，业务萎缩；如果贸易对象不能及时支付企业债务，该企业的生产活动势必会受到影响等。

3. 影响投资者预期收益

金融风险与预期收益是正相关的，金融风险越小，则预示着未来收益越低；反之，金融风险越大，则预示着未来收益越高。

4. 增加经营管理成本

经济主体为了规避风险，加大了收集、整理信息的工作量，管理成本也会相应增加，甚至会因对金融风险估计的不充分而导致一些不该发生的损失。

5. 降低资金利用率

由于金融风险的广泛性及其后果的严重性，金融机构不得不持有一定的风险准备金来应对金融风险，从而造成大量资金闲置。同时因为对金融风险的担忧，一些消费者和投资者通常都会持币观望，造成大量社会资金被闲置。

（二）金融风险对宏观经济的影响

1. 引起实际收益率、产出率、消费和投资下降

例如，投资者为降低投资风险，通常会选择一些风险较低的技术组合，从而使产出率和实际收益率下降。同样由于未来的不确定性，个体的未来财富有可能会出现较大的波动性，境况会相对变坏，而个体不得不改变其消费和投资决策：为保证不影响未来的消费活动，消费者总是保持较谨慎的消费行为；投资者会因为实际收益率下降和对资本安全的担忧，继而减少投资，导致整个社会的投资水平下降。

2. 造成产业结构畸形发展

金融风险的存在，使大量资源流向安全性较高的部门，导致边际生产力下降，并引起资源配置失衡，造成一些重要的经济部门发展缓慢，形成经济结构中的"瓶颈"。

3. 引起金融市场秩序混乱

例如，一家银行因经营不善而倒闭会使存款人对其信用风险进行警戒，从而可能触发银行信任危机，引起存款人大规模挤兑，最严重的后果就是金融制度的崩溃。

4. 影响宏观经济政策制定和实施

金融风险既增加了宏观政策制定的难度，又削减了宏观政策的效果。政策制定过程中，金融风险可能导致市场供求的经常性变动，因此政府难以及时、准确地掌握社会总供给和总需求状况，从而难以做出及时准确的决策；政策传导过程中，金融风险使传导机制中某些重要环节（如利率、信用或流动性等）出现障碍，导致政策效果出现偏差；从政策作用和效果来看，各经济主体为规避风险，总是尽可能根据有用信息对未来政策及其可能产生的效果做出判断，并采取相应措施来应对，这就使政府的政策难以达到预期效果。

5. 影响一国国际收支

金融风险会直接影响国际经贸活动和金融活动。汇率的上升或下降将影响商品的进出口总额，关系一国的贸易收支；利率风险大、通货膨胀严重、信用风险大等会使投资环境变差，使外国人减少对本国的投资和其他交往，并导致各种劳务收入的减少；金融风险也会影响资本流入和流出。

第二节 金融风险管理

金融风险管理是指包括对金融风险识别、金融风险度量、选择各种处置风险的工具，以及金融风险对策等各个方面进行评估，是营利性组织和非营利性组织衡量和控制风险及回报之间关系的过程。

一、金融风险管理的流程

（一）金融风险识别

金融风险识别即在金融风险发生之前，人们运用各种方法系统地、连续地认识所面临的风险，分析风险事故的过程和原因。它是金融风险管理的第一步，也是最重要的一步，为以后的金融风险度量、风险分析、评价、控制等确定了方向和范围。

金融风险的识别包含两个内容：一是金融风险的感知，即通过系统化的方法判断和确定客观存在的金融风险，并形成初步认识，这是金融风险识别的基础；二是金融风险的分析，是深入理解和分析各类金融风险内在的风险因素，找到这些风险产生的原因，对金融风险形成主观认知，为风险管理提供必要的依据，这是金融风险识别的关键。

> **数字金融创新**
>
> **金融风险识别的创新方法：大数据风险识别**
>
> 大数据风险识别是将数学算法应用于海量数据中，预测事件发生的可能性，通过分析找出关联指标并对其进行监控。大数据抓取海量的碎片化互联网信息，定制风险量化模型，有效提高了信息来源的覆盖程度，从一个节点上升为一个网络，从一个截面拓展到全景，从历史延伸到现实，从静态推进到动态，聚合碎片化信息。
>
> 如图 12-1 所示，银行客户风险识别可以通过大数据技术、知识图谱对数据的分析、建模、挖掘、应用，提高金融机构在隐性集团识别、客群风险状况

分析、客群风险传导的效率和精准度，降低风险；也可以在贷前规避潜在的高风险客户，提高贷中审查的效率和准确性，强化贷后风险监控主体的客观性、前瞻性，规避企业风险。

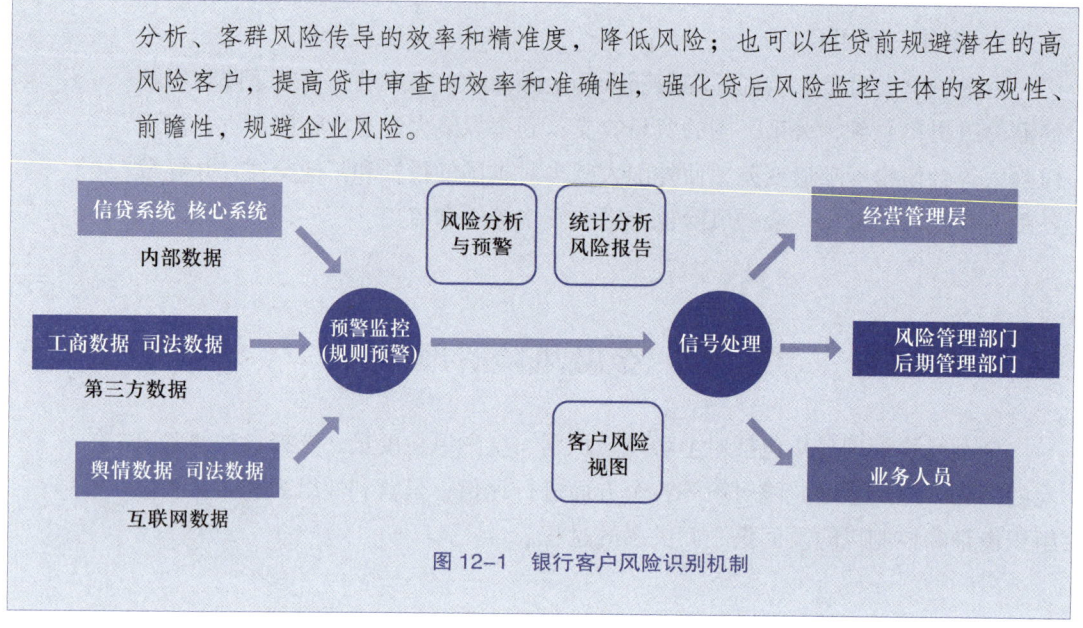

图 12-1　银行客户风险识别机制

（二）金融风险度量

准确度量、评估风险的大小对于加强风险管理、尽可能减少损失和获取利润都十分必要。以度量金融产品的风险为例，最常见的方法主要包括四种：概率方法、预期收益的标准差方法、β系数方法和信用评级方法。

1. 概率方法

概率是在一定条件下事件发生的可能性，可以用来表示投资于一种金融资产遭受损失的可能性。发生损失的概率越大，风险也就越大；反之，风险则越小。风险发生概率的大小一般可以通过对大量历史数据的统计分析得出，如上一年的贷款违约率、汽车事故率等。一般而言，根据统计得到的概率称为客观概率；根据历史经验和知识对未来风险发生的估计概率称为主观概率。

2. 预期收益的标准差方法

预期收益是一项投资的每一个可能投资收益的加权平均值，即均值，是该项投资每个可能的收益乘以收益发生的概率的总和。均值越大，预期收益率就越大。预期收益率并不是确定的，这样的不确定性就是风险，我们可以用预期收益率的标准差来度量其波动程度。标准差越大，资产收益率波动越大，金融风险越大。

> **知识链接**
>
> **如何用预期收益率和标准差度量一项金融资产的风险?**
>
> 首先明确两个需要用到的公式:
>
> $$预期收益率 = \sum_{j=1}^{n} p_j \times 收益_j$$
>
> $$标准差 = \sqrt{\sum_{j=1}^{n} p_j \times (收益_j - 预期收益率)^2}$$
>
> 某证券在不同经济形势下的收益情况如表 12-1 所示。
>
> **表 12-1 某证券在不同经济形势下的收益情况**
>
> | 经济形势 | 概率 | 收益率 /% |
> |---|---|---|
> | 高增长 | 0.13 | 40 |
> | 低增长 | 0.42 | 15 |
> | 不增长 | 0.25 | 5 |
> | 衰退 | 0.17 | −15 |
> | 萧条 | 0.03 | −30 |
>
> 根据这些信息,可以计算该证券的预期收益率和风险水平。
>
> 预期收益率 = 0.13×40%+0.42×15%+0.25×5%−0.17×15%−0.03×30%=9.3%
>
> 标准差 = $\sqrt{0.13 \times (40\% - 9.3\%)^2 + 0.42 \times (15\% - 9.3\%)^2 + \cdots + 0.03 \times (-30\% - 9.3\%)^2}$
> =16.96%
>
> 由此方法得出预期收益率和风险水平后,我们可以对不同证券进行比较:对预期收益率相同的证券,选择风险较低(标准差较小)的;对于风险相近(标准差相近)的证券,选择预期收益率较高的。

3. β 系数方法

如果需要度量股票等金融资产相对于其所在市场的风险程度,就可以用 β 系数来表示。

$$\beta = \frac{资产 i 的风险程度}{整个市场的风险程度}$$

β 系数的大小,反映了金融资产对整个市场变化的敏感程度,表明了金融资产相对风险大小。例如,A 股票的 β 值为 2,就意味着如果整个股市行情上升 10%,则该股票的价格将上升 20%;如果整个市场行情下降 10%,则该股票的价格将下降 20%。B 股票的 β 值为 0.8,则表明如果整个市场行情上升 10% 的话,B 股票的价格将上升 8%。C 股票的 β 值为 1,则该股票的价格波动与整个市场的价格波动是一致的。横向比较的话，也可以得知，股票 A 的风险最大，股票 C 次之，股票 B 的风险最小。β 系数的计算是根据历史数据得出的。

4. 信用评级方法

信用评级是对债券信用风险度量的方法，是由专门的评级机构根据发行人提供的材料，运用专门方法，对国家、地方或者企业发行的债券进行的信用评价。

动画：信用评级机构知多少

（三）金融风险监测

金融风险监测的常用做法是建立风险预警系统，将各种可量化的关键风险指标和不可量化的风险因素纳入监测范围，保证在风险进一步恶化之前及时采取控制和处理措施。一般而言，金融风险监测包括以下四个方面的内容：

1. 宏观经济风险

宏观经济风险主要是指由宏观经济因素的变化，如经济政策变化、经济的周期性波动以及国际经济因素的变化给经济带来的不确定性。经济平稳增长可增强经济抗风险能力，为金融稳定奠定坚实的物质基础；经济出现波动、通货膨胀或通货紧缩，都会导致企业和金融机构的行为扭曲，进而造成社会乃至金融不稳定。在开放的经济条件下，国际经济形势的变化也会影响一国国内的金融稳定。

2. 金融机构风险

金融机构风险包括金融机构的经营风险、信用风险、市场风险、流动性风险等。这些风险中有的是金融机构自身因素造成的，可以通过金融机构的自身发展不断降低；还有很大一部分风险来自金融市场。

3. 金融市场风险

金融市场是资金融通的场所，货币市场和资本市场的稳定能够使储蓄迅速转化为投资、为消费行为和投资活动提供信用、为交易提供支付机制、为投资者提供风险定价和防范工具、为企业提供规范运作的外部约束和激励机制、为政府提供经济和金融政策实施的工具和渠道；外汇市场的稳定即外汇供求的稳定，能够保证币值的稳定，使货币的对内价值与对外价值基本相符，在防止外部冲击的同时还能稳定国内的价格水平；衍生金融工具市场的稳定，能够避免过度的金融创新，降低风险在各金融机构间的传导速度。

4. 金融基础设施风险

金融基础设施包括支付结算体系、金融运行的硬件设施、相关法律法规和制度安排、会计和审计标准、金融监管等，是金融体系赖以稳健运行的基础。

从理论和实践的发展来看，金融风险监测至今还没有一套统一的指标体系。在对金融风险监测指标的选取上，大多考虑外部因素、金融因素、政策因素、结构变化、政治变量以及衡量金融机构、金融市场稳定性的指标。

二、金融风险管理的策略

（一）风险规避

金融产品交易具有信息不对称和跨期交易等特点，在金融交易中的逆向选择和道德风险是无法避免的。因此，金融机构在经营过程中，主要采取规避的政策来进行风险处理。也就是说，金融机构如果不能获得交易所需的全部信息或者对借款人的信誉没有十足把握，最保险的方式就是拒绝，规避金融交易可能带来的风险。

（二）风险预防

风险预防即"防患于未然"，是指金融机构在损失发生之前，便对自己所面临的风险种类和性质、风险产生的原因、损失发生的过程、风险事件对本机构可能产生的影响及程度等进行分析，并依据这一分析，提前采取防范性措施，以防止损失的实际发生，或者当损失发生后及时采取有效的补救措施，力求将损失和风险控制在可承受的范围之内。风险预防是金融机构传统的风险管理策略，尤其在信用风险、操作风险、法律风险等难以量化的风险管理上优势突出。例如，审贷分离和严格的信用分析与审查制度，就是全球范围内商业银行信用风险管理的经典策略。

（三）风险分散

"不要把所有鸡蛋都放在同一个篮子里"，通过多样化的投资来分散和降低风险已经是一个被普遍认可的投资和风险管理理念。根据这一管理理念，银行的信贷业务应是全面的，不再集中于同一行业、同一性质，甚至同一国家的借款人。银行通过贷款出售或与其他银行组成银团贷款的方式，使自己的授信对象多样化，以降低自身的金融风险。多样化投资分散风险的管理策略在长期的实践中被证明是行之有效的。

（四）风险转嫁

风险转嫁，是指通过购买某种金融产品或采取其他合法的经济措施将风险转移给其他经济主体承担。转嫁风险最常见的做法是买保险单，如出口信贷保险和存款保险等；利率、汇率和资产价格等市场风险可以通过期权合约这种类似保险单的金融工具来管理；担保和备用信用证等为投资者管理信用风险提供类似期权合约的金融工具；远期合约和期货合约也可成为投资者转嫁风险的工具。

（五）风险对冲

风险对冲，是指购买两种收益率波动的相关系数为负数的资产投资行为，尤其当两种资产的风险完全负相关（相关系数为 -1）时，形成完全对冲，投资风险被完全抵消。风险对冲策略就是通过投资或购买与标的资产收益波动负相关，或完全负相关的某种资产或衍生金融产品来冲销风险的一种风险管理策略。风险对冲是管理利率、汇率等市场风险非常有效的办法。

第三节 金融监管

一、金融监管的含义

金融监管是一个复合概念，是指金融主管机关根据法律赋予的权力，依法对金融机构及其运营情况实施监督和管理，以维护正常的金融秩序，保护存款人和投资者的利益，保障金融体系安全、健康、高效运行。金融监管包括金融监督和金融管理两个方面。

如果从金融监管涵盖范围的不同出发，狭义的金融监管是指外部监管，即中央银行或其他金融监管当局，依据国家法律法规的授权对整个金融业（包括金融机构以及其在市场上所有的业务活动）实施的监督管理，这里的中央银行往往是监管主体；而广义的金融监管除上述监管之外，还包括金融机构的内部控制和稽核、同业自律性组织的监管、社会中介组织监管等。我们在这里将从狭义的角度认识金融监管。

二、金融监管的目标和原则

（一）金融监管的目标

金融监管的目标是金融监管的最终目的，可分为一般目标和具体目标。金融监管的一般目标是促成建立和维护一个可持续、健全、高效的金融体系，保证金融机构和金融市场稳定地发展，从而保护金融活动各方（尤其是存款人）的利益，加快经济和金融发展。世界上大多数国家的具体监管目标体现在各国的银行法或证券法等金融法规上。目前，各国金融监管的目标基本是一致的，通常称作三大目标体系：第一，维护金融业的安全与稳定；第二，保护公众的利益；第三，维持金融业的运作秩序和公平竞争。

（二）金融监管的原则

1. 监管主体的独立性原则

监管主体的独立性原则，是指在一个有效的金融监管体系下，参与金融监管的各个机构要有明确的责任和目标，并应享有操作上的自主权和充分的资源。例如，1998年修改的《日本银行法》将长期以来一直为政府所拥有的业务指令权和银行高级职员罢免权等统统废除，使中央银行作为银行监管者的独立性大大增强。

2. 依法监管原则

依法监管原则，是指建立适当的金融监管的法律框架，包括两个方面的内容：一是金融监管部门严格依法监管，保持监管的严肃性、权威性、一贯性和强制性；二是金融机构必须依法接受金融监管部门的监管，不能有任何特殊和例外。

3. 内部控制与外部控制相结合原则

外部监管的有效性需要内部控制的严密配合，内部控制与外部控制的结合非常有必要。外部控制主要是指市场准入、日常监管等；内部控制主要是组织机构健全、会计准则严格规范以及业务操作上的"双人原则"。外部控制无论多么缜密严格，如果监管对象不配合、不合作，设法逃避应付，那么外部控制监管的效果就会大打折扣；而如果过于寄希望在金融机构的内部控制上，那么一些不负责任的冒险经营者及无力进行有效内部控制者，就很容易出问题。

4. 稳健运行与风险预防原则

金融监管要以保证金融部门的稳健运行为原则，为此，监管活动中的组织体系、工作程序、技术手段、指标体系设计和控制能力等都要从保证金融体系的稳健出发。当出现异常情况时，如有金融机构无力继续经营时，监管机构要参与促成其被接管或合并。如果这些办法都行不通以致不得不关闭，那么监管机构要有足够的能力保证在关闭这家金融机构时不影响整个金融体系的稳定。

5. 母国与东道国共同监管原则

在金融监管的国际合作中，母国和东道国必须建立密切的联系，承担各自的监管职责，共同完成对国际金融活动的监管。母国和东道国之间可以达成相关的双边协议，做到信息共享、监管行为协调，共同对跨国金融业实行有效的监管。例如，我国于2003年与美国签署的《监管信息交换协议》，就是两国机构间监管信息交换达成一致意见的协议。

数据赋能破解金融监管难题 加快金融监管数字化转型

党的二十大报告提出，"加强和完善现代金融监管，强化金融稳定保障体系，依法将各类金融活动全部纳入监管，守住不发生系统性风险底线。"现代金融监管就是适应我国高质量发展的经济金融转型特征和数字化时代要求，在良性治理和法治环境下，由监管部门、市场主体和金融中介组织共同高效实现金融稳定的监管体系。其中，数字化是金融监管"现代性"的重要方面。

近年来，我国金融监管机构以服务实体经济、服务人民群众为出发点，大力推动金融监管数字化转型，切实推动传统监管模式向智慧监管模式转变。无

> 锡金融监管机构将分局智慧银行监管系统与43家银行机构完成"T+1"数据直连，实现数据每日动态监测；新增普惠特色报表等模块，优化监管指标大屏管理功能，对展示指标进行个性化定制，帮助监管员对被监管机构问题"早发现、早预警、早处置"；数据赋能，充分利用现代信息科技，建立线上线下多元触点，逐步破解信息难通、数据难用、风险难管等监管难题。

三、金融监管的内容

（一）市场准入监管

市场准入监管是指金融监管当局对具备资格的机构进入金融市场、经营金融产品、提供金融服务的审查批准过程。市场准入监管是金融监管的主导环节，严格掌控市场准入关是保障金融机构稳定运行和金融体系安全的重要基础。

金融机构的市场准入包括三个方面，即机构准入、业务准入和高级管理人员准入。在我国，依据《中华人民共和国银行业监督管理法》对金融机构的市场准入进行监管，监管当局在实施市场准入监管时一般会综合考虑：第一，是否符合经济发展的需要，金融机构并不是越多越好，应与本国的经济发展要求相适应；第二，是否符合规定的最低资本数额。例如我国规定，设立全国性商业银行的注册资本最低限额为10亿元人民币，设立城市商业银行的注册资本最低限额为1亿元人民币，设立农村商业银行的注册资本最低限额为5 000万元人民币。

（二）市场运作监管

金融机构一经批准营业后，金融监管当局还要对金融机构的运作过程进行合理化监督，促使金融机构始终保持在优良的经营状态下。

1. 资本充足率监管

金融监管当局要求金融机构持有充足的资本金，以有效地保护存款人的利益和维护金融体系的安全运行。作为对银行监管中资本充足率的最重要、最基本的标准，巴塞尔委员会出台的《巴塞尔协议》已被世界各国普遍接受。

2. 流动性监管

金融监管部门用金融机构所持有的现金及随时可变现的资产占全部资产的比重来衡量其流动性的大小，在考核其资产负债率及利率结构是否合理的基础上，考虑各金融机构的具体特点和实际情况，进行系统性评价。

3. 业务范围监管

一国金融监管当局对金融机构业务范围的规定，与该国的经济金融发展状况、金融监管水平及所处时代背景有关。例如，美国在1929—1933年大危机之后出台《格拉斯-斯蒂格尔法案》，将商业银行业务与投资银行业务分开，而1999年颁布的《金融服务现代化法案》则推倒了美国商业银行与投资银行之间的金融防火墙。

4. 资产质量监管

金融监管当局应监管金融机构业务经营中的资产流动性、安全性和有问题贷款所占的比例，以确保金融机构具有足够的清偿能力、承担风险能力和正常运转能力。例如，为加强商业银行的资产质量监管，我国商业银行实行贷款风险分类指导原则。

此外，金融监管当局要对经营外汇业务的金融机构进行外汇风险的管理；要求金融机构在充分考虑审慎经营和真实评价业务质量的基础上提取准备金等。

（三）市场退出监管

金融机构市场退出分为主动退出与被动退出两类。主动退出是指金融机构因分立、合并或者出现公司章程规定的原因需要解散、退出市场，其主要表现为"主动地自行要求解散"；被动退出则是以法律法规的规定为缘由，如法院宣布破产或因严重违规、资不抵债等原因而遭关闭，金融监管当局将金融机构依法关闭，取消其经营金融业务的资格。

第四节 金融监管体制

一、金融监管体制的含义

金融监管体制是一国金融监管的职责划分和权力分配的方式和组织制度，具体而言是指国家对于本国金融的监督管理体制，主要解决由谁来对金融机构、金融市场和金融业务进行监管、按照何种方式进行监管、由谁来对监管效果负责和如何负责的问题。

二、金融监管体制的类型

（一）统一监管体制与分业监管体制

按照监管机构的组织体系划分，金融监管体制可分为统一监管体制和分业监管体制。统一监管体制下，只设一个统一的金融监管机构，对金融机构、金融市场以及金融业务进行全面的监管，代表国家有英国、日本、韩国等。分业监管体制下，多个金融监管机构共同承担监管责任，银行业由中央银行或银行监督管理机构负责监管，证券业由证券监督管理机构负责监管，保险业由保险

动画：金融混业经营与混业监管

监督管理机构负责监管，各监管机构既分工负责，又协调配合，共同组成一个国家的金融监管体制。

> **知识链接**
>
> **不完全集中统一的监管体制**
>
> 国际上有一些国家采取了介于统一监管与分业监管之间的金融监管体制，即不完全集中统一的监管体制，又分为"牵头式"监管体制和"双峰式"监管体制。
>
> "牵头式"监管体制。金融业实施分业监督时，可能存在监管的真空或业务交叉，几个主要监管机构为建立及时磋商协调机制，相互交换信息，以防监管机构之间的扯皮推诿，特指定一个监管机构为牵头监管机构，负责不同主体之间的协调工作。其典型代表是法国。
>
> "双峰式"监管体制，又被称为目标型监管体制。在这种监管体制下，依据金融监管目标设置两类监管机构：一类机构专门对金融机构和金融市场进行审慎监管，以控制金融业的系统风险；另一类机构专门对金融机构进行合规性管理和保护消费者利益的管理。其典型代表是澳大利亚。

（二）机构型监管体制与功能型监管体制

与分业监管体制和统一监管体制相对应的是机构型监管体制和功能型监管体制。

机构型监管体制下，各金融机构进行分业经营，由不同的监管当局分别对不同的金融机构进行监管，即银行业监理机构监管银行业、证券业监理机构监管证券业、保险业监理机构监管保险业，如图12-2所示。

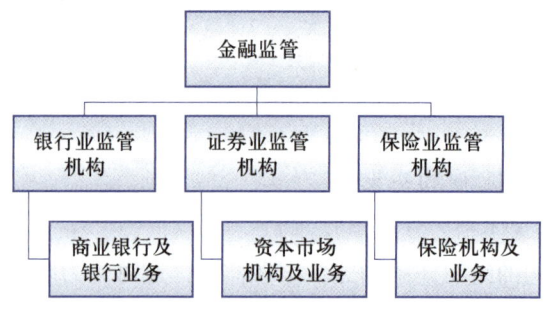

图12-2 机构型监管体制

随着全球金融业由分业经营向混业经营过渡，各金融机构的业务越来越走向交叉融合，此时实行机构型监管就会造成监管体制盲区或重复监管，监管体制从原来的机构型监管向功能型监管过渡。功能型监管体制是指在混业经营环境下,由一个统一的监管机构内专业分工的管理专家和相应的管理程序对金融机构的不同业务进行监管,如图 12-3 所示。

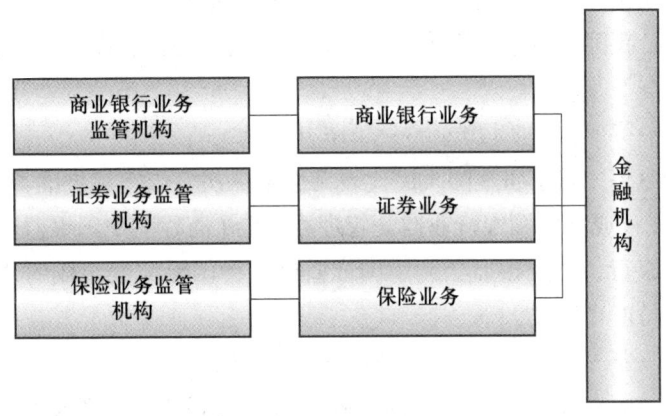

图 12-3 功能型监管体制

(三)微观审慎监管与宏观审慎监管体制

微观审慎监管体制是指着眼于单个金融机构安全性和稳健性的监管政策,将每家金融机构看作是独立的,评估其经营活动的风险以及是否遵守了信息披露要求,检查特定金融机构是否满足了资本比率要求等。我们前面所说的统一监管体制和分业监管体制、机构型监管体制和功能型监管体制都属于微观审慎监管体制。

宏观审慎监管体制是为了维护金融体系稳定,防止金融系统对经济体系的负外部溢出而采取的一种自上而下的监管模式。与微观审慎监管体制不同,宏观审慎体制监管以防范金融危机为目的,关注金融系统性风险,重点关注是风险的顺周期性和传染性。

三、我国的金融监管体制

从 1984 年开始,中国人民银行专司中央银行职能,自此我国有了真正意义上的金融监管。大体上讲,我国的金融监管体制可分为以下五个阶段:

(一)统一监管阶段(1984—1991 年)

1984 年,中国人民银行成为专职的中央银行。1986 年 1 月 7 日,国务院发布《中华人民共和国银行管理暂行条例》,这是我国第一部有关金融监管的行政法规。这一阶段,中国人民银行作为全能的金融监管机构,对金融业采取统一监管的模式。

(二)"一行两会"阶段(1992—2002 年)

1992 年 10 月,中国证券监督管理委员会(简称"中国证监会")成立,依法对全国证券市场进行统一监管。这是我国分业监管的起点。1998年11月，中国保险监督管理委员会(简称"中国保监会")成立，行使保险监管权，我国分业金融监管体制进一步完善。"一行两会"体制下，中国人民银行负责制定和实施货币政策并对全国的商业银行、信用社、信托公司、财务公司等实施监管。1998年，我国还对中国人民银行实施了取消省分行、设立大区分行的机构改革。

（三）"一行三会"阶段(2003—2016年)

2003年3月，第十届全国人民代表大会第一次会议审议批准了国务院机构改革方案，授权成立中国银行业监督管理委员会(简称"中国银监会")。至此，由中国人民银行、中国银监会、中国证监会、中国保监会组成的"一行三会"分业监管格局正式形成。

（四）"一委一行两会"阶段（2017—2022年）

2017年7月，第五次全国金融工作会议决定设立国务院金融稳定发展委员会，作为国务院统筹协调金融稳定和改革发展重大问题的议事协调机构，表明从20世纪90年代初开始建立的中国分业监管体制发生方向性的转变。2018年3月，第十三届全国人民代表大会第一次会议通过《国务院机构改革方案》，将中国银监会、中国保监会合并为中国银行保险监督管理委员会（简称"银保监会"），至此，我国"一委一行两会"的金融监管格局形成，如图12-4所示。

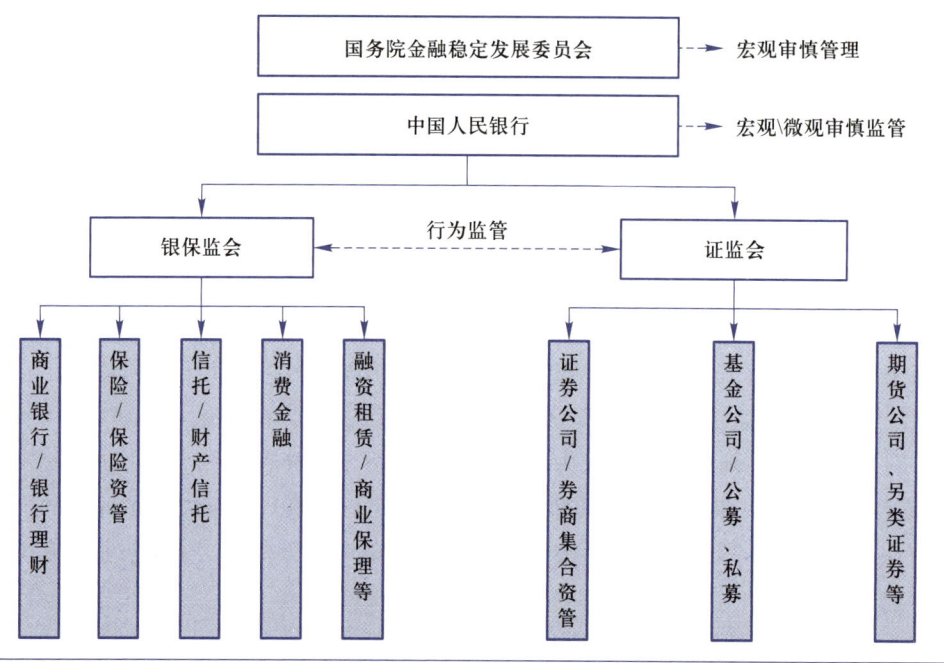

图12-4 我国"一委一行两会"金融监管格局

（五）"一行一局一会"阶段（2023年5月起）

2023年3月，为加强党中央对金融工作的集中统一领导，我国组建中央金融委员会与中央金融工作委员会，分别负责金融稳定和发展的顶层设计、研究审议金融领域重大政策和统一领导金融系统党的工作。与此同时，中国证券监督管理委员会调整为国务院直属机构。2023年5月，国家金融监督管理总局在北京金融街15号正式揭牌，统一负责除证券业之外的金融业监管。至此，我国金融监管体系迈入"一行一局一会"新阶段。

中国金融监管走过了统一监管→分业监管→协同监管的历程，并在维护金融稳定和安全、促进金融业发展壮大和改革创新中逐渐走向完善，具有中国特色的现代金融监管框架逐渐成形。

复习思考题

一、单项选择题

1. 非系统性风险可以通过（　　）方法有效抵消。
   A. 政府干预　　　B. 市场监管　　　C. 多样化投资　　　D. 增加投资金额
2. 在金融风险度量中，β系数方法主要用于度量（　　）风险。
   A. 信用　　　　　B. 市场　　　　　C. 流动性　　　　　D. 操作
3. 金融监管体制主要解决（　　）问题。
   A. 金融机构的盈利能力　　　　B. 金融产品的市场表现
   C. 金融监管的职责和权力分配　D. 金融消费者的权益保护
4. 功能型监管体制是在（　　）环境下实行的监管方式。
   A. 分业经营　　　B. 混业经营　　　C. 跨国经营　　　　D. 互联网经营
5. 在金融风险管理流程中，（　　）是第一步。
   A. 风险度量　　　B. 风险监测　　　C. 风险识别　　　　D. 风险控制
6. 宏观审慎监管的主要目的是（　　）。
   A. 确保单个金融机构的稳健性　B. 防范金融危机
   C. 促进金融市场的短期盈利　　D. 加强金融产品的创新

二、多项选择题

1. 金融风险的可控性表现在（　　）方面。
   A. 风险的识别和预测　　　　B. 使用现代化技术手段
   C. 金融制度的约束　　　　　D. 风险理论研究和管理工具的发展
2. 市场风险包括（　　）类型。
   A. 利率风险　　　B. 汇率风险　　　C. 股市风险　　　　D. 购买力风险
3. 金融风险监测内容包括（　　）。

A. 宏观经济风险　　　　　　　　B. 金融机构风险

C. 金融市场风险　　　　　　　　D. 金融基础设施风险

4. 我国"一委一行两会"金融监管格局的组成部分有（　　）。

A. 中国人民银行　　　　　　　　B. 中国证券监督管理委员会

C. 中国银行保险监督管理委员会　　D. 国务院金融稳定发展委员会

5. 金融监管体制类型包括（　　）。

A. 统一监管体制　　　　　　　　B. 分业监管体制

C. 机构型监管体制　　　　　　　D. 功能型监管体制

三、判断题

1. 我国当前没有金融创新风险。（　　）

2. 金融创新持续强化了金融监管部门的监管职能。（　　）

3. 金融创新会带来创新风险，风险又有很多的不确定性，因此金融监管当局没有对金融创新进行合理引导和适当管制的必要性。（　　）

4. 风险对冲策略不能用于管理利率和汇率风险。（　　）

5. 统一监管体制下，只有一个金融监管机构负责监管所有金融机构和业务。（　　）

四、简述题

1. 金融风险与金融危机之间有什么关系？

2. 结合我国金融监管现状，思考应当如何解决降低监管成本和避免监管失灵的问题？

3. 如何理解监管当局、行业自律和金融业内部管理三者之间的关系？

五、调研与实践

调研主题：我国金融监管体制历史及发展趋势调研。

调研目的：了解我国金融监管体制的历史发展脉络，分析金融监管体制改革的背景和目的，提升对金融监管相关问题的梳理和总结能力。

调研步骤：

（1）通过中国政府网、中国人民银行网站等查阅相关资料，收集整理我国金融监管的发展历史。

（2）梳理分析历次金融监管体制改革的背景和目的。

（3）讨论未来我国金融监管体制的发展趋势。

调研成果：完成1 000字左右的《中国金融监管体制历史及发展趋势报告》。

参考文献

[1] 姚遂. 中国金融史 [M]. 2 版. 北京：高等教育出版社，2022.

[2] 黄达，张杰. 金融学（第六版）[M]. 北京：中国人民大学出版社，2024.

[3] 张成思. 货币金融学 [M]. 北京：高等教育出版社，2024.

[4] 张亦春，郑振龙，林海. 金融市场学 [M]. 6 版. 北京：高等教育出版社，2020.

[5] 韩国文，张彻. 金融市场学 [M]. 2 版. 北京：机械工业出版社，2020.

[6] 弗雷德里克·S. 米什金，斯坦利·G. 埃金斯. 金融市场与金融机构（原书第 9 版）[M]. 丁宁，等，译. 北京：机械工业出版社，2020.

[7] 周荣喜. 固定收益证券 [M]. 北京：对外经济贸易大学出版社，2023.

[8] 卜小玲，朱静. 金融学基础 [M]. 2 版. 北京：清华大学出版社，2020.

[9] 胡金焱，高金窑. 证券投资学 [M]. 4 版. 北京：高等教育出版社，2021.

[10] 彭建刚. 商业银行管理学 [M]. 5 版. 北京：中国金融出版社，2019.

[11] 庄毓敏. 商业银行业务与经营 [M]. 6 版. 北京：中国人民大学出版社，2022.

[12] 戴国强. 商业银行经营学 [M]. 6 版. 北京：高等教育出版社，2022.

[13] 孙祁祥. 保险学 [M]. 7 版. 北京：北京大学出版社，2021.

[14] 魏华林，林宝清. 保险学 [M]. 5 版. 北京：高等教育出版社，2023.

[15] 中国银行间市场交易商协会教材编写组. 投资银行：理论与实务（上、下册）[M]. 北京：北京大学出版社，2019.

[16] 盛松成，翟春. 中央银行与货币供给 [M]. 2 版. 北京：中国金融出版社，2016.

[17] 王广谦. 中央银行学 [M]. 5 版. 北京：高等教育出版社，2021.

[18] 高晓燕，李向前. 货币金融学 [M]. 北京：中国金融出版社，2017.

[19] 郭福春，吴金旺. 金融基础 [M]. 3 版. 北京：高等教育出版社，2022.

[20] 完颜瑞云，锁凌燕，陈滔. 保险科技概论 [M]. 北京：高等教育出版社，2022.

[21] 周晔. 金融风险管理 [M]. 北京：北京大学出版社，2023.

[22] 胡继晔. 金融监管 [M]. 北京：高等教育出版社，2023.

[23] 斯特凡·勒施. 监管科技：重塑金融安全 [M]. 林华，等，译. 北京：中信出版社，2019.

主编简介

王心如，广州职业技术大学财经学院院长，金融学博士，副教授，高级信用管理师，广州市高校教学名师，全国金融行指委金融服务与管理专业指导委员会委员，教育部"百千万交流计划"项目负责人。获国家教学成果二等奖2项，主持制订2022年国际金融专业教学标准，主持教育部"三教统筹协同创新重点任务"项目1项，主持广东省重点专业建设项目1项、广东省二类品牌专业建设项目1项，作为执行负责人完成广东省国际金融专业教学资源库建设项目。获得全国职业院校信息化教学大赛三等奖1项，广东省职业院校教学能力比赛一等奖1项，指导学生获得国家级、省级职业技能大赛各类奖项十余项。主持或参与省级以上课题10余项，出版专著及教材9部，发表专业学术论文近20篇。投身金融职业教育10余年，深耕"金融学基础"课程建设，先后主持完成该课程的广东省精品在线开放课程建设项目、广东省课程思政示范课建设项目，并于2022年评为职业教育国家在线精品课程，在线课程资源社会学习者近30 000人。

郑重声明

高等教育出版社依法对本书享有专有出版权。任何未经许可的复制、销售行为均违反《中华人民共和国著作权法》，其行为人将承担相应的民事责任和行政责任；构成犯罪的，将被依法追究刑事责任。为了维护市场秩序，保护读者的合法权益，避免读者误用盗版书造成不良后果，我社将配合行政执法部门和司法机关对违法犯罪的单位和个人进行严厉打击。社会各界人士如发现上述侵权行为，希望及时举报，我社将奖励举报有功人员。

反盗版举报电话　（010）58581999　58582371
反盗版举报邮箱　dd@hep.com.cn
通信地址　北京市西城区德外大街 4 号
　　　　　高等教育出版社知识产权与法律事务部
邮政编码　100120

读者意见反馈

为收集对教材的意见建议，进一步完善教材编写并做好服务工作，读者可将对本教材的意见建议通过如下渠道反馈至我社。

咨询电话　400-810-0598
反馈邮箱　gjdzfwb@pub.hep.cn
通信地址　北京市朝阳区惠新东街 4 号富盛大厦 1 座
　　　　　高等教育出版社总编辑办公室
邮政编码　100029

防伪查询说明

用户购书后刮开封底防伪涂层，使用手机微信等软件扫描二维码，会跳转至防伪查询网页，获得所购图书详细信息。

防伪客服电话　（010）58582300

网络增值服务使用说明

授课教师如需获取本书配套教辅资源，请登录"高等教育出版社产品信息检索系统"（xuanshu.hep.com.cn），搜索本书并下载资源。首次使用本系统的用户，请先注册并完成教师资格认证。

高教社高职金融教师交流及资源服务 QQ 群：424666478